方舆

行政区划与地名 1601

民政部地名研究所
中国地名学会　编

王胜三　浦善新　主编

中国社会出版社

国家一级出版社·全国百佳图书出版单位

图书在版编目(CIP)数据

方舆:行政区划与地名.1601/王胜三,浦善新主编;民政部地名研究所,中国地名学会编.—北京:中国社会出版社,2016.6

ISBN 978 - 7 - 5087 - 4127 - 7

Ⅰ.①方…　Ⅱ.①王…②浦…③民…④中…　Ⅲ.①政区—研究—中国②地名—研究—中国　Ⅳ.①K92

中国版本图书馆 CIP 数据核字(2016)第 113886 号

书　　名：方舆·行政区划与地名 1601	
主　　编：王胜三　浦善新	
出 版 人：浦善新	
终 审 人：胡晓明	
责任编辑：魏光洁　刘云燕	封面摄影：中国南极考察队提供
助理编辑：赵津莹	责任校对：田丽艳

出版发行：中国社会出版社　　　　　　邮政编码：100032

通联方法：北京市西城区二龙路甲 33 号新龙大厦 422 室

电　　话：编辑部：(010)58124851

　　　　　销售部：(010)58124855

网　　址：www.shcbs.com.cn

　　　　　shcbs.mca.gov.cn

邮　　箱：qhdm_shcbs@sohu.com

中国社会出版社天猫旗舰店

印刷装订：河北天普润印刷厂

开　　本：185mm×260mm　　1/16

印　　张：15

字　　数：240 千字

版　　次：2016 年 6 月第 1 版

印　　次：2016 年 6 月第 1 次印刷

定　　价：50.00 元

中国社会出版社微信公众号

《方舆·行政区划与地名》编委会

主任委员：王胜三

委　　员：浦善新　胡晓明

　　　　　宋久成　刘连安

主　　编：王胜三　浦善新

编辑部主任：庞森权　魏光洁

编辑部成员：田　硕　刘　静　乌日扎拉嘎

　　　　　刘云燕　赵津莹

目录 CONTENTS

方舆传真

高层声音

权威视界

体国经野

地名探赜

地名二普

边界纪要

专家观点

学术争鸣

史海回眸

国际视野

个案点击

数字方舆

大地芳菲

文化长廊

地方风物

民政部

公开征求《行政区划管理条例（草案征求意见稿）》意见

近期，民政部起草了《行政区划管理条例（草案征求意见稿）》，并将征求意见稿及其说明全文公布，征求社会各界意见。有关单位和各界人士如对征求意见稿有修改意见，可通过以下方式提交意见：登录民政部网站（网址 http：//www. mca. gov. cn）；通过电子邮件方式将意见发送至：zcfgs@ mca. gov. cn；通过信函方式将意见寄至：北京市东城区北河沿大街 147 号民政部政策法规司（邮政编码：100721），并请在信封上注明"行政区划管理条例征求意见"字样。

河北省

调整张家口市部分行政区划

2016 年 1 月 7 日，国务院批复同意调整张家口市部分行政区划（国函〔2016〕5 号）：张家口市宣化县并入宣化区；万全县改区；崇礼县改区；将原宣化县的大仓盖镇、东望山乡划归桥东区，沙岭子、姚家房 2 镇划归桥西区。

辽宁省

调整沈阳市部分行政区划

2016 年 1 月 7 日，国务院批复同意调整沈阳市部分行政区划（国函〔2016〕6 号）：辽中县改区，区人民政府驻蒲东街道滨水路 26 号。

黑龙江省

抚远县改市（县级）

2016年1月13日，民政部批复同意抚远县改市（民函〔2016〕14号）：抚远县改市，市人民政府驻抚远镇长江路111号。抚远市由黑龙江省直辖，佳木斯市代管。

浙江省

调整苍南县部分行政区划

2016年1月23日，浙江省人民政府批复同意调整苍南县部分行政区划（浙政函〔2016〕13号）：

1. 析金乡镇增设大渔、炎亭2镇。调整后，金乡镇辖7个居民区（卫前、凤凰、丰乐、球山、茶亭、七星、海晏）、66个村（灵峰、夏八美、后半垟、前半垟、夏泽、灵峰黄、下泽汤、大处基、底店、河头、上堡、冯店、汤鉴垟、上乾头、坊下、林家硐、四代徐、黄家宅、余庄、大桥头、阳美、半浃连、池心、洪岭下、东山蔡、苏家、郑家楼、郑家垟、前张、东田、河尾垟、南祥、东店包、蔡家、黄金河、东埭头、珠照垟、戴家堡、吴家堡、湖里、永兴、张良山、前堡、瓦窑、桥头连、倒桥、黄坭岙、梅岭脚、梅岭头、凉亭、珠梅岭、十八步、干溪、牛卧龙、龙蟠基、狮山、星光、五一、城中、金星、溪头、坑南、坑东、兴渔、兴澳、风水湾），镇政府驻地不变（东门大街60号）；大渔镇辖7个村（北行街、南行街、渔岙、大岙、岭门、小渔、大岙心），镇政府驻溪西路7号；炎亭镇辖6个村（东沙、西沙、新兴、振兴、崇家岙、海口），镇政府驻文兴路88号。

2. 析钱库镇增设望里镇。调整后，钱库镇辖4个居民区（兴中、东街、西街、兴华）、90个村（东西街、横街、三西、三东、黄判桥、倪处、金家垟、垟西、车头、金处、三秀桥、西堡、陈东、陈西、陈南、苏家堡、项西、项东、垟北、垟南、垟中、后谢、李家车、小河川底、山下、孙家河、林家塔、李后、李前、桐桥、前吴、章均垟、夏口、陡门底、蔡里、彭家礁、后官、河家埭、垟东、前官、安居、仙平、朱家斗、李家垟头、湖广店、翁处、雅后、雅中、雅前、神宫桥、木桥头、柘园、龙船埒、十二岱、河西岸、东社、新社、小云兜、大云兜、路边、金龙、西谢、大树下、东涐头、廖家垟、玉龙、鉴桥、管店、大河川底、塔头、塔前、山北、陈鉴垟、将军、小陈家堡、南垟、蔡家堡、西张庄、东张庄、尤家园、大庄、下汤、河西、新岙、斜路、西括、岭脚、东括底、龙山、丰山），镇政府驻地不变（文卫路65号）；望里镇辖3个居民区（南茶寮、港滨、镇前）、24个村（南茶寮、北岙、南北岙、北茶寮、河口、新民、涐底园、下堡、乌石岭、港头、六板桥、凤岙、马鞍、金家庄、罗厝、宫西、溪头埠、祺临、东前、雅儒、山岙口、护法寺、仙居山、神山），镇政府驻镇前街14号。

3. 析桥墩镇增设莒溪镇。调整后，桥墩镇辖6个居民区（堂阳、玉山、镇西、松山、西园、桂兰）、49个村（云仙、石龙、凤岭、库区、龙井、墓庵、新宫、柳垟、仙堂、古树、新村、金山头、卅七、下垟、碗窑、高山、矴步头、小沿、四亩、罗垟、方竹、蔡垟、关庙、发凤、树枫、南湖、马渡、后隆、黄檀、官南、横墙、蕉坑、天星、小源、嘉同、新利、南山头、八亩后、黎垟、柘垟、新凤、水沟、思居、腾中、兴庆、传星、玉腾、东山、苍北），镇政府驻地不变（镇府路56－58号）；莒溪镇辖1个居民区（云山）、15个村（莒溪、大坪、大山、上村、大峨、西厅、王洞、王立、桥南、宫外、溪东、田寮、天井、黄畬、坳下），镇政府驻云山街132号。

4. 析马站镇增设霞关、沿浦2镇。调整后，马站镇辖2个居民区（南街、蒲中）、36个村（马站、凤尾山、金山、桥头、山边、闸桥头、霞峰、后岘、城门、大门垟、西边、棋盘、车岭、下屿、中魁、下魁、顶魁、小姑、中姑、南垄、三墩洲、鲂鱼山、渔寮、后土曹、崇安、荷包田、王孙、联盟、雾城、关头、滨海、金城、龙门、甘溪、西门外、兴蒲），镇政府驻地不变（闸朝阳路98号）；霞关镇辖1个居民区（金玉沙）、12个村（霞关、瑶洞、兴霞、三星、南坪、新林、长沙、三澳、澄海、库下、仙岩、大垅），镇政府驻霞关村；沿浦镇辖2个居民区（沿浦、新兴）、19个村（沿浦、鼻头、大姑、新塘、李家井、下在、岭尾、外垟、斗门头、三茚、云亭、界牌、牛乾、南堡岭、孟福林、白蓬岭、木林、沙岭、海丰），镇政府驻新兴街116号。

5. 析矾山镇增设南宋镇。调整后，矾山镇辖9个居民区（南下、内街、南垟、新街、大埔头、龙舌头、王家洞、水尾、福德湾）、23个村（古路下、宜矾、内山、南下、中村、金斗垟、南堡、顶村、杨子山、甘茶、青山后、倪家山、埔坪、狮头脚、拱桥内、柯岭脚、甘岐、兴昌、大心垟、三条溪、王家垟、中岙、高丰），镇政府驻地不变（八一路2号）；南宋镇辖2个居民区（北山、枫树门）、8个村（南宋、古楼山、垟丰、垟尾、蕉坑底、大埔山、溪光、北山），镇政府驻北山村。

本次调整后，苍南县辖灵溪、龙港、金乡、钱库、宜山、马站、矾山、桥墩、藻溪、赤溪、大渔、炎亭、望里、莒溪、霞关、沿浦、南宋17个镇和凤阳畲族、岱岭畲族2个民族乡。

温州市列为国家历史文化名城

2016年4月22日，国务院批复同意将温州市列为国家历史文化名城（国函〔2016〕75号）：温州市历史悠久，文化遗存丰富，历史街区特色鲜明，传统风貌保持完好，保存有独特的"山水斗城"格局，具有重要的历史文化价值。批复要求温州市政府按照《历史文化名城名镇名村保护条例》的要求，正确处理城市建设与保护历史文化遗产的关系，深入研究发掘历史文化遗产的内涵与价值，明确保护的原则和重点。编制好历史文化名城保护规划，并将其纳入城市总体规划，划定历史文化街区、文物保护单位、历史建筑的保护范围及建设控制地带，制定严格的保护措施。在历史文化名城保护规划的指导下，编制好重要保护地段的详细规划。在规划和建设中，要重视保护城市格局，注重城区环境整治和历史建筑修缮，不得进行任何与名城环境和风貌不相协调的建设活动。

安徽省

省人民政府驻地迁移

2016年1月11日，国务院批复同意省人民政府驻地迁移（国函〔2016〕15号）：省人民政府由合肥市庐阳区长江路221号迁至合肥市包河区中山路1号。

江西省

部署地名文化保护暨清理整治不规范地名工作

2016 年 3 月 22 日，江西省召开了加强地名文化保护暨清理整治不规范地名工作视频会议，贯彻落实国务院地名普查办组织的加强地名文化保护暨清理整治不规范地名工作视频会议精神，动员部署地名文化保护和清理整治不规范地名工作。

调整九江市部分行政区划

2016 年 5 月 12 日，国务院批复同意调整九江市部分行政区划（国函〔2016〕58 号）：

1. 星子县改为县级庐山市，将庐山区牯岭镇划归庐山市，市人民政府驻南康镇紫阳南路 45 号。庐山市由江西省直辖，九江市代管。

2. 庐山区更名为濂溪区。

3. 将驻濂溪区赛阳镇的庐山云雾茶场（含剪刀峡景区入口）、庐山茶科所，驻莲花镇的莲花林场，驻海会镇的庐山茶场管理范围划入庐山市牯岭镇管辖。

4. 从濂溪区海会镇析出（高垅、庐山水泥厂、五星、双垅、银门、谷山、青山）7 个村（居）委会，设立九江市濂溪区高垅乡，乡政府驻高垅居委会。

5. 将调整后的濂溪区海会镇（海会、庐星、彭山、长岭、五洲、光明 6 个村、居委会）划归庐山市管辖。

6. 庐山市的蓼花镇更名为星子镇。

山东省

调整菏泽市部分行政区划

2016 年 1 月 7 日，国务院批复同意调整菏泽市部分行政区划（国函〔2016〕7 号）：定陶县改区，区人民政府驻天中街道陶朱公大街 939 号。

部署地名文化保护和不规范地名清理整治工作

5月13日，山东省召开全省加强地名文化保护暨清理整治不规范地名工作视频会议。会议要求，各地各有关部门要按照《山东省加强地名文化保护清理整治不规范地名工作实施方案》部署，深刻理解、准确把握地名文化保护和地名清理整治工作的任务要求，认真组织实施，抓好贯彻落实。

贵州省

遵义县改为遵义市播州区

2016年3月，国务院批复同意调整遵义市部分行政区划（国函〔2016〕56号）：遵义县改为播州区；原遵义县的山盆、芝麻、沙湾、毛石、松林5镇划归汇川区；原遵义县的新舟、虾子、三渡、永乐、喇叭5镇和汇川区的北京路街道划归红花岗区。

云南省

曲靖市沾益县改区

2016年3月，国务院批复同意调整曲靖市部分行政区划（国函〔2016〕54号）：沾益县改区，区人民政府驻西平镇龙华东路78号。

西藏自治区

山南地区改市、乃东县改区

2016年1月7日，国务院批复同意山南地区改市（国函〔2016〕8号）：山南地区改市，乃东县改区。山南市辖原山南地区的扎囊、贡嘎、桑日、琼结、曲松、措美、洛扎、加查、隆子、错那、浪卡子11县和新设立的乃东区。

新疆维吾尔自治区

哈密地区改市

2016 年 1 月 7 日，国务院批复同意哈密地区改市（国函〔2016〕9 号）：哈密地区改市，原县级哈密市改为伊州区。哈密市辖原哈密地区的巴里坤哈萨克自治县、伊吾县和新设立的伊州区。

设立县级昆玉市

2016 年 1 月 7 日，国务院批复同意设立县级昆玉市（国函〔2016〕10 号）：设立县级昆玉市，市人民政府驻昆玉大道玉枣路 1 号。昆玉市由新疆维吾尔自治区管辖。

知识普及

地名普查验收程序

地名普查验收由国务院地名普查办负责组织，各省级地名普查办负责本行政区域验收工作的具体实施。

验收程序如下：

县级地名普查办先行自查，根据自查情况改进后报地级地名普查办进行核查；

地级地名普查办根据核查情况进一步完善后报省级地名普查办验收；

省级地名普查办验收后，报国务院地名普查办抽查复验及全面审核；

国务院地名普查办审核合格后，结合工作总体情况，出具关于各省（自治区、直辖市）第二次全国地名普查的意见。

提高治理水平　保护地名文化

李立国

党中央、国务院高度重视地名管理和文化保护工作。习近平总书记在中央城镇化工作会议、中央城市工作会议上强调，要规范地名管理，传承中华优秀传统文化。贯彻落实习近平总书记指示精神和《加强地名文化保护清理整治不规范地名工作实施方案》（国地名普查组发〔2016〕1号，以下简称《方案》），统一部署开展地名文化保护和清理整治不规范地名工作，至关重要。

一、充分认识地名文化保护和清理整治不规范地名工作的重要意义

地名是基本的社会公共信息，也是重要的社会文化形态和载体，在国家治理、社会生活、经济发展、文化传承、国防建设和国际交往等方面广泛发挥着重要作用。经济社会越发展，社会各界对地名服务的需求就越多，对地名科学化、标准化和文化品质的要求也越高。在我国进入全面建成小康社会决胜阶段的新形势下，地名管理工作面临新的要求，加强地名文化保护、清理整治不规范地名工作的重要性和紧迫性更加凸显。

第一，加强地名文化保护、清理整治不规范地名，是传承弘扬中华优秀传统文化、繁荣发展中国特色社会主义文化的必然要求。地名承载着人类文明发展的历史，是国家和民族历史的见证、文化的记忆、情感的寄托。我国地名文化资源浩如烟海，内涵丰富、底蕴深厚，是五千年中华文明的重要组成部分。比如，泰山、黄河等地名映衬着美丽中国的壮美山川，安庆、吉安等地名寄托着人们祈盼吉祥的美好愿望，六尺巷、仁和庄等地名彰显着和谐礼让的传统美德，井冈山、西柏坡等地名记录着我们党领导人民取得革命战争胜利的光辉历程。可以说，地名中蕴涵着中华民族的"根"与"魂"，彰显着中华儿女的"情"和"梦"，是宝贵的文化遗产和精神财富，我们应该倍加珍视。但是，近年来一些地方对地名文化理念理解不够正确，保护措施不够得力，轻易乱改地名，导致许多具有深厚文化内涵的地名快速消失；一些地方在地名命名时盲目贪大、媚洋、求怪，导致"大、洋、怪、重"等地名乱象大量滋生，丢了传统、断了文脉、失了特色，对地名文化传承造成了很大损害。加强地名文化保护，清理整治不规范地名，就是要落实习近平总书记"望得见山、看得见水、记得住乡愁"的要求，树立正确的文化理念，有效保护地名文化遗产，提高新生地名文化品位，更好地传承优秀传统文化、彰显社会主义核心价值观、增进中华文化认同，促进社会主义文化强国建设。

第二，加强地名文化保护、清理整治不规范地名，是改进地名管理、提高国家治理水平的现实需要。地名是国家主权的象征、空间指位的符号，在国家治理中具有重要支撑作用。维护国家主权和权益、推进社会治理创新等工作离不开标准化的地名信息。近年来，在各地区、各部门的共同努力下，我国地名管理服务水平显著提高。但是，随着新型城镇化、信息化的快速发展，我国城乡面貌发生巨大变化，每年都有数以万计的新地名产生，同时也有许多老地名不断消亡。近30年来，仅伴随基层行政区划和建制村调整，我国就有6万多个乡镇名称和40多万个村名称被废弃。与地名现状的快速变化相比，地名管理措施相对滞后，地名服务能力较弱、地名文化保护不足等问题还比较突出，不仅给规范地名管理带来挑战，也影响了国家治理体系建设和治理能力的提高。为此，国务院组织开展了第二次全国地名普查，目前各地正在按照全国统一部署全面推进。以普查为契机，详细调查地名文化资源和不规范地名情况，对不规范地名进行集中清理整治，有利于更好地完成地名普查任务，加快推进地名标准化进程，促进国家治理体系和治理能力现代化。

第三，加强地名文化保护、清理整治不规范地名，是服务经济社会发展、满足人民群众生活需求的重要举措。根据专家统计，人们日常接触使用的信息中约有80%与地理位置和空间分布有关，这些信息主要通过地名来呈现。任何组织和个人都要经常使用地名，都离不开地名。当前，一些地方有地无名、一地多名、地名重名、地名不规范的问题还比较突出，"热衷于起洋地名、乱改老地名"的现象仍屡禁不止。有的城市有七八条建设路、公园路等重名道路，有的城市存在大量曼哈顿、威尼斯等洋地名。这些不规范地名的存在，不仅给群众出行带来诸多不便，也丢掉了乡愁记忆，引起了百姓的广泛关注和不满。中央电视台、《人民日报》、《光明日报》等媒体多次播发节目和文章，呼吁规范地名管理。我们要准确把握新时期社会各界对地名服务的新要求，进一步加强地名管理和文化建设，为广大群众提供标准规范的地名信息，为社会交流交往创造便利条件，使地名工作更好地服务经济社会发展和人民群众生活。

二、准确把握地名文化保护和清理整治不规范地名工作的任务要求

地名文化保护和清理整治不规范地名工作的总体要求是：以党的十八大和十八届三中、四中、五中全会精神为指导，深入贯彻落实习近平总书记和其他中央领导同志关于地名工作的指示精神，以《国家通用语言文字法》《地名管理条例》《地名标志》国家标准等法规、标准为依据，紧密结合第二次全国地名普查和各地区各部门实际，积极加强地名文化保护，切实清理整治不规范地名，进一步加强和改善地名管理，更好地发挥地名在全面建成小康社会、加快推进社会主义现代化建设全局中的服务作用。各地要根据上述总体要求，按照《方案》安排部署，抓紧组织实施。重点要把握好四方面任务要求：

1. 明确目标任务

地名文化保护和清理整治不规范地名工作主要包括两方面内容：一是加强地名文化保护，主要目标任务是开展地名文化资源调查，深入挖掘、系统整理、综合利用普查形成的地名文化资料，建立地名文化资源库和网络查询系统；深入推进地名文化遗产保护，制订保护规划，建立国家、省、市、县四级地名文化遗产保护名录体系，形成科学有效的保护机制；坚持优秀地名文化传承，在地名命名更名时充分挖掘人文历史资源，使新地名更好地延续地名文脉，体现地域特色；加强地名文化宣传，广泛开展地名文化活动，积极支持引导地名文化产业发展，不断丰富地名文化产品和服务，结合"一带一路"战略促进地名文化海外传播，增强中华文化的影响力和认同感。二是清理整治不规范地名，主要目标任务是清理整治居民区、大型建筑物、街巷、道路、桥梁等地名中存在的"大、洋、怪、重"等不规范地名；加强对地名使用情况的监督检查，及时纠正在公共标志、公共媒体、公开出版物、文书票证等方面使用不规范地名、使用不规范汉字书写地名、使用外文拼写地名等违反法规标准的行

为；进一步规范地名命名、更名发布和使用，营造规范有序的地名环境。

2. 把握工作原则

地名文化保护和清理整治不规范地名工作涉及面广，情况复杂，实施难度大，社会关注度高。工作中要着重把握四方面原则：一是要严格依法行政。要按照全面依法治国要求，严格遵循有关法规政策和标准规范，充分开展法律评估和相关风险评估，规范履行命名更名程序，依法依规保护地名文化、解决不规范地名问题。二是要立足保护传承。要遵循地名命名和地名演化规律，坚持保护为主，坚决防止乱改地名，决不能让大量地名文化遗产无端消失。要坚持社会主义文化前进方向，坚定文化自信，坚持文化自觉，继承和发展优秀传统地名文化。三是要坚持因地制宜。要坚持实事求是，一切从实际出发，尊重各地文化差异，科学确定需要保护的地名和不规范地名标准，重点整改有损国家主权和民族尊严、违背社会主义核心价值观、严重背离公序良俗、人民群众反映强烈的不规范地名。对群众已经习惯、可改可不改的地名不要更改；对不规范地名标志要结合实际更正修补或逐步更换，不搞"一刀切"，做到既方便群众又节约公共资源。四是要充分尊重民意。地名与当地群众息息相关。工作中务必深化群众观点，坚持群众路线这一党的基本工作方法，充分尊重当地群众意见，与有关方面协商一致，取得社会最大公约数，避免引发不必要的社会矛盾。

3. 统筹部署实施

各地要紧紧围绕工作目标任务，系统谋划，整体部署，突出重点，协调推进，确保各项任务顺利完成。一要结合普查推进。开展地名文化保护和清理整治不规范地名工作，是地名普查的重要组成部分，是普查的一项主要任务。《第二次全国地名普查实施方案》明确要求进行地名标准化处理，切实解决各类不规范地名问题。要正确把握地名文化保护和清理整治不规范地名工作与地名普查的关系，与其他各项普查任务一并安排部署，互相结合推进。各地要在2017年6月完成地名普查检查验收工作的同时，全面完成地名文化保护和清理整治不规范地名任务，并向国务院地名普查领导小组办公室上报专项总结报告。二要抓好关键环节。地名文化保护和清理整治不规范地名工作分为动员部署、普查摸底、清理整改、健全制度和总结验收五个环节。其中，清理整改是核心，也是关系工作成败的关键。各级地名普查领导小组办公室要组织邀请历史、地理、文化、社会、法律等方面专家成立专家组，进行充分论证与评估，按照法定程序开展地名文化遗产确认和地名命名更名，并及时向社会公布，确保清理整改取得实效。三要稳妥有序推进。要正确处理清理整治和保持地名稳定之间的关系。在保持地名相对稳定前提下，按照"管好增量、整治存量"要求，严防新增不规范地名，逐步整治已有不规范地名，分类、分级、分层实施，依法、稳慎、有序推进，避免形成地名更名之风。

4. 健全长效机制

要坚持标本兼治，在通过集中整治解决当前突出问题的同时，着力形成规范地名管理的长效机制。一是要完善制度规范。要把阶段性工作和长期性制度建设相结合，在总结工作经验基础上，大力推进地名法治建设，进一步健全地名法规标准，明确审批权限，细化工作程序，强化地名规划编制和落实，规范各项地名管理措施，建立地名命名、更名、注销和使用管理的长效机制，防止随意命名更名，从源头上遏制新的不规范地名产生。二是要优化管理体制。要把推进工作与优化地名管理体制相结合，创新地名管理方式，提高地名服务效能，进一步明晰部门职责，理顺工作关系，强化协调配合，形成齐抓共管的局面。要加强日常监督，把政府监督与社会监督相结合，充分发挥政府、社会、公众的监督作用，及时发现和纠正不规范地名现象。三是要厚植地名文化。要深刻把握地名是一种文化现象这一本质特征，把行政管理和文化养成相结合，深入挖掘地名文化的精神和价值，引导树立地名文化意识和标准化意识，形成文化自觉，增强抵御地名乱象的内在动力，以深厚的文化滋养引领地名工作发展。

三、切实加强地名文化保护和清理整治不规范地名工作的组织领导

搞好地名文化保护和清理整治不规范地名工作，组织领导是关键。各地区、各部门要高度重视，按照国务院地名普查领导小组统一部署，加强组织领导和条件保障，认真实施，确保工作落到实处。

1. 要落实领导责任

各地要从战略高度和长远角度，充分认识地名文化保护和清理整治不规范

地名工作的重要意义，列入重要议事日程，按照国务院地名普查领导小组的部署和要求，抓紧研究制订实施方案，落实责任分工，采取有力措施，深入推进工作开展。要加强经费保障，从地名普查、地名工作经费中列支专项经费，同时要拓宽经费渠道，积极鼓励社会资金投入地名文化保护工作。地名普查领导小组各成员单位要按照全国统一部署和各自职责，做好本部门管辖的地名文化保护和不规范地名清理整治工作。所有地名工作干部要进一步增强责任感和紧迫感，敢于担当，勇于负责，在矛盾面前不回避，在责任面前不推诿，切实抓好工作落实。

2. 要加强沟通协作

地名文化保护和清理整治不规范地名工作涉及部门多、领域多、人员多、环节多，面临的矛盾问题也多，沟通协调至关重要。各地要充分发挥地名普查领导小组、地名管理联席会议等机构作用，协调有关部门各负其责，搞好衔接，紧密协作，合力攻坚。各级地名普查领导小组办公室要切实加强组织协调和服务保障，搞好舆论宣传和引导，广泛动员和吸引人民群众参与地名文化保护和清理整治不规范地名工作。

3. 要强化督促检查

督查是推动工作落实的重要手段。各级地名普查领导小组办公室要加强工作指导和督促检查，及时研究解决工作中的困难和问题，遇到重大问题及时向领导小组和政府领导请示汇报，保障工作进度和质量。民政部今年已将此项工作列入重点督查和年度综合评估项目，下半年将会同领导小组成员单位适时进行督查。各地要及时向国务院地名普查领导小组办公室报送工作进展情况。

4. 要加快能力建设

地名文化保护和清理整治不规范地名工作政策性、综合性强，涉及知识面广，工作人员不仅要懂法规、懂政策、善沟通、会协调，还需要有广泛的历史、地理、文化等知识。各地要认真开展业务培训，及时总结交流工作中的好经验、好做法，提升干部队伍素质和能力。要充分发挥科研机构作用，鼓励专家学者结合实际不断深化地名理论研究，为地名文化保护和清理整治不规范地名工作提供学术支持和实践指导。要加速推进地名信息化建设，应用大数据、"互联网＋"等现代信息技术，进一步提高地名管理服务水平。

加强地名文化保护和清理整治不规范地名，是一项关系中华文化传承发展和人民群众生产生活的基础性工作，意义重大，影响深远。让我们紧密团结在以习近平同志为总书记的党中央周围，锐意进取，真抓实干，努力提高地名管理法治化、科学化、标准化水平，为落实"四个全面"战略布局，实现中华民族伟大复兴的中国梦作出更大贡献！

（摘编自民政部部长李立国2016年3月22日在加强地名文化保护暨清理整治不规范地名工作视频会议上的讲话）

知识普及

地名普查监理范围及内容

监理范围：

涵盖全国(港、澳、台地区除外)地名普查(补查)地区。

监理内容：

（一）质量监理。依据第二次全国地名普查工作规程、数据建库与管理软件设计规范和相关技术标准,对地名普查外业采集、内业处理、数据汇交上报等作业过程质量进行监理。

（二）进度监理。依据普查工作部署和计划,对进度情况、合同执行情况等进行监理。

（三）安全监理。依据《第二次全国地名普查涉密数据保密管理办法》及有关保密规定,对数据保密、涉密载体管理、涉密设备运转、保密纪律执行等情况进行监理。

（四）验收监理。依据相关验收标准及有关规定,对普查成果形成过程的方法、流程、手段等进行监理。

（五）档案监理。依据国家及地名档案管理有关规定,对地名普查档案归档、资料、数据、安全、保管等进行监理。

（六）成果监理。依据工作规程、成果转化规划及有关规定,对普查成果质量、成果转化等进行监理。

（七）其他。

扎实推进地名普查及管理工作

宫蒲光

2014 年 1 月，国务院决定开展第二次全国地名普查。2015 年，各地完成了普查准备阶段任务。2016 年 1 月，普查进入全面实施阶段。目前，各级地名普查机构正按照全国统一安排部署，紧张有序地推进各项普查工作。就各省（自治区、直辖市）地名普查进展情况及存在的问题，在以后的工作中我们更要在三个方面加大力度。

一、切实加快地名普查推进步伐

第二次全国地名普查是国务院决定开展的重要国情调查，意义重大，影响深远。当前，地名普查已进入全面实施阶段。这一阶段是普查的主体阶段，工作任务多、政策性强、技术要求高，其成效决定整个地名普查的成败。各地要从战略高度和长远角度，进一步提高对地名普查重要性的认识，以高度的责任感和使命感，加速推进地名普查工作。

1. 要清醒认识普查实施阶段的艰巨性和紧迫性

普查全面实施阶段要开展资料收集、实地踏勘、数据采集、地名标准化处理、地名标志设置、地名数据库建设、成果转化应用等多项工作，任务多，时间紧，对各级地方政府特别是地名主管部门的执政能力和办事效率都是一次严峻的考验。特别是一些地区自然环境复杂、交通通信不便、普查条件较差，加上目前各级地名主管部门存在人员相对不足、能力相对薄弱、技术手段相对落后等不利因素，完成普查的任务非常艰巨。各级地名普查机构要充分认识全面实施地名普查的复杂性、艰巨性和紧迫性，从战略高度认识第二次地名普查工作的重要意义，从不折不扣贯彻落实国务院决策部署的高度看待这项工作，把地名普查作为当前民政工作、地名工作的重中之重，采取有力措施，抓紧抓好，抓出实效。

2. 要认真总结前期地名普查成效和经验

普查启动以来，各级地名普查机构高度重视，周密部署，积极推进各项普查工作。国家层面印发了普查实施方案和工作规程，落实了中央补助资金，免费发放了普查用图和手持设备，出台了地名普查质量管理、监理、软件设计、成果转化、资金使用管理、保密管理等文件，部署了试点地区地名补查、跨界自然地理实体地名普查等任务，对全国地名普查进行了全面系统安排。地方层面，各地成立了普查机构，建立了普查队伍，基本落实了普查经费和各项保障措施；出台了有关工作方案、细则和技术规范，进一步细化了普查标准和要求；广泛开展了资料搜集整理，推进了外业调查，部分地区已完成外业工作，取得了初步成效。回顾总结普查试点和前期工作，主要积累了五个方面经验：一是在组织实施上，坚持科学安排、层层落实，通过实行阶段目标管理，层层分解任务，定期检查落实，确保了普查的有序开展；二是在技术指导上，注重多措并举、讲求实效，通过综合利用编发辅导资料、现场指导、网络答疑等多种形式，及时帮助基层一线解决实际问题；三是在质量管理上，强调细化制度、严格审核，通过建立质量控制体系，建立多级审核机制，严格监控每个环节质量，确保各环节数据准确规范；四是在工作方式上，突出综合协调、科技创新，通过借助社会力量，运用市场机制，使用 GPS、数码影音等现代设备，探索创新了不少有效的普查办法和手段。五是在内容安排上，坚持因地制宜、突出特色，充分挖掘、发挥地方资源优势，凸显地域文化，涌现了许多工作亮点。这些经验和做法，为全面实施普查奠定了良好基础，今后要继续坚持和发扬。这里还要强调一点，这段工作取得的成效，离不开国务院第二次全国地名普查领导小组坚强有力的领导，离不开领导小组各成员单位的鼎力支持、相互配合和共同努力。借此机会，我代表领导小组办公室向各地参与地名普查工作的领导和同志们，向领导小组成员单位的同志们表示衷心的感谢和崇高的敬意！

3. 要及时解决地名普查面临的困难和问题

从各地情况看，当前普查工作中还存在一些困难和问题，主要表现在四个方面：一是在进度方面，各地进度不均衡，海南、贵州、四川、青海等地区进度严重滞后，有的市县尚未开展外业调查。二是在保障方面，一些地方经费落实尚未到位，吉林、贵州、西藏、新疆等省自治区今年省级财政普查资金没有安排。一些地方基础准备工作尚未就绪，北京、山西、内蒙古、辽宁、江苏、福建、江西、山东、湖北、海南、四川、青海、宁夏等省份普查软件研发尚未完成。三是在管理方面，一些省份组织实施制度还不完善，质量管理体系还不健全，普查管理和监督还不够严格，个别环节存在质量隐患。四是在队伍方面，许多省份普查专职人员不足，现有人员在实施水平和知识结构上存在欠缺，不适应新时期普查工作需要。存在这些问题的原因，主要是一些地方从政府到民政部门对普查不够重视，存在刚才湖北省同志在交流中讲的"上热下冷、内热外冷"的问题，存在"等靠要"的依赖思想，对工作困难预判不足，工作部署和提前准备不够。对于这些问题，各地政府和地名主管部门要根据通报的情况，对号入座，找出差距，高度重视，立即整改，尽快解决。

二、扎实完成2015年度地名普查任务

今年是地名普查全面铺开的第一年，按计划各省（自治区、直辖市）要完成40%政区的地名普查任务，这是李立国部长代表领导小组提出的明确要求。今年的时间已过大半，各地一定要按照全国统一部署和要求，进一步加大工作力度，加快工作进度，确保圆满完成今年工作任务。

1. 要加强组织管理，加快普查进度

地名普查是全国"一盘棋"的系统工程。各地要切实加强组织领导和进度管理，确保按照全国统一时点、统一要求和统一步调完成普查任务。一是要立即行动。工作开展滞后的省（自治区、直辖市），要针对目前工作滞后的现状，立即安排部署本省（自治区、直辖市）普查工作，采取特殊有效措施，尽快在短期内迎头赶上，补齐短板，缩小差距，切实完成国务院领导小组既定的进度安排，决不能因为个别地方工作延误而影响全局工作进展。二是要科学安排。要根据地名普查实施方案和年度计划，及时调整工作安排，分类采取措施，有效破解制约普查进展的困难和问题。已经全面开展普查的地区，要抓紧实施，争取提前完成任务。三是要落实责任。各级地名普查办要切实承担起组织实施责任，进一步健全工作机制和管理制度，落实工作责任制，建立自上而下、层层抓落实的目标责任体系，明确每项任务、每个环节的执行单位和责任人，确保每项措施得到不折不扣的落实。四是要加强督导。民政部已将地名普查列为重点督查项目，国务院地名普查办印发了《关于开展第二次全国地名普查督查

工作的通知》，正在陆续派出督查组进行督查。对普查严重滞后的省份，国务院地名普查办领导将约谈省地名普查办负责同志。地方各级普查办也要组成工作组，深入县、市、区、乡镇、街道、村庄普查第一线，加强督促检查和指导。特别要加大对进展缓慢地区的督导，推进地名普查扎实开展。五是要考评绩效。民政部已把地名普查作为重点工作列入《2015 年民政工作综合评估方案》，年终将进行重点考核评估。国务院地名普查办建立了通报制度，每季度通报一次各地普查进展情况。各地要进一步加强普查绩效管理，形成考核奖励机制，根据普查进度、成效进行奖惩，充分发挥考评的引导和激励作用。

2. 要强化质量管控，确保普查质量

质量是普查的生命。各地要切实加强质量控制，全力打造地名普查精品优质工程。一是要进一步提高质量意识。要强化质量第一的观念，认真开展地名调查、搜集和考证，细致准确实施外业调查，如实记录和填报每一个地名信息。该到实地采集的数据，一定要到实地进行全面、细致的调查，切实保证普查数据的真实性、准确性、全面性和现势性。二是要健全制度规范。各地要按照国务院地名普查办出台的地名普查质量管理规定、监理办法等文件要求，进一步完善普查质量管理制度，筑牢质量管理"防线"。三是要严格过程管理。要强化普查过程管理和监理，前移质量关口，严格审核把关，加强检查验收，通过自我检查、专项督查、抽样调查、定期报告等多种形式，加强对各个普查环节的监督检查，将质量控制贯穿于普查工作的全方位、全过程。

3. 要落实保障措施，强化普查保障

保障到位是开展普查工作的基本前提。尽管普查准备工作阶段已结束，但一些地方仍存在保障措施不到位、不充分的问题。各地要进一步加大保障力度，为开展普查提供有力支撑。在资金方面，要按照《关于尽快下拨第二次全国地名普查中央补助资金的通知》要求，及时下拨中央补助资金。地方配套资金不到位或落实不好的省市区要积极争取、尽快落实本级普查经费。要按照《第二次全国地名普查专项资金使用管理办法》要求，加强资金使用管理，确保依法依规合理高效用好普查资金。在物资方面，国家下发的资料、设备不能满足普查需要的地方，要抓紧采购普查设备，研发普查软件，尽快配齐普查所需技术设备，确保普查顺利进行。

4. 要加强队伍建设，提升普查能力

持续建设一支高素质的普查队伍，是完成地名普查的基础保证。各地要继续加强普查队伍建设，千方百计提高普查人员素质能力。一是要充实普查人员。各地要通过抽调、借调或政府购买服务等多种形式保证足够的普查工作人员。根据不同岗位和业务需要，坚持专业队伍和社会力量相结合、专职人员和兼职人员相结合，广开渠道，广纳人才，充分吸收各方力量参与地名普查，形成普查合力。二是要扎实搞好培训。去年以来，国家和省级层面相继举办了多期培训班，基本完成了对各级地名普查业务骨干的培训。各地要将培训工作重心逐步下移，重点针对一线普查员进行技术培训，按时、按需、高效组织好普查培训。同时，要建立各级信息交流和学习平台，及时总结推广创新经验，提高普查人员的政策水平和业务素质。三是要加强队伍管理。要建立完善业务学习制度、工作情况报告制度、工作目标管理制度和考核奖励等制度，规范普查人员工作行为。要关心普查人员工作和生活，认真研究解决基层普查队伍中的实际困难，对业绩突出人员适时给予表扬奖励，激励他们高质量、高效率地完成普查任务。

5. 要搞好普查宣传，营造良好氛围

要根据地名普查和管理需要，按照"围绕普查搞宣传，搞好宣传促普查"的总体要求，广泛深入开展普查宣传。一是要搞好宣传活动。组织开展"地名普查微视频（微电影）征集""普查宣传进社区（公园）"等宣传活动，通过活动讲好地名故事，感知地名文化。二是要深化地名研究。要及时组织开展地名理论研究，编纂地名理论书籍、地名图录典志、地名普查纪实等图书，通过理论研究推进普查、深化普查。三是要丰富宣传方式。要结合各地实际，精心设计制作有地方特色的地名普查宣传海报、广告、图册等宣传品，利用好电视、广播、互联网、手机、报纸、杂志等媒体，通过多途径、多角度立体式宣传地名普查，形成全方位、多层次的宣传格局，使地名普查更接地气、聚人气。

三、全面推进各项地名管理工作

地名普查是一项综合性、系统性工作，除查清地名信息外，还包含地名标准化、地名标志设置、地名数据库建设、地名文化保护等多项内容。各地要处

理好地名普查与地名管理、服务和文化建设的关系，利用普查契机全面促进各项地名工作。

1. 规范地名标准化处理，提高地名标准化水平

一是认真做好地名审定工作。对普查的地名，要在充分调查论证基础上，依据地名管理法规标准审定标准地名，明确标准地名书写和读音。二是开展不规范地名清理整治。对"大、洋、古、怪、重"等不规范地名进行清理整治，既是这次地名普查的重要内容，也是规范地名管理的必要手段。国务院地名普查办即将在全国范围内部署开展不规范地名清理整治工作。各地要紧密结合地名普查工作，认真清理整治不规范地名，切实解决群众反映强烈的地名乱象问题。三是搞好跨界地名普查。要按照国务院地名普查办印发的《跨界自然地理实体地名普查工作实施方案》，在推进地名普查过程中搞好跨界自然地理实体地名普查。对其他类跨界地名，也要分层分类做好相应普查和数据处理工作。

2. 加强地名标志设置，完善地名标志导向体系

一是要做好地名标志普查登记。对新设以及原有地名标志要进行位置测量并拍摄照片，填写地名标志登记表，录入地名数据库，为开展地名标志精细化管理奠定数据基础。二是要加大地名标志设置力度。要根据城乡发展规划和建设实际，周密制订地名标志设置方案，依照国家有关法规标准及时设置地名标志，形成城乡一体、衔接有序的地名标志导向体系。三是要建立长效管护机制。要进一步完善地名标志管理法规制度和标准规范，理顺管理体制，明确管护责任，形成动态机制，确保地名标志达标规范、常在常新、发挥作用。

3. 深化普查成果转化，提升地名管理服务能力

一是建好各级国家区划地名数据库。要利用普查获取的最新数据，完善区划地名数据库，开发建设地名管理政务平台和地名信息服务平台，加强信息资源整合利用，提高地名管理服务信息化水平。二是推进地名地址库试点。各地要按照《民政部关于开展地名地址库试点示范创建活动的通知》要求，积极申报，抓紧试点，将地名地址库建设与"建立、完善各级区划地名数据库"的地名普查任务一体推进，为加强地名地址管理积累经验，打好基础。三是完善地名公共服务体系。要进一步深化地名公共服务工程建设，推进地名公共服务示范创建，积极引入市场机制和社会力量，创新服务方式，拓展服务领域，利用普查成果开展多种形式的地名服务，使社会各界真正感受和使用到实实在在的地名普查成果。

4. 深入挖掘地名文化，促进地名文化繁荣发展

一是要坚持以文化引领普查。地名普查要强化文化理念，弘扬文化精神，深入挖掘和保护地名文化遗产。普查中要特别注意不能遗漏历史地名，使地名普查更好地体现文化特色。二是要坚持以普查推动地名文化。要充分利用地名普查资料，梳理、挖掘地名文化资源，编辑出版一批地名遗产、地名故事等图书，开发地名文化产品，为社会提供更加丰富多彩的地名文化服务。三是着力打造地名文化亮点。要结合"一带一路"建设等国家战略，根据地域文化特点，积极打造具有地方和民族特色的地名文化。

开展第二次全国地名普查是当前各级政府的一项重要任务，是地名工作的中心任务，更是广大地名工作者的光荣使命，时间紧迫，任务艰巨。我们要以对国家、对人民负责的态度，在已有工作基础上，全力以赴，扎实工作，按时保质完成各项普查任务，全面加强和改善地名管理，为全面建成小康社会作出我们应有的贡献。

（摘编自民政部副部长宫蒲光2015年9月16日在第二次全国地名普查工作交流促进视频会议上的讲话）

区划地名：空间治理的视角

柳 拯

"空间"是辩证唯物主义的基本范畴，是一种与时间相对的客观的物质存在形式，是一种人类感知与把握世界的内在能力与思维方式，也是人类实践活动的场所与舞台。"治理"从本质上讲是国家事务和资源配置的协调机制，是政府职能、市场机制、社会参与和法治作用的有机组合。空间治理指的是政府与社会通过制度、地理与技术等手段，修复各类空间，以实现空间的有效、公平和可持续利用的实践活动。区划地名和界线管理作为空间治理的重要制度安排，要主动适应空间治理发展新要求，发挥好在空间治理中的重要作用。

一、充分认识空间治理思想的重大意义

党的十八届五中全会突出强调空间和空间治理，将空间治理确立为"十三五"时期发展的重要方略，要求建立空间治理体系。强化空间治理，对进一步推进城镇化发展、完善国家治理体系、提升治理能力具有重要意义。

（一）强化空间治理是推进新型城镇化发展的必然要求

党的十八大提出"国土空间"开发的概念，十八届三中全会提出优化"城市空间结构与管理格局"，十八届五中全会把空间和空间治理上升到前所未有的高度，从多方位、多角度重视空间在推动经济社会发展中的作用。城镇化是推动空间变迁的根本力量。城镇化过程就是空间不断生产、流通、消费以及变迁的过程，是人的生存交往空间从农村转移到城市并在此基础上形成适应城市的生活方式、交往方式以及价值判断的过程，也是消除空间障碍，破除行政壁垒，实现空间正义的过程。重视空间、重视空间治理在城镇化过程中的作用，体现了我们党对城镇化发展规律认识与把握程度的进一步深化。

（二）强化空间治理是推进国家治理体系和治理能力现代化的必然要求

"推进国家治理体系和治理能力现代化"是十八届三中全会的重大理论创

新，是全面深化改革需要完成的主要任务与总体目标。任何治理都是特定空间中的治理。重视空间，就是重视治理发生的地点与场所，重视治理主体、治理对象的空间位置以及空间对治理主体的边界约束。如果说，十八届三中全会重点强调的是社会治理以及由社会管理向社会治理的重大转型，十八届四中全会突出的是依法治理与综合治理，那么十八届五中全会则通过将空间纳入治理范围，推进了社会治理的精细化与具体化，使宏观的、抽象的国家治理经由空间定位走向了具体与微观、走向了可操作与可落实。重视空间治理及其在国家治理中的作用，标志着我们党对国家治理的运行规律的把握与治理能力的提高达到了一个新的高度。

（三）强化空间治理是推动中国特色社会主义建设的必然要求

中华民族是一个历史感特别发达的民族。重视时间、重视历史、重视纵向反思，重视从中国历史与世界历史中寻找治国智慧，是古代王朝也是我们党治国理政的重要经验；重视空间、重视当前、重视横向开拓，重视从当代各国经济社会发展中借鉴理政经验，则是当今发达国家治国理政的重要特点。在总结历史教训与当代经验基础上，党的十八届五中全会《建议》突出强调空间与空间治理，预示着我国社会主义事业发展战略、发展思维、发展重点，在新时期新阶段要实现一个重要的空间转向。这种转向既是进一步优化国内不同尺度、不同层面、不同种类空间的必然要求，也是支持"一带一路"等战略实施、保护日益增多的海外利益的现实需要，标志着我们党对社会主义发展规律的运用达到了一个新的层次。

二、系统把握空间治理存在问题及要求

当前我国经济社会发展存在空间不足、空间失衡、空间阻碍、生态空间恶化、空间分配不公平等突出问题，对创新空间治理提出了迫切要求。

（一）城镇化发展空间严重不足，需要加快城市型政区设置

当前我国城镇化进入以提质增效为主要特征的转型发展阶段。推进新型城镇化要重点解决"三个1亿人"的城镇化问题。按照"严格控制特大城市人口规模、合理确定大城市落户条件、有序放开中等城市落户限制、全面放开建制镇和小城市落户限制"的方针，新增转移人口和落户人口将主要集中在中小城市。由于设市工作长期滞后于城镇发展需要，我国城市数量，特别是中小城市

数量偏少，难以承接近 2 亿人转移人口，亟须增加城市型政区数量，确保大量农业转移人口转得出、落得下、过得好。

（二）城镇空间布局失衡，需要进一步调整优化城镇体系结构

东部一些城镇密集地区资源环境约束趋紧，长三角、珠三角、胶东半岛等地区，城市过于密集，综合承载能力受限，市民化进程滞后于城镇化需要；中西部资源环境承载能力较强地区市镇建制数量少、规模小，难以形成新的增长极，难以实现就近城镇化，需要进一步调整优化城市空间布局，形成东中西合理分布的城镇体系。

（三）生态空间问题日益突出，需要进一步优化城市空间结构

改革开放以来，我国土地城市化与人的城市化不同步，空间城市化与治理城市化不协调，产业发展与生态环境空间竞争日趋激烈，水污染、大气污染、环境脆弱、交通拥堵等空间问题突出。解决这些问题，除执行最严格的环境保护制度、加大环境治理力度外，需要进一步优化城市空间结构，促进产业结构转型升级，提升城市管理运行效率，增强可持续发展能力。

（四）空间正义问题逐步凸显，需要兼顾公平效率促进空间融合

空间不仅是工作生活的场所，也是享受权利和满足需求的载体。在我国城镇化发展过程中，无论是城乡之间还是城市内部，都存在二元社会空间问题，都存在一定程度的空间分裂甚至空间对立。解决这些问题，需要进一步改善空间治理，推进基本公共服务供给均等化，修复城乡之间、市民与农民之间在公共服务品质、公民权利行使上的不平衡、不对等，实现空间融合和空间正义。

三、从空间治理视角审视和定位区划地名工作

区划地名与界线管理是空间治理的重要制度安排，通过"点""线""面"三个维度，为空间治理提供定位支持、边界管束与行政架构。

（一）地名管理为空间治理提供导向服务与文化支撑

按照不同标准可划分多种空间类型：从范围看，空间可分为单位空间、区域空间、全球空间与宇宙空间；从种类看，可分为生产空间、生活空间与生态空间；从性质看，可分为城市空间、农村空间、市场空间与经济空间；从方位看，可分为地上空间与地下空间；从形态看，可分为地理空间、社会空间和精神空间，等等。随着城市化、工业化、信息化、全球化深入发展，各类空间呈

现出前所未有的多样性、复杂性、建构性和可塑性，新的空间不断产生，既有空间激剧重构，空间流动性大大增强。城市扩张、旧城改造、新城新区建设，不断引发生产空间和生活空间分离、公共空间和私人空间脱节、规划空间和实际空间不相匹配、虚拟空间与现实空间不太协调等问题。解决这些问题，需要对不同尺度、不同范围、不同层次、不同领域的空间地点进行定位标识。地名作为空间索引和指位的主要工具，是密切空间交流交往、实施空间治理的基本媒介。同时，地名蕴含着丰富的历史文化内容，叠加了历史空间、现实空间乃至未来空间多重信息，地名管理关系历史文化传承，承载着对乡情的依恋与乡愁的记忆，深刻影响空间治理成效。

（二）界线管理是空间治理的边界约束

界线是界定各级政府治理空间边界，实施分级行政管理的重要依据。国家通过划定行政区域界线，以地域为基础，建构治理体系和治理单元，实施治理活动。从这个意义上讲，行政区域界线管理既是空间治理的有效手段，也是开展空间治理以及实施跨界治理的基础条件。

（三）行政区划为空间治理提供基础行政架构

行政区划是国家行政管理的空间单元，是国家权力在不同层级、不同尺度空间的具体配置，也是各级政府进行空间治理的法定依据。行政区划设置关系国民经济能否健康发展、生产力布局能否集约高效、国家治理能否有效运行、地方政府活力能否有效发挥等重大问题。随着经济活动范围的扩大、社会交往的扩展以及社会空间的多元化，越来越多的空间治理问题跨越了政区边界，需要在更高层面、更大范围统筹行政区划设置和城镇空间配置。

四、扎实推进空间治理背景下的区划地名工作

新时期新阶段，区划地名工作要深入贯彻落实十八大和十八届三中、四中、五中全会精神，将空间治理作为主线贯穿始终，强化空间意识，培育空间思维，着力空间优化，促进空间正义，充分发挥自身在空间治理中的重要作用。

（一）积极实现空间治理目标

按照十八届五中全会空间治理思想的新要求，以优化空间治理为方向，重点实现四方面目标：一要保持适当调整速度，及时为城镇化发展提供平台载体，满足日益增长的增加城市数量、优化城市规模、提高城市空间治理水平的

要求。二要优化行政区划格局，以区域发展战略为支撑、城市群为重点、重要节点城市为依托，进一步完善城镇体系结构；以推进中西部地区设市为重点，改善城市总量不足、布局不合理问题；以解决一市一区、市县同城、县包围市以及市辖区畸大畸小等问题为重点，进一步优化城市空间结构，逐步实现城乡政区规模比例与城镇化水平相协调。三要提升法制化规范化程度，加快推进《地名管理条例》《行政区划管理条例》等法规制度修订步伐，实现区划地名和界线管理于法有据；抓紧出台规范性文件，解决现有法律法规空白或法规滞后带来的区划地名和界线管理问题；及时制定国家、行业或地方标准，进一步规范区划地名和界线管理环节和技术性问题。四要增强区划地名和界线管理效果，通过优化行政层级和行政区划设置，更好地服务国家治理体系和治理能力现代化；通过优化城镇政区设置和城市内部管理结构，提升城市地名管理服务水平，更好地服务新型城镇化建设，进一步推动经济增长和提效升级；通过加强地名文化保护和平安边界文化建设，不断提升地名边界文化在发展繁荣社会主义文化中的地位作用。

（二）着力解决空间治理问题

要落实创新、协调、绿色、开放、共享五大发展理念，重点解决五方面空间问题：一是要落实创新理念，拓展区域发展空间，解决好发展空间不足问题。要以"一带一路"建设、京津冀协同发展、长江经济带建设"三大战略"为引领，以沿海沿江沿线"三沿"为主轴，进一步调整优化城镇空间布局。要以城市群核心城市为龙头、节点城市为重点，调整优化城市规模结构，提升城市群内部协同发展能力，增强城市群对外辐射带动作用。要在重点城市群以外地方发展一批新的中心城市，培育新的经济增长极，拓展城镇化发展空间。二是要落实协调理念，推进空间协调发展，解决好空间失衡问题。要围绕东中西和东北"四大板块"，有区别地推动结构优化、产业转型升级与城市功能疏解，发挥资源承载能力较强地区的城镇化潜力。要抓紧启动县改市，将一批集聚人口多、产业特色突出的县发展为中小城市。要继续推进县（市）改区，把一批引领作用强、区位优势明显的地级市发展为中等城市。要体现以人为核心的城镇化，在制定设市设区标准和审核调整事项时，将人的城镇化作为重要考量要素。三是要落实绿色理念，优化城乡空间结构，解决好生态空间问题。要根据城市承载能力增设城市建制，调整城市规模；要依托山水地貌和山水脉络格局优化城市形态和功能，开展设市设区；要充分考虑地质地理条件和生态空间格局审核审批政府驻地迁移。要积极发挥主体功能区规划的基础制度作用，将主体功能区规划纳入设市设区标准，把优化开发、重点开发、限制开发要求与行政区划调整审核相结合。要按照总书记"看得见山、望得见水、记得住乡愁"的要求，在行政区划调整与政区名称变更中体现历史文脉，保护乡情乡愁与传统文化。四是要落实开放理念，搞好对内对外服务，解决好空间边界限制问题。要通过撤并规模较小县市区，破除经济社会发展行政阻隔，激发市场活力，拓展沿海重要城市发展空间，设置一批沿边口岸城市，打造对外开放新高地，促进与周边国家经济合作。五是要落实共享理念，推进公共服务供给均等化，解决好空间正义问题。要健全城乡发展一体化体制机制，拓宽区划地名信息服务渠道，丰富服务内容，提高服务质量；设市设区标准要综合考量公共服务水平，落实公共服务要求，引导提升公共服务能力；要突出区划地名服务的基础性、公益性和可及性，确保区划地名服务成效让百姓看得见、摸得着、用得上。

（三）妥善处理空间治理关系

要不断总结历史经验，把握区划地名和界线管理规律，重点处理好五方面关系：一是政治定位与服务功能的关系。既要着眼大局，始终围绕"四个全面"总战略、"五位一体"总布局，按照国家空间治理方略进行安排部署、体现政治定位；又要针对典型案例，重点解决影响经济社会发展与文化生态建设的突出问题，发挥服务功能。二是自上而下与自下而上的关系。既要充分发挥我国政治体制和集中力量办大事的优势，从建构顶层制度设计入手、推动体制机制改革，自上而下解决影响全局发展的空间战略问题；又要认真研究基层经验、分析解剖地方诉求，自下而上破解制约区域发展的局部空间问题。三是依法行政与习惯操作的关系。既要坚持依法行政，进一步加快行政区划法律法规的立改废释步伐，又要系统梳理、抓紧提升现有习惯做法与成熟经验，把该管的事项管住管好，该简政放权的事项切实放开。四是长远布局与短期调整的关系。既要有空间战略眼光，在国家空间战略布局中谋划局部行政区划，又要把局部的、一时的区划调整与优化空间布局、完善国家治理体系等长期需要相结合，保证在发展上可持续，在实施上可操作，实现空间治理效益最大化。五是内部作业与外部公开的关系。既要在内部作业中明确决策主体责任，规范论证评估程序，提升内部作业的科学性、规范性与公正性；又要注重外部公开的有序性、合理性与广泛性，发挥专家论证作用，充分听取和评估相关利益主体和社会意见，使区划地名决策获得更广泛的民意基础。

（作者系民政部区划地名司司长）

知识普及

各国共建"一带一路"应遵循哪些原则

答：恪守联合国宪章的宗旨和原则。遵守和平共处五项原则，即互相尊重主权和领土完整、互不侵犯、互不干涉内政、平等互利、和平共处。

坚持开放合作。"一带一路"相关国家基于但不限于古代丝绸之路的范围，各国和国际、地区组织均可参与，以便使共建成果惠及更广泛的区域。

坚持和谐包容。倡导文明宽容，尊重各国对发展道路和模式的选择，加强不同文明之间的对话，求同存异、兼容并蓄、和平共处、共生共荣。

坚持市场运作。遵循市场规律和国际通行规则，充分发挥市场在资源配置中的决定性作用和各类企业的主体作用，同时发挥好政府的作用。

坚持互利共赢。兼顾各方利益和关切，寻求利益契合点和合作最大公约数，体现各方的智慧和创意，各施所长，各尽所能，把各方的优势和潜力充分发挥出来。

地名研究当前亟须深化的几个问题

王胜三

习近平总书记指出，问题是创新的起点，也是创新的动力源。在我国进入全面建成小康社会决胜阶段的新形势下，社会各界对地名服务的需求越来越多，对地名科学化、标准化和文化品质的要求也越来越高，地名常态化管理和专项工作都面临一系列新问题。研究这些新问题、解决这些新问题，都需要新理念、新理论、新措施和新方法。可以说，当前比历史上任何一个时期都需要地名研究为现实需要提供强大的智力支持。

目前，结合地名普查而开展的地名文化保护和清理整治不规范地名工作正在有序推进。这项工作包含两个目标：一是充分调查、挖掘、整理地名文化资源，保护地名文化遗产，传承和弘扬地名文化；二是清理整治地名中存在的"刻意夸大、崇洋媚外、怪异难懂、重名同音"（简称"大、洋、怪、重"）以及随意更名等不规范现象，进一步规范地名命名、更名、发布和使用，提升地名法治化、科学化、标准化水平。相对于地名文化保护来说，清理整治地名乱象工作因为缺少法律支撑等原因，更需要深化相关研究，以便解决实际工作中遇到的难题。

地名乱象的形成，有多方面的原因。主要原因来自于三个方面：从地名本身看，地名数量的极速增长为乱象产生提供了基础条件。近年来，伴随城镇化中的大规模城市建设，大量建筑物名称等地名不断涌现。地名的大量产生，极大地增加了地名乱象产生的可能。从文化角度来看，传统文化的流失对地名乱象的产生起到了推波助澜的作用。失去了传统文化、地名文化滋润的地名，难免显得单薄，甚至怪诞。从管理角度看，法规滞后是地名乱象产生的重要原因。现在的《地名管理条例》已经远远不能适应需要，造成地名管理工作法制顶层设计不足。地名管理工作中法律依据不足，管理手段单一，是地名乱象产生的一个重要原因。

作为民政部直属研究机构，地名研究所成立 20 年来，紧密围绕为行政决策提供智力支持、为地方实践解决难题的"双为"职责，以推动提升地名标准化水平为目标，展开一系列研究工作。出版了《中国地名标准化文库》等一批专著，起草了《地名　标志》等地名管理、地名译写等若干相关国家标准、行业标准，为一些重大管理措施、规章的出台提供咨询和论证。特别是近十年来，我们不断加强和积极倡导地名文化研究，起草了我国地名文化领域内的第一个行业标准《地名文化遗产鉴定》，为促进我国地名文化遗产分层、分级、分类保护发挥了重要作用。我们在组织实施地名文化遗产千年古县实践的基础上，对我国地名文化资源进行了初步梳理，对地名文化研究和保护进行了初步归纳和总结。2007 年，正是依靠这些理论和实践的总结，在第九届联合国地名标准化会议上，中国同其他国家一起推动大会作出决议，确认地名属于非物质文化遗产。如果说，清理整治像西医，重点解决治标的问题，加强地名文化建设则像中医，将起到"培根固本"作用，从根本上去除病灶。从这个角度看，研究所多年的地名文化研究和保护实践起到了打基础、管长远的重要作用。

以问题为导向，面向实践需要，深刻剖析地名乱象根源，继承已有科研成果，进一步深化、细化地名研究，不断创新，为地名管理和一系列问题的解决提供智力支持，是当前地名研究的重中之重。目前，亟须围绕以下几个问题深化研究工作：

一、地名法规研究

地名法规是地名工作法治化的根本保障，是"有法可依"的前提。要根据管理环境、管理对象和社会需求等方面发生的重大变化，系统梳理立法需要，加快地名立法工作。在立法过程中，特别要做好两个方面的研究和总结：一是地方实践研究和总结。近年来，一些地方不断创新管理方式和方法，形成了一些很好的实践经验，也出现了一些亟须解决的问题。要将这些好的实践经验进行理论升华，吸收到地名立法中去，将新的管理方式和方法法制化，通过法制化的管理手段去解决各种问题。二是地方立法研究和总结。一些地方结合实际，制定了本地地名法规。这些法规的法律效力和覆盖内容不尽相同：有的是当地人大通过的，有的是当地人民政府颁布的；有的是全面规定，有的是针对地名管理的某一方面。要对地方的立法方向和立法经验进行分析和总结，吸收已有的成果，推进全国层面的地名立法。

二、体制机制研究

科学合理的管理体制和顺畅有序的运行机制，是规范地名管理、有效遏制地名乱象产生的基础。中国地名委员会撤销后，地名管理工作移交到民政部，但很多实际的地名管理职能仍分散在原中国地名委员会成员单位中，导致地名管理职能破碎化。从地名工作涉及面广的实际出发，加强相关研究，推动地名管理工作组织架构和领导体制改革，以现有的地名管理部际联席会为依托，加快形成"主管部门＋协调机构"虚实结合的地名管理组织体系，不断强化协调机构作用，实现统一管理、协同管理。

三、地名文化研究

主要包括两方面的研究工作：一是完善地名文化价值评价体系。适应工作实践需要，以地名的历史性、文化性、规范性和知名度四个要素为核心指标，参考地名承载的历史信息、普遍价值和传承价值等因素，尽快制定和丰富评价标准，逐步形成全方位覆盖的地名文化价值评价体系。二是研究探索建立地名文化遗产名录制度。借鉴国内外成熟经验，推动形成国家、省、市、县四级地名文化遗产保护名录，保护我国重点地名文化资源。研究、推动形成地名文化遗产的法治机制、申报与认定机制、名录发布机制和跟踪机制等若干配套措施，为地名文化保护工作提供全面保障，确保该保护工作健康、持续开展。

四、地名译写研究

地名译写研究包含两方面工作：一是国内少数民族语地名汉字译写。结合地名普查，系统梳理少数民族语地名，确定这些地名的来源、含义、读音，建立少数民族语地名数据库，科学制定少数民族语地名汉字译写标准，逐步推进少数民族语地名标准化工作。二是外语地名汉字译写。在已有100万条外语地名数据库的基础上，根据国家重点战略和社会需要，重点推进"一带一路"等重点和热点国家、地区的外语地名汉字译写工作。

五、地名信息化研究

进一步运用"大数据""互联网＋"和"物联网"技术推进地名信息化研究。一是地名信息服务研究。研究、制定多种地名信息服务标准，推进地名公共服务的标准化、规范化，提升服务质量。二是地名地址库研究。研究、制定相关标准，推动智慧城市空间信息平台下地名地址库研究。探讨标准地名地址基础数据与其他部门数据间的交互共享，推动形成智慧城市下标准地名地址的空间可视化表达，以及与相关地理空间信息的无缝对接。

六、地名标志研究

地名标志是标准地名的重要载体，要从加强和规范标准地名推广的高度认识和推进地名标志研究工作。进一步发挥民政部地名标志研究和质量检测重点实验室的支撑作用，着力改变目前地名标志功能单一的现状，实现从传统地名标志向智慧地名标志转变，通过拓展功能，发挥地名标志更大作用。以创新为动力，以科技为支撑，积极发展节能环保地名标志，加强地名标志监督、检测，修订、完善相关规范、标准，与智慧城市建设相衔接，加快实现地名标志信息多样化、功能立体化、用材节能化、质量标准化、设置规范化，促进提高地名管理水平，为社会发展提供更优、更全面的服务。

七、地名标准研究

推进地名标准化建设，不断完善地名标准体系，是规范地名管理、提升服务水平的重要措施，从技术层面为地名工作的规范化运行提供了平稳轨道。为适应当前工作需要，应以行业标准为抓手，加快地名标准体系建设，重点做好以下标准的研制工作：一是着眼于地名工作全局，加快制定地名术语标准。二是适应地名普查工作需要，制定地名图、录、典、志等地名产品的编撰标准。三是适应地名常态化管理需要，制定地名命名更名论证程序标准、论证报告格式标准和地名命名更名可行性报告编制标准。四是适应地名文化保护需要，制定、完善地名文化价值评价标准。

（作者系民政部地名研究所所长）

砥砺奋进正当时　决战普查谋新篇

彭　军

2016 年，湖北省地名普查进入攻坚冲刺阶段，普查任务繁重、时间节点关键、矛盾问题叠加。面对数据验收迫在眉睫，部分地方仍需回炉再造，甚至是推倒重来的严峻形势，全省各级普查工作人员不畏艰难，严守时间节点，严把质量控制，严抓工作力度，兢兢业业，勤奋工作，潜心竭虑，履职尽责，斗志昂扬，步履铿锵地走在普查攻坚路途上。

一、履职尽责，务实奋进

2015 年是湖北省全面实施第二次全国地名普查的第一年。在国务院地名普查领导小组和省委、省政府的坚强领导下，全省各级普查领导小组和普查办认真履职尽责，紧紧围绕"442"目标任务，积极进取，扎实工作，成效明显，普查工作得到国务院地名普查办和民政部领导的充分肯定。一是坚持目标管理。省、市、县层层签订《普查工作目标责任状》，把地名普查纳入各级政府目标管理，强化了责任意识。截至 2015 年年底，已有 89 个县（市、区）完成普查外业招标，占全省 86.4%。二是坚持规范引领。省普查办先后制定印发了《地名普查作业规范》《地名普查业务外包规定》《地名普查保密办法》《地名普查监理办法》等 9 项省级地名普查规范制度，有效地推动了全省普查工作规范有序开展。三是坚持质量把控。各地在引入专业测绘单位为普查提供技术支撑的同时，积极组建本土人才队伍深入挖掘地名文化，并建立了省级监管、市级监督、县级监理三级质量监理体系，为保证普查质量打下坚实基础。四是坚持安全普查。将地名普查纳入省级保密项目，省、市、县普查办层层签订《保密责任书》，做到人防、物防、技防多措并举，消除一切泄密安全隐患；同时，不断加强地名普查招投标、资金管理，确保干部安全、项目安全。五是坚持保障有力。2015 年，共争取到中央、省级和地方财政投入普查资金 1.3 亿元，为普查工作提供了财力保障；各级普查办采取调配、借用、购买服务的方式配强、配齐工作人员，省、市、县三级共开展地名普查培训 300 余场次、培训普查人员 2 万多人次，为普查工作提供了人才保障。六是坚持宣传引导。省普查办与湖北卫视、荆楚网、《中国地名》杂志社等媒体合作，升级改版湖北地名网，开通湖北地名普查网和"寻根湖北"普查微信公众号，及时发布最新普查信息。一系列富有特色的宣传活动，为普查工作营造了良好氛围。七是坚持狠抓落实。省普查办制定出台了督查规定，实行省普查办专项督查与市（县）自查相结合，民政重点项目督查与政府目标责任督查相结合，工作督查与质量监理相结合的多层次、全方位、立体式督查，有力推动了普查工作落实。

在肯定成绩的同时，我们也清醒地看到，我省普查工作还存在许多薄弱环节和一些不容忽视的问题，突出表现在：有些地方对普查工作重视不够、组织不力，导致工作启动慢、任务不落实、质量难保证、进度难跟上；有些县（市）普查办对国字号普查工作认识不高、专班不强、业务不精、作风不实，进度和质量达不到普查任务的基本要求，当前必须认真对待并着力加以解决。

二、提质增效，决战攻坚

2016 年是地名普查的攻坚年、决战年，全省地名普查将进入目标任务叠加期、工作矛盾叠加期。一方面，既要完成 2015 年度 45 个县（市）欠账任务，又要完成 2016 年 51 个县（市）的任务，两年任务加起来，今年全省 80% 县（市）要完成普查任务。重点做好以下八项工作：

1. 全面开展地名信息采集

调查行政区域，非行政区域，群众自治组织，居民点，交通运输设施，水利、电力、通信设施，纪念地、旅游景点，建筑物，单位，陆地水系，陆地地形等 11 大类地名的名称、位置及相关属性信息。今年任务的信息采集量将达到 70 万条地名、3500 万项属性信息。

2. 全面实施地名标准化处理

对有地无名的有地名作用的地理实体进行命名，对不规范地名进行标准化处理，解决一地多名、地名重名等问题。

3. 全面搞好地名信息审核与监理

对地名登记表进行重点审核，通过各层级监理定期进行普查工作的督查、督导和抽检。

4. 全面设置地名标志

包括新命名地名标志设置，重要自然地理实体地名标志设置，原设标区域查漏补缺、已损坏地名标志的更新。

5. 全面推进地名数据库建设

组织数据审核，录入地名属性信息，修校电子矢量地图，实施图库匹配等，建立省、市、县三级地名数据库。

6. 全面开展数据检查与验收

按照县级地名普查办自查、地级地名普查办核查、省级地名普查办验收、国务院地名普查办抽检的顺序，积极开展地名普查工作总结，实施地名普查成果验收。同时，着手普查成果整理与归档，完成地名普查各类纸质文件、电子文件材料归档。

7. 全面推进普查成果转化

完善地名管理相关法规，利用地名普查成果，编纂出版地名图、录、典、志等出版物，搭建地名公共服务平台，开发研制地名信息化服务产品，完成一图（标准地名图）、一志（地名志）、一书（地名文化专著）、一片（地名文化专题片）、一法（《地名管理办法》）"五个一"普查成果转化任务。

8. 全面完成地名文化保护与不规范地名清理整顿

这项工作是近期国家地名普查办部署的又一项新的任务，要求各地重点清理整治居民区、大型建筑物、街巷、道路、桥梁等地名中存在的"大、洋、怪、重"等不规范地名，将地名文化保护和清理整治不规范地名工作与地名普查其他各项任务一并安排部署、互相结合推进，2017年6月全面完成地名文化保护与不规范地名清理整顿工作任务，形成专项报告。

三、综合施策，真抓实干

第二次全国地名普查是国务院决定开展的重要国情调查，意义重大，影响深远。湖北省第二次全国地名普查的总体目标是优质高效，保质保量完成国家任务，这是我们对国家作出的庄严承诺。全省各级普查机构按照国务院和省地名普查领导小组统一部署和要求，进一步加大工作力度，加快工作进度，全力打造地名普查精品优质工程。

1. 进一步明确责任、强化措施

各级普查办是第二次全国地名普查具体组织实施单位，因此，各级普查办要认真履行职责，在地名普查中进一步发挥牵头协调作用，以制度的刚性执行，确保"442"目标做实落地。一是实行严格的包保督导制度。省、市、县三级普查办对全省13个市（州）、103个县（市、区）、304个街办、929个乡镇实现全覆盖无缝包保督查，形成全省纵向到底、横向到边的普查包保督导网络，确保"442"普查任务落到实处。二是建立严格的督查通报约谈制度。对普查的各分项、各环节工作进行督查，定期编发督查通报，对督查过程中发现的问题限期整改，对整改不到位、不落实、推诿应付的，采取重点约谈、责令检查等办法追责问责。三是实施严格的年度考核制度。以年度"442"目标任务为基本依据，以普查质量评价体系为主要内容，以地名文化挖掘为重点项目，分两个层次对全省各市（州），县（市、区）普查办进行考核，并严格实行"一考三挂"，即：考核结果与民政重点工作综合考评挂钩，作为评先评优的重要依据；考核结果与次年补助资金分配挂钩，作为倾斜支持或减少拨款的重要依据；考核结果与对市（州）和县（市、区）政府通报挂钩，作为表扬、批评的重要依据。

2. 进一步加强统筹、协调推进

各级普查办要在地名普查中进一步结合普查实际，突出工作重点，强化科学统筹，确保地名普查高速优质。一是坚持分类指导，高效快速推进普查工作。今年各地既要解决好去年任务的"夹生饭"问题，又要解决好今年新开展工作的县（市）不走弯路问题。针对上述问题，省民政厅和各市（州）普查办对2015年没有完成普查任务的45个县（市），强力开展纠偏工作，加快普查工作步伐；对2016年完成普查任务的51个县（市），充分借鉴现有成熟普查经验，避免走弯路。省普查办和各市（州）普查办采取定点指导方式，在每个市（州）指导1个基础较好、条件成熟的县（市）率先完成普查工作任务，供其他县（市）学习借鉴，做到"以质为帅、量质兼取"。二是突出工作重点，确保履职尽责。省、市普查办重点发挥普查资料收集的综合协调作用，特别从省级和市（州）层面协调各县（市）难以收集到的交通运输、水利、电力、通信设施类等地名相关资料。各县（市）普查办做好政区大典、地方志、地名志、地名词典、地名录、地名图、水利普查、地理国情普查、林业普查、公路普查、港口成果普查、行业白皮书等各类资料的收集。做好已收集资料的采录利用，严格执行预填登记表制度。在填写地名登记表的过程中，重点突出地名来历、地名含义、历史沿革、地理实体描述等"四项重要信息"填写，做到挖掘文化与效速兼取的有机统一。三是注重统筹推进，开展立体作战。各县（市）普查办在科学设计工作环节的基础上，注重内外业并行实施，采集、入库、检查同步推进，尽力用多维、立体、并联的方式利用时间，推进工作。在工作内容上科学安排，做好常规普查工作的同时，统筹部署实施跨界自然地理实体地名普查、不规范地名清理整治、地名标志设置、地名文化保护等重点专项任务，实现齐头并进。在工作协调上形成合力，充分发挥自身的主体作用，充分调动业务合作单位、质量监理、组成部门的职能作用，借鉴利用现有成果，提高工作效率。

3. 进一步转变作风、狠抓落实

一是提升队伍能力。各市（州）、县（市、区）普查办主任、分管主任、业务科室负责人作为关键少数，在挂帅出征的同时，强化自学提高，做到科学决策、正确指挥、规范管理，成为"普查专家、行家里手"。进一步加大培训学习力度，进一步提高培训考核的针对性、时效性，做到"凡学必考、凡考必核"。强化互学互促，在各自开展学习培训的同时，加大互相学习交流力度，既开展区域性、专业性普查先进典型学习，也开展负面典型通报交流，互学成功经验，规避失败路径，做到"互学互鉴、共同提高"。二是开展痕迹管理。省、市、县、乡四级普查办联动，开展流程管理和痕迹管理。县级建立乡镇街样本库，市（州）建立县（市、区）样本库，省包保组建立责任区样本库，各级样本库均保留对下级地名普查登记表的修改、删除、新增、调整记录和痕迹，省级督查重点检查上述痕迹和记录，作为工作追溯、考核、评估、约谈、奖惩的重要依据，坚决遏制"空中飞、水上漂"等为官不为势头，确保在地名普查中，文化挖掘到位、监理审核到位、质量控制到位、包保责任到位。三是强化执纪问责。2016 年是全省"问责年"，省民政厅向市（州）和县（市、区）民政局印发了《2016 年全省民政工作综合评估方案》，将地名普查列为重点工作，加大问责力度。各级普查办大力弘扬雷厉风行的务实作风，抢时间、赶进度、保质量，切实做到履职尽责，恪尽职守。各级民政普查工作人员深入一线，认真审视普查工作成效，查清查实普查质量不高、工作推而不动的问题和原因，确保把各项工作落实、落细、落小。

2016 年是我省地名普查的攻坚决战年，容不得半点马虎，容不得半点懈怠，容不得半点疏漏。朝前看，前景壮阔、风光无限；往脚下看，每一步前行，都需劈波斩浪、越障排险。今年的成败决定着整个普查工作的成败，我们将始终心怀承诺与信念，履行责任与担当，保持定力、自我扬鞭、砥砺奋进，以求真务实的工作作风，敢于作为、勇于作为、善于作为，再下决心、再加压力、再鼓干劲，努力实现湖北地名普查工作目标，向国务院和省委、省政府交上一份满意答卷。

（作者系湖北省民政厅厅长）

论中国当代城市化进程中的行政区划"逆向调整"

——以永康市芝英镇的行政区划调整过程为例

范今朝　王剑荣　蒋瑶璐

一、行政区划"逆向调整"现象的出现

1979 年改革开放以来，出于加快城市化进程的考虑，我国在行政区划的调整中，主要采取了增设、改设所谓"城市型政区"的方式，如地级政区层面的撤销地区建制，设立地级市，实行"市（地级市）领导县（县级市）"体制；县级政区层面的"切块设市"改为"整县改市"，并增设市的建制而使县大幅减少；中心城市（大都市）地区则撤县（市）设区，还包括大量各类开发区的设立，导致市辖区数量增多，市区范围大幅扩张；县辖政区层面也从 1990 年代初期开始，即先后撤区、并乡、设镇，"切块设镇"改为"整乡改镇"，街道的设置亦突破法律的限制，在县级中心区推行，其设置方式也转变为"整乡（镇）设街"模式，使得镇（街道）成为县以下政区主体，乡数量大幅减少，等等。这类从所谓"地域行政区"改设为"城市行政区"的调整方式，成为中国当代行政区划变革的常态。

但近年来，在个别地区，也出现了相反的情形。如县辖政区层面，或将已经撤并的乡、镇重新分立，如浙江省永康市 2001 年撤销舟山镇、前仓镇、新店乡建制，与石柱镇合并，至 2006 年又将舟山镇、前仓镇恢复；或将已经改设为街道的地区重新恢复为镇的建制，如浙江省东阳市的横店镇，曾经于 2001 年改设为街道，但随即于 2003 年又恢复为镇。与之类似，永康市的芝英镇，也曾经历了相似的过程，即 2001 年撤镇改为街道建制，又在 2009 年被改回芝英镇建制；只是其调整、反复的时间间隔更长，而存在问题和解决、决策的过

程，也更具有典型性。实际上，不仅在乡镇层面，就是在县级乃至更高的层级，也有类似的现象出现。如 2009 年，湖北省随州市（地级市）从其曾都区划出部分区域重新设立随县，即经历了从县（1983 年前的原随县）到市和市辖区（地级随州市和其所辖的曾都区），又到县（实际上是区、县分立）的反复过程。

类似湖北的随县、永康的芝英镇这样的市辖区改（或分）设县以及"撤街道改镇"的行政区划调整现象，与其之前的、也与国内当代大多数的调整在方向上可谓是"逆向"而行，因此，在这里我们提出行政区划的"逆向调整"概念；即在乡镇层面，将"撤区并乡""撤乡建镇""撤镇（乡）设街道"等称为行政区划正向调整，而可以把与之相反的"镇、乡（街道）分立""撤街道改镇"的调整过程称为"逆向调整"。当然，"逆向调整"的概念不仅仅局限于乡镇层面，它同样也适用于县、市层面，如市、市辖区改为县或分立新县的调整。

行政区划的"逆向调整"虽不常见，但在实践中仍然需要面对和解决；其出现也给我们带来了对以前的行政区划调整工作的反思。对于此类行政区划调整过程中的特殊现象，学术界尚没有系统的研究。这样，结合 2009 年年初笔者所参加的"永康市'2008 行政区划调整方案'调研论证"的工作，本文采用永康市芝英街道恢复为芝英镇的案例，详细分析其调整的原因和论证的过程。在此基础上，笔者将该特定的行政区划现象提出，并分析其出现的原因所在。

二、永康市和芝英镇的行政区划沿革及近年来的调整过程

永康市位于浙江省中部，金华市域之东南。改革开放以来，其行政区划的演变过程大致为：1983 年，政社分设；1987 年，设 6 个区、2 个直辖镇、35 个乡、5 个区辖镇；1992 年 4 月，撤区扩镇并乡，设 24 个乡镇。后经过几次微调，于 2001 年 7 月，将当时全市的 18 个乡镇重新组合设立东城街道、西城街道、江南街道、芝英街道 4 个街道和石柱、古山、龙山、象珠、花街等 5 个镇。2006 年 5 月，恢复设置了前仓镇、舟山镇、方岩镇、西溪镇、唐先镇 5 镇，共计 4 街道、10 镇。2009 年，改芝英街道为芝英镇。至此，全市共有 3 个街道、11 个镇。

芝英镇位于永康市域中部，距中心城区 12.5 千米，是永康市的工业重镇。

从历史上看，芝英也一直是永康的主要集镇之一。2000 年以来，为顺应永康市的行政区划调整需要进行了几次适应性改动。2008 年前后，围绕之前的芝英镇改为芝英街道再改回芝英镇建制的争论和决策过程，是其中最为引人关注和思考的现象。

芝英镇行政区划的多次调整及其原因，与 2001 年时永康市的行政区划调整及其出现的问题，有较大关系。为全面说明有关情况，兹将不同时期的行政区划调整方案及其当时背景和调整原因、存在问题等略作介绍。

1. 永康市 2001 年行政区划的调整及其存在问题

2001 年行政区划调整的主要内容是，中心城区撤镇设街道办事处，其他地区撤乡并镇，形成市辖镇和街道办事处的格局。将全市原 18 个乡镇重新组合设石柱、古山、龙山、象珠、花街 5 个镇和东城、西城、江南、芝英 4 个街道办事处，另有一个方岩风景区。2001 年的区划调整初衷在于，克服中心城区用地规划管理混乱的矛盾，整合经济发达乡镇的资源，解决乡镇分散、运行成本高、效率低下的问题。但随着时间的推移，2001 年区划调整也暴露出了不少问题，主要表现在以下几点：①管理幅度过大。2001 年方案实施后，5 个镇区面积平均 151.2 平方千米，最大的石柱镇 184.77 平方千米；人口规模过大，多数在 6 万人以上；下辖建制村多数在 80 个以上，最多的近 120 个建制村。②管理层次多，效率低。由于镇规模过大，不得不在镇以下设置管理处，管理处的设置增加了中间层次，相对阻隔了镇、村的直接联系，造成镇一级机关化倾向越来越严重。③对镇干部的管理难度增加。在 5 个镇中，共有工作人员 800 余人，每个镇都在 140 人以上，其中领导班子成员至少有 15 人。班子成员人数多，且分散在各管理处，决策效率低下。④群众办事不方便。在现行的管理体制下，一些村离镇政府最远的有 30 多千米，群众办事一般都先从村到管理处、再到镇，给群众带来了许多不便，群众意见强烈。⑤影响了一些地方的经济和社会的发展。永康的块状经济特色十分明显，2001 年区划调整总体上促进了社会经济的发展，但在一些镇也产生了负面影响。个别乡镇合并后，因原有发展水平相当，互相争项目、争用地，投入分散，难以形成集聚的效应；也有个别地方甚至被边缘化，特色产业出现萎缩。

2. 永康市 2006 年和 2008 年行政区划调整方案概要

认识到 2001 年区划调整中存在的一系列问题，永康市政府决定进行 2006 年区划调整，调整的主要内容是撤销石柱镇、古山镇、龙山镇、象珠镇，重新设立石柱镇、前仓镇、舟山镇、古山镇、方岩镇、龙山镇、西溪镇、象珠镇、唐先镇。花街镇和东城、西城、江南及芝英 4 个街道按原有区域不变。与此同时，还确立了特殊的经济开发区管委会（将东城街道的 14 个建制村和芝英街道的 14 个建制村委托其管理）和城西新区管委会（将西城街道的 34 个建制村委托其管理）体制。

在此基础上，从 2008 年开始，永康市对之前的行政区划拟作进一步的调整，其着眼点与 2006 年类似，仍然是针对 2001 年调整的不足之处。即 2008 年的调整方案将调整重点转向前次（2006 年）未调整的中心城区的 4 个街道和花街镇，主要是对永康中心城区与芝英镇区的各自发展方向以及相互关系重新进行界定和调整，在适当扩大中心城区空间、整合开发区管理体制的基础上，将游离于中心城区之外的芝英街道重新恢复为芝英镇的建制。其变化要点可以归纳为两点：①将芝英街道恢复为芝英镇建制。永康市行政区划由原来 10 个镇增设为 11 个镇；街道设置由原来 4 个减为 3 个。镇（街）设置总量未变。②将原属芝英街道的黄塘下等 15 个建制村划入东城街道管辖（委托经济开发区管理）。将原属江南街道的临溪、翁埠 2 个建制村和原属花街镇的梧洞、龙盘岭 2 个建制村划归西城街道管辖（委托城西新区管理）。2009 年 4 月 20 日浙江省政府《关于永康市部分行政区划调整的批复》（浙政函〔2009〕157 号）正式批准永康市的行政区划调整方案，实现了 2008 年方案的调整目标。

三、对永康市和芝英镇"2008 行政区划调整方案"的分析论证

鉴于永康市"2008 方案"是在 2006 年调整的基础上的进一步深化，且与 2006 年的调整有类似之处，即是对 2001 年调整的逆向调整和某种程度的回归，因此需分别对 2001 年、2006 年调整方案及其实施效果加以评估，尤其分析其对芝英地区发展的影响；在此基础上，可进一步分析"2008 方案"的合理性与可行性。

1. "2001 调整方案"对芝英地区发展所造成的问题分析

2001 年永康市行政区划调整后，市域乡镇层面、中心城区层面都发现存在

一些问题。其中市域乡镇层面主要存在镇的规模过大、管理幅度过宽、管理层级增加等问题，2006年的区划调整就是针对市域乡镇层面存在的问题进行的。但该次调整因未涉及中心城区，因而中心城区的问题没有解决。特别是已经改为街道的芝英地区，其问题尤为突出。

（1）在动态发展的比较中，芝英撤"镇"设"街"之后经济发展和城镇建设相对缓慢。通常在中心城市的集聚阶段，只能是先满足中心城区的发展需求，再逐渐向外扩散。2001年以来，永康市大量建设项目主要集中于中心城区，无法顾及芝英发展；同时对芝英辐射带动作用不够。芝英街道则限于体制，自身缺乏相应的经济决策、集镇规划等方面的自主权，多数有规模的企业向位于主城区的开发区集聚，芝英在经济发展中已处于边缘化地位，与周边的古山等中心镇相比逐步失去了其独有的经济模式和中心镇、经济强镇的优势。其在基础设施共享度、城市建设力度和强度、政策扶持度等方面均处于弱化状态。

（2）与中心城区共建共享基础设施和公共服务设施难度大。客观上，芝英街道距离城区12.5千米，之间为基本农田保护区，交通上唯独东永一线与市区相接，使得市区与芝英街道的基础设施在一个时期内无法接轨。芝英街道除临近城东的炉头、黄塘下等15个建制村外，无法共享城东的基础设施和社会服务设施，而其他偏远建制村的基础设施共享与衔接问题更得不到落实。

（3）与区划调整相关的诸多行政管理政策调整滞后。芝英街道设立后，相应的公共管理和服务部门（医疗、教育、工商、税务、国土管理、农村信用社、银行、电力、水厂等）在管理上属于"灰色区域"。管理人员和村民可享受的待遇和优惠政策不明确，既不靠城也不靠乡，使得建制调整后既没有获得城区市民的待遇，也丧失原有农村地区的补助实惠。

（4）现有街道体制与芝英的自身发展不相适应。芝英街道管辖的区域面积74.4平方千米，2006年时常住人口5.9万人，外来人口5万人左右，辖78个村委会、6个居民区。管辖范围以农村为主，而街道行政管理仅是市政府的一个派出机构，并不代表一级政府，对地方各方面的管理能力较之建制镇减弱，仅靠社区委员会很难管理，给社会治安、城镇建设、环境卫生、计划生育、市场管理等带来诸多困难和问题。

2. "2008 调整方案" 的必要性、可行性分析

（1）延续历史发展脉络，保持经济发展优势。就芝英地区本身来看，改革开放以来，芝英人率先冲破禁区，工业迅猛发展，已拥有实力较强的棉纺、铝锭、铜带、铜铝制品、农机、衡器、铸造、铸钢、五金、电动工具、电器、模具等骨干行业。2005 年芝英街道生产总值达到 191.7 亿元，乡镇企业总产值达到 78.6 亿元；2007 年各项税金共计 2.26 亿元。除此，街道内有生产资料、有色金属两大专业市场，年交易额超 9 亿元。2000 年芝英镇还被浙江省政府列为永康市历史上唯一的中心镇。因此，芝英在永康历史上一直以来属于中心镇、经济强镇，而且是一个相对独立的经济发展体，芝英在永康的发展中具有特殊而明显的历史地位。

就芝英街道拟调整出的 15 个村来看，2001 年之前分属其他乡（后被并入芝英街道）。2002 年 8 月，经浙江省人民政府批准成立了浙江省永康经济开发区，总规划用地面积 46.6 平方千米，涉及东城街道 14 个建制村和芝英街道的炉头、黄塘下等 15 个建制村，这 15 个建制村不管是从地域范围，还是人流、物流的流向来看，都已向主城区即东城街道靠拢。拟调整的江南街道的翁埠、临溪两村和花街镇的梧涧、龙盘岭两村也类似，其人流、物流历来往城区方向流动，近几年速度进一步加快，现已基本向西城街道的城西工业功能区集中。

（2）城市化路径转变，城市土地集约、可持续利用，实现城乡统筹发展。2001 年基于当时全国上下要求加快城市化进程，以城市化带动经济和社会发展的战略取向，当时的永康市城市总体规划确定用地规模为 50 平方千米，人均 100 平方米，同时搭就了一个 150 平方千米的框架，将芝英纳入城市的规划和建设范围。

2001 年规划所体现的是一个圈地城市化过程，通过行政区划调整、占用耕地资源等来获得城市发展空间，扩大城市规模，提高城市化水平。而在科学发展观和构建和谐社会的理念下，新一轮规划要求走一种健康可持续的集约型城市化路径，重视土地城市化同人口城市化的协调，合理控制城市规模和土地城市化速度，提高城市土地利用效率和单位面积经济效益。现行行政区划则显然与此不相适应。

从芝英镇区来看，2001 版规划提出的城市功能结构为"一城两翼两组

团"，将芝英街道定位为郊区外围组团，以五金原材料市场、工业为主导职能，属于东翼副中心的覆盖范围。经过几年发展，规划的城市公共中心与现实发展产生了较大差异。现阶段中心城市仍处于集聚阶段，其辐射无法覆盖整个规划区范围，东西两翼副中心未能发展起来，原先规划的公共设施内容不足以支撑其副中心的定位。从城市建设现状来看，芝英街道与城东开发区之间仍相距6—7千米，且其间大多为农田。在国家保护耕地政策的约束下，规划期内这部分农田不可能用来开发建设，使得市区与芝英街道在空间上的联系进一步弱化，若继续将其划入城市建设用地范围，不利于城市的集约发展。在市区与芝英街道的基础设施短时期内无法接轨的情况下，芝英需要中心镇一级的地位来配套基础设施建设，以在整个市域范围的城乡统筹发展中起到承上启下的服务功能。

（3）进一步加强行政管理，优化现行管理体制。随着经济社会的发展，永康的城区范围逐渐扩大，主城区的行政管理中日益暴露出一些问题和矛盾。这些问题主要包括：①管理上出现交叉或缺位现象。在东城街道与芝英街道之间，存在着一个经济开发区横跨两个街道，行政管理上有较大难度，有些村的村务管理、计划生育管理出现了漏洞，国有、集体资产管理缺位。②规划设计和实施难以统一。经济开发区已成为永康市经济发展的重要依托、五金产业的研发中心和主要生产基地，同时也是永康市城市建成区的重要组成部分。经济开发区的开发是分期进行的，前期开发中用到的土地主要是东城街道，征地和规划都比较顺利，但随着开发的进一步实施，主要用地处在东城街道和芝英街道之间，不同的街道不利于政策的统一。由于分属两个街道，村一级的基础设施建设各自为政，与规划不符，出现了重复建设现象，难以使公共基础设施实现共享。在江南街道和西城街道之间、西城街道与花街镇之间，由于永康市城西工业功能区等横亘其中，也存在类似问题。③城乡一体化发展难以实现。永康市经济开发区和城西工业功能区建成区的形成和基础设施的不断完善，使区内村级集体经济组织生产资料持有方式和农民生产、生活方式发生了根本变化，急需将城市管理的职能延伸到这些村，稳步推进城乡一体化，以促进这些建制村的经济社会的协调发展。

而对芝英地区而言，实际上，2006年后，芝英街道已经被永康市作为

"镇"来对待，2008 年进一步明确了其在永康市的中心镇地位和相应的管理权限［《中共永康市委、永康市人民政府关于加快推进中心镇培育工作的若干意见》（永委〔2008〕11 号）］，并赋予了其较多的优惠政策。现有的机构设置、管理架构等也与一般镇无异。在目前这样现有体制已经逐渐转换的情况下，芝英仍为街道体制，就名不副实，有"名不正言不顺"之嫌，既会造成许多纷扰和冲突，也与依法行政的要求不符。相反，改街为镇可谓水到渠成，名正言顺，易于理顺各方关系。

（4）呼应、尊重民意，满足群众强烈愿望。芝英当地群众对原"芝英镇"认同度高，归属感、参与感强，对重新设"镇"意愿强烈。从调查访谈的结果可以感觉到，国内外的芝英同乡都非常认同芝英"镇"的建制，当地企业家也愿意对芝英镇的发展给予各方面的支持，认为是在建设家乡。如果为"街道"体制，则容易被认为是在为全市服务，担心有关支持无法真正落实在芝英地区，无从体现其热爱家乡的意愿。这种地方情感也是非常重要和宝贵的推动地方发展的资源和动力。多年来，各界（包括拟调整区域内的群众）都以各种方式表达了要求政府进行区划调整的强烈意愿，其中信访、两会提案，均有很多涉及此事。同时，对城区行政区划实施适度调整，可以使相关区域内群众的身份由农民转变为城市居民，更好地享受到经济社会发展的成果，事关切身利益的子女上学、养老保险、低保救助等方面问题将有效解决，也有利于社会稳定。

3. "2008 调整方案"的总体分析和论证意见

对于此次调整方案的评估，应着眼于将永康作为一个整体，使得各调整相关方均能达到最优、最适的体制，以科学发展、多赢共荣为目的。从各场座谈会意见和问卷调查情况分析，以及实地接触访谈所获得的结果来看，此次永康市行政区划调整方案获得各界认同。具体而言：①对中心城区而言，在把芝英街道的 15 个建制村划入东城街道、同时委托开发区代管和把江南街道、花街镇的 4 个建制村划入西城街道、同时委托城西新区代管后，基本可以满足中心城区未来相当一段时期内的发展需求。②对开发区而言，因其属于市本级直辖，且各相关街道（镇）的被调整村庄已经基本划归开发区管辖，则将所属区域隶属于同一政区管辖，可以减少与多个街道（镇）协调的难度，逐渐理顺关系和管理体制。这样，既有利于开发区发展，也有利于被调整村庄获得均等、甚至更好的对待，更好地接受中心城区的辐射和带动，同时也有利于原所在街道、镇的管理工作，使其可以摆脱协调之累，也免去对划归开发区管理的村庄的带动、辐射、公共服务不到位等方面的问题。③对被调整村落而言，则可以更好地接受中心城区辐射，尽快享受到城市化发展所带来的益处，也有助于解决历史遗留问题。④对芝英地区而言，将芝英的街道体制改为镇建制，就可以较好地适应城市化路径转变和城乡统筹发展的需要，有效地解决现行管理体制的弊端，既延续了历史传承和地方文化，又可获得保持经济、社会发展优势的广阔空间，也满足了当地群众的迫切意愿。

总而言之，在适当扩大中心城区面积、整合两个开发区的基础上，适当调整行政区划，恢复芝英建制镇的地位，对中心城区而言，可以集中精力于新区的开发、建设，也满足了相关规划的控制要求，可以说，总体损失不大，不会对永康市区的经济社会发展造成很大的影响，反而可以按照相关规划要求，更好地实施。而与此同时，对芝英镇区来说，则是获得了独立发展的空间，会极大地促进芝英镇区以及永康东部区域的发展，恢复芝英历史上的活力，加速芝英地区经济社会的发展。因此，对永康市域整体而言，是更为有利的，可以获得 $1+1>2$ 的成效。

芝英的问题，不是达不到设街标准，也不是实力不够，而主要是在各方面形势变化的前提下，地方自主发展的需求、发展潜力在街道体制下无法充分发挥，以及由此而造成的与先进城镇发展差距日益拉大所引发的紧迫感和危机感。这是很宝贵的一种动力，也是浙江省众多地区创业发展的活力所在，故应该予以保护和尊重，而不是无视和压抑。在这种背景下，永康市能够正视地方需求，尊重民意呼声，并且真正从永康全市的发展大局、长远利益和可持续发展出发，对先前不相适宜、或形势变化后难以达成的目标进行适度修正，重新理顺管理体制，是明智和可行之举。经过这样的调整，市本级可集中精力于现有中心城区的发展，挖掘内涵，集约成长，不贪多求大，而是着重空间合理配置，城市建设、土地保护和环境改善等多重发展目标均可实现。芝英在恢复为镇体制之后，其传统优势可以充分发挥，地方人士可更好地关注本区发展，历史文化传统和地方品牌也可以更好地传承，并发挥更大的作用。

同时，从本次区划调整的内容来说，相对于 2006 年的调整，本次调整基本属于微调，主要是芝英的建制变更，以及个别村庄的归属调整，政区总数未变，相应也不涉及大规模的机构调整、资产重组和干部分流等问题，符合国家宏观政策，符合地方发展实际，也符合相关调整地区百姓的意愿。因此，从方案本身和客观发展态势而言，此次区划调整方案总体上符合当地产业发展现状和经济流向，将有利于永康市经济和社会的发展，调整方案是可行的，利大于弊。

四、对行政区划的"逆向调整"现象的若干深入思考

行政区划属于上层建筑范畴，应与一定时期的经济基础相适应；如果一个地区的行政区划体制已经对政府的行政管理产生不便，已经不能很好地促进区域经济的发展，同时也制约了当地的城镇化进程，那么，该地区的行政区划格局就是滞后于区域长远发展需求的，在很大程度上就需要进行某些方面的行政区划改革。这些调整的过程，就是一个不断寻找适应不同地区城市化快速推进的行政区划体制的过程。

当代中国在追求城市化的进程中，许多地方都出现了撤乡并镇或将乡镇改为街道等行政区划调整举措，这些调整方案多数确实是为了适应当时的城市发展需要而实施的，但也有相当一部分仅仅是为了追求表面的城市化而进行的。随着时间的推移，那些不适应城市化发展而进行的区划调整的弊端日益凸显：区划调整不仅没能达到城市化的发展目标，反而阻碍了该地原先的发展势头。因此，将那些与城市化进程不相符合的区划体制进行回归性调整，即所谓"逆向调整"，及时"拨乱反正"，纠正原来区划调整过程中出现的失误，就成为必要之举。

进一步分析可以看到，该种现象之所以出现，主要在于：在中国当代以政府主导城市化进程的背景下，由于实行赶超型的发展战略，地方政府往往借助行政区划体制的调整，通过对各级中心城市（首都、直辖市，省会城市、计划单列市，地级市，县、市所在的中心城区，中心镇区等）偏好的区划调整方式，直接采取诸如增设直辖市、地级市领导县（市）、整县改市、撤县（市）设区、撤乡建镇、撤乡镇设街道等方式，来推进城市化发展。这是目前中国行政区划演变的常态，即所谓"行政区划的正向调整"。但在此过程中，由于种

种原因，如方案不切实际、过于超前，或发展趋势发生变化，或上一级的政策约束等，有些前述调整可能出现与实际情况不相适应、当地发展受到影响、群众意见较大等问题，则需要对前述调整加以修正，需要寻找与之更相适应的区划体制，则可能出现某种程度上重新恢复原有建制的行政区划调整方式，即类似反复、回归的情况，亦即我们所界定的"行政区划的逆向调整"。这也就是所谓行政区划"逆向调整"出现的深层原因所在。

尽管进行行政区划的"逆向调整"，能够弥补前期调整中的不足和失误，但相对而言仍属纠错工作，如果在大范围内出现将不利于行政区划工作的稳定。因此，在之后的工作中如何避免此类现象出现，是值得探讨的一个重大问题。通过对行政区划"逆向调整"现象的研究，有助于我们全面认识行政区划的作用，更加关注中心城市、中心城区、镇区之外的周边地区、弱势地区、聚落的发展。进而也启示我们，在进行行政区划改革的过程中，行政区划体制一定要适应当地的情况，并非一味地越"先进"、城市化程度越高越好。

另外，从 2001 年以来永康市乡镇层级行政区划的调整过程来看，在对城市化、对基层政府的作用等问题上，学界、政界等此前的认识中仍有一些不足和偏差。在中国目前的体制下，基层政府的存在与否，对一个地区的发展仍然是至关重要的。尤其相对于中心城市、发达地域来说，对处于相对方的弱势地区而言，维持一级政府架构，可以在多方面推动该地的全面发展，并可以提供相对均等的、便利的公共服务，且不致造成地方文化的中断和地区中心（如集镇）的衰落。故一级政权机构的存在，实际上是对弱势地区的扶持；政府提供各项经费，也可算作是对欠发达地区转移支付的一种形式，不能笼统以节省经费为理由，任意撤并（可以在机构设置方面加以精简）。因此，对于乡镇撤并这类的行政区划调整，一定要慎重；尤其对中心城区之外的外围地区，或贫困地区、山区等欠发达地区而言。

（作者单位：浙江大学玉泉校区地球科学学院）

地名更名对大城市行政区划调整的思考

——以广州市近年来行政区划调整为例

王开泳　陈　田

在整个城镇体系中，大城市的发展起着枢纽作用，联动着整个城镇群的发展。但由于我国长期形成的二元经济结构，在制度安排上采取严格控制大城市发展的方针，使得在行政区划中大城市的发展空间过小。过小的行政区域空间造成的结果势必带来城市边缘区的杂乱无章和边缘管理失控。没有一个合理的城市发展空间，就会造成城市土地价格不合理上升、环境恶化，管理、生活水准也都受到很大影响，最终导致企业外迁和资金外流。一般来说，城市经济具有典型的规模收益递增的特点，城市规模越大，效率越高。美国 75% 的制造业和服务业聚集在大都市区，日本 80% 的经济总量集中在大都市圈。我国人口众多，合理地发展大城市，扩大大城市的区域空间，是我国城市化道路的现实选择。特别是东部沿海地区，扩大城市的发展规模，不仅是大城市经济发展的内在需要，也有利于加快大城市与国际经济的接轨。

随着城市经济的扩张和城市化进程的加快，城市的发展越来越受到发展空间狭小的限制。特别是处于快速发展中的大城市，发展空间不足已经成为阻碍城市持续健康发展的重要因素。于是，变革城市行政区划成为一种扩展城市空间的主要手段，近年来大城市行政区划调整成为一股不可阻挡的潮流。我国南方的特大城市广州，分别在 2000 年和 2005 年对城市的行政区划进行了两次大规模的调整，成为这一时期我国大城市行政区划调整过程中比较典型的案例。本文以广州市为例，评估我国大城市在行政区划调整过程中的经验和不足，并初步探讨我国今后大城市的行政区划调整的优化方向，以促进我国大城市的持续协调发展。

一、我国大城市行政区划调整的背景与原因

1. 近年来我国大城市行政区划调整的回顾

总体来看，我国大城市现有行政区面积空间过小，人口密集度过高，一定程度上制约了中心城市的集聚和辐射功能的发挥，也制约着旧城区的合理改造。目前，县以上行政区划调整变更事项主要包括大中城市的市辖区调整、撤地设市、政府驻地迁移、行政区更名等内容，其中市辖区调整和撤地设市事项占了90%以上。大中城市市辖区调整多数在东中部省份，撤地设市完全集中在西部地区，反映了我国经济发展水平的地区特征。大中城市的市区行政区划调整事项最多，调整的形式和内容概括起来大约可分为三种类型：一是打破郊区包围城区格局的调整，这一类调整比较成功的案例有呼和浩特市、洛阳市、合肥市、南宁市和柳州市等。二是解决城区布局划分不合理问题的调整，这一类调整案例有上海市黄浦区与南市区的合并、温州和阜新市区的调整以及正在办理中的厦门市市区的调整等。三是撤县（市）设立市辖区的调整，如广东省撤番禺市和花都市设广州市番禺区和花都区，撤南海市和顺德市设佛山市南海区和顺德区；浙江省撤萧山市和余杭市设杭州市萧山区和余杭区，撤鄞县设宁波市鄞州区，撤金华县设金华市金东区。

2. 行政区划调整的背景

纵观我国大城市行政区划调整，都是在经济快速发展和空间约束的矛盾下发生的，都是为了在经济全球化的背景下，力图冲破行政区划的体制约束，争取更广阔的发展空间，理顺城乡、城市核心区与外围的关系而进行调整的。总体上看，调整适应了大城市空间扩展的需要，有利于整合城市的各种资源，促进城市的快速发展。从广州现行区域划分看，近几年来几个老城区交界处的"飞地"现象给管理上带来的困难，老城区面积狭小导致的发展空间有限的问题，定位上的雷同产生发展中的冲突问题等，不断被社会各界所关注。而在经济技术开发区内，开发区管委会代管实施部分行政功能，由于没有行政权，管理上也存在先天不足。种种现实，都迫切需要通过调整行政区划予以解决。

3. 行政区划调整的原因分析

（1）发展经济，增强城市竞争力的需要。随着经济全球化进程的加快，城

市之间的竞争也日益激烈。对于我国的大城市来说，城市的发展主要不是来自于世界上其他城市的竞争，而是近域城市之间的竞争。由于行政区经济的存在，各个城市之间竭尽全力争项目、争投资、争人才，也都成立优惠政策的开发区。由于缺少有效的协调机制，导致竞争大于合作，各自为政，无序发展，产业部门体系雷同，重复建设严重，区域基础设施不衔接的现象非常普遍。正由于行政区经济的存在，严重干扰了区域各种要素的正常流动，阻碍了区域共同市场的发育和区域经济的健康发展。同时，城市的经济总量不断扩大，产业分工也不断细化，城市对空间扩展的需求也不断强烈，城市的外向扩展和"飞地"扩展并存，出现了摊大饼式的同心圆布局或新区开发。由于行政区划本身的历史约束，城市本身的建设用地有限，远远不能满足城市发展的需要，于是通过行政区划调整，理顺区域内城市之间的行政级别和体制关系，可以壮大自身的人口、土地和经济规模，加强各种资源的优化配置和高效利用，提高经济运行效率，不断增强自身的竞争力。因此，行政区划调整成为扩大城市发展空间的主要手段。

（2）引导城市规划建设和产业布局的需要。随着城市化进程的不断加快，城市不断向外围扩展，大城市原来的农村地域和周边的郊区县逐渐转变为城市型地域。但由于行政区划的限制，在城市规划过程中只能根据城市的行政地域进行基础设施和各种产业的规划布局，很难顾及与中心城市联系密切的外围地区的规划和建设。城市内部的土地利用不断朝集约化方向发展，使得人口密度很大，交通拥挤，住房紧张，出现一系列"城市病"，但由于城市土地供应紧张，给旧城改造也带来了很大的困难。

因此，通过适当的行政区划调整，把与中心城市联系密切的周边地域纳入城市市区的发展范围，统一进行规划建设，将有助于优化产业布局和基础设施建设，积极地引导老城区居民向周边迁移，推进旧城的合理更新和改造，促进城市良性发展。

（3）解决"飞地"经济和"边缘经济"的需要。城市的快速发展使得自身的发展空间严重不足，于是在自身行政区以外寻求发展空间的现象越来越普遍。首先是各种类型的开发区（包括经济技术开发区、高新技术开发区、旅游经济开发区、出口加工区等），由于建在邻近的行政区内，而演变成为一种新的"飞地"。由于开发区的管理机构一般是管委会，是政府派出的经济管理机构，不具备完全的政府管理职能，难以对开发区内居民实施全面有效的管理，使得行政管理体制不顺的问题凸显。其次，由于行政区经济机制的存在，许多大城市政府忽视对城市边缘的基础设施建设和经济发展的引导，造成城市边缘地带成为自发、无序发展的管理真空地带。一些污染严重、噪音大、耗能多、很难在城市市区或开发区落户的企业，很容易在行政区边缘地带获得发展空间。"边缘经济"现象的普遍存在，也给城市规划、管理带来了很多困难。因此，通过行政区划调整、变革目前的行政管理模式来理顺行政管理体制变得更加迫切。

（4）精简机构和减少行政管理成本的需要。一般来说，大城市的老城区发展空间狭小，资源分散、产业雷同、效益难以发挥的问题日益突出，影响了城市现代化水平的提高和旧城更新改造。尽管老城区规模小，但它仍需要按照行政区划配置齐全的行政管理机构，因此造成管理资源和公共财政的巨大浪费。老城区产业结构和管理模式基本相近，但由于行政区划的限制也难以实现优势互补，使得有限的资源得不到最合理的配置和使用。一方面存在市辖区面积过小，机构臃肿，重复建设，没有发展空间的问题，另一方面是整县改区造成的市辖区面积过大的问题。因此，只有通过行政区划调整，合并规模较小的老城区，构建科学合理的行政架构，才能从根本上解决老城区面临的问题，降低行政管理成本，提高工作效率。

二、对广州市行政区划调整的评估

1. 近年来广州市的行政区划调整

2000 年，番禺、花都撤市改区，由此使广州变成滨海城市，也使广州市区面积由原来的 1443.6 平方千米扩大到 3718.5 平方千米。2005 年 4 月，国务院批准了广州市行政区划调整方案：撤销广州市东山区、芳村区，设立广州市南沙区、萝岗区。因此，广州的行政区划出现了一个全新的格局。

这次广州市的区域调整是一次全局性的战略性调整，调整的广度、深度和力度在国内大城市的区域调整中前所未有。它改变了广州城市发展的轨迹，未来广州的城市建设不再是围绕着老城区摊大饼似的向外扩张的发展模式，而是确立真正意义上的以组团式为主的跨越式城市发展战略。这不仅仅是广州市行政版图的大调整，而且也是广州城市发展方向、城市发展模式的一次大调整。这是广州城市建设发展进程中的一次重大举措，对于广州市城市未来的建设与发展必然带来深刻的影响。

2. 成功的经验

（1）保持历史文脉，相似相融，便于操作。广州市两次大的行政区划调整，都非常重视各个区的历史继承性，保持历史文脉的延续性。具体一点说，2000 年把番禺和花都两个县级市整县改区，主要出于行政空间的调整，也就是说，为了广州市的空间扩展和统一高效行政而调整，也是为了配合城市发展战略规划的需要而进行的调整。广州市经过五年的快速发展发现，如果不进行行政区划管理体制的整合，难以解决广州市经济发展中存在的若干问题。于是，根据发展经济区需要，结合现有的行政区划格局，进行新的行政区划调整，为广州市的"东进"和"南拓"奠定了坚实的基础。

同时，旧城区中东山区和越秀区历来都是行政、经济和商业中心，两区合并是对辖区内的商贸旅游资源的挖掘、整理，能有效整合区域内优质教育资源在更大范围内共享共用，促进总部经济的大发展。正是由于两个区具有很大的相似性，合并后才便于融合和协调。而荔湾区是文化底蕴深厚的老城区，万商云集，各种专业市场齐全，但市场扩张的势头一直受行政区划分的限制。而隔河相望的芳村区，发展空间较广阔，又是全国著名的花市，具有很强的互补性，两区合并有利于双方的快速发展。

（2）小区合并，大区分解，降低行政管理成本，强化重点区域管理。由于历史原因，广州市行政区的规模差距悬殊。原番禺区有 1000 多平方千米，而越秀区只有不到 10 平方千米，行政区划设置不尽合理。加上一些插花地、飞地，区界管理问题比较突出。与老城区普遍存在面积偏小、人口密度过大的问题相对照，新设的几个区面积广大，但人口分布相对较少，造成经济社会发展不平衡的现象比较严重。通过行政区划调整，把小区合并，大区分解，改变了部分行政区划设置不合理的现象。科学划分区界，使得各个区之间行政面积相对均衡，有利于各个区齐头并进，协调发展。

（3）对开发区的行政区划体制做了大胆探索。当前我国存在大量各种类型的开发区，由于其只有经济功能，没有行政建制，以至于出现一系列难以解决的问题，如户口问题、外来人口的管理问题、社会保障问题。在广州经济技术开发区和南沙经济技术开发区分别新设立行政区萝岗区和南沙区，正是为了从根本上理顺这两个地区的行政管理体制，加强开发区经济社会的全面管理，理顺行政管理体制，这为两大开发区的经济腾飞扫清了行政体制障碍，为开发区的大发展注入了新的活力，也为我国其他城市解决开发区的行政管理体制问题提供了很好的经验借鉴。

（4）与城市发展战略规划相衔接。2000 年，广州市政府组织开展了全国第一个城市总体发展战略规划，明确了北优、南拓、东进、西联的空间发展战略。为了配合此战略的顺利实施，广州市政府大幅度调整了市区的行政区划，为实施南拓战略铺平了道路。2005 年的行政区划调整是进一步落实广州城市发展思路的重大举措，由此，广州城市布局更契合南拓、东进战略。这不仅整合了广州市区与周边郊区的关系，理顺了各个区（县）之间的行政关系，也有助于城市的统一规划和建设，推进广州市的城市化和现代化进程，实现经济社会的全面发展。

（5）优化城市空间结构，释放新的产业发展空间。在并入番禺区以前，广州市的工业主要集中于经济开发区。改革开放近 20 年的发展，已经使位于广州东部的开发区土地开发趋于成熟，剩余的可以利用的工业空间明显不足。于是广州市政府果断应对，把位于南部的番禺市整体改为广州市的市辖区，不仅为各类工业的空间拓展开辟了新的空间，而且带动了番禺房地产业的快速发展。2005 年，又在两个开发区建立行政建制，这不仅是行政区划的一大突破，更是为广州市的腾飞注入新鲜活力，成为今后广州市经济发展的两大增长极。开发区变为行政区后，扩大了行政面积，释放出许多新的产业发展空间，大大缓解了开发区土地供应紧张的局面，解决了优质项目无地可用的困局。

3. 存在的不足

（1）国有资产的流失。行政区划的调整总是伴随着权力的变更。在行政区划调整过程中会出现大规模卖地或权属变更现象，从而造成国有资产的大量流失。如在 2000 年番禺市并入广州市之前的一段时间，番禺市各个乡镇、各个村都以极低的价格疯狂地卖地，造成了目前房地产开发极为混乱的局面。同时，带来了一系列难以解决的问题，如各自为政，缺少区域共享基础设施的建设，社会治安混乱，与周边地区极不协调。在2005年新的行政区划调整以前，也出现了要调整区的公务员狂发工资补助的情况，无形中伴随着行政区划调整出现了国有资产大量流失，给国家带来了巨大的损失。

（2）行政资源的浪费和居民负担的加重。行政区划调整必然面临着合县并区，使得一些有历史影响的地名或某些知名品牌的地名消失。如这次广州市的行政区划调整，把东山区并入越秀区，使得与西关小姐齐名的东山少爷之名失去了其依托的地域。芳村是最能体现广州花城特色的地区，其2000多年历史的种花业发展到明清已经很发达，被喻为岭南第一花乡。在芳村并入荔湾区后，芳村的花市受到了一定的影响。同时，行政区划调整伴随着各个政府部门的合并，原来的各种公章文件都要作废更新，加上居民户口的变更、身份证的更换，以及出国护照、港澳通行证乃至房产证，都需要更改。由于这些证件的调整、数据库的调配，加上居民办理各种证件的场所变迁，不仅造成巨大的行政设备的浪费，无形中也加重了居民的生活负担。

（3）以行政力量为主导，缺少经济推动。目前的行政区划调整，大多以政府部门为主导来推动，缺少深入的经济论证和专家的广泛参与，使得许多行政区划调整不能达到预期的效果。广州市在2000年已经合并了番禺和花都两个县级市，目前又有不少增城市和从化市的领导提案把这两个县也全部改为广州市的市辖区。这样的话，广州市就成为只有12个市辖区的巨型城市，但其中的大部分地域仍然为农村。整县（市）改区的模式固然有很多优点，但是也导致了假性城市化现象，混淆了城市和农村。加上新改区行政面积过大，不利于各个区的统一管理。

（4）行政区划面状蔓延，盲目求大，缺少长远的规划和整体的协调。行政区划的调整，特别是撤市设区和新的区一级行政单位的设立，又会激发新的城市建设需求，从而进一步促使广州市的城市蔓延。目前来看，城市的行政区划调整只是"头痛医头、脚痛医脚"，缺少全局的统筹安排，造成了行政区划调整过于频繁，给经济的持续发展和社会稳定带来了很大的影响。广州市在2000年的行政区划调整，把经济实力较强的整个番禺市和花都市全部改为市辖区，就遭到很多人的反对，因为这两个县级市面积都很大，与广州的老八区面积很不匹配；同时它们也有悠久的建城史，改为区后人为割裂了城市发展的历史文脉。2005 年，又有不少人呼吁把广州的两个县级市增城市和从化市也一并改为区，因担心不能通过审批而破产。目前，广州 10 个区的面积已经非常广大，其中也包括大部分农村。自身的城市发展空间已经很大，为何还要再继续兼并呢？这与一些局部利益和短视行为是有关的。如何进行科学定位，圈定合理的行政区域，保持行政区划的稳定性和发展的可持续性，成为行政区划调整面临的一个重大课题。

三、我国大城市行政区划调整的优化方向探析

1. 加强行政区划调整的科学论证

行政区划调整关系着区域的长远发展与稳定，应该经过科学的分析论证方能实施，决不能只凭政府领导一时的冲动，以免造成深远的破坏性影响。就当前来看，许多大城市的行政区划体制已经不适应经济发展的需要，带来一系列管理上的弊端和问题，亟待进行大幅度的调整，重组我国城市的行政区划总体格局。但我们应该有清醒的认识，在大城市快速扩展过程中，适时进行行政区划的调整是必要的，但并不是所有的城市与区域经济的冲突都要通过行政区划来解决。目前来看，调整的幅度和范围，调整的目标和原则，调整的运作机制和实施措施等，都需要经过深入的科学论证方能实施执行。

2. 促进行政区划调整与城市规划的有机衔接

行政区划调整涉及城市行政空间和边界的变动，使原来的城市规划方案不能适应调整后的现实，从而需要及时地重新制订或修订。但一般说来，城市规划和行政区划调整不是同步的，两者中总有一个要滞后一段时间，因而造成城市建设的盲目性和无序发展。因此，建议今后的行政区划调整要和城市规划有机衔接起来。一般说来，是先进行行政区划调整，再进行城市规划的制订或修编，以适应城市发展的新形势；或者是先进行城市发展战略规划，明确城市未来发展的主要方向，然后再以此为依据进行相应的行政区划调整，从而减少城市发展的盲目性，提高城市行政区划整合后的运行效率。

3. 不断创新我国大城市行政区划调整的模式与运作机制

当前，我国尚缺乏市辖区的设置标准，县改区、市（县级）改区带有一定的盲目性和草率性。把包括广大农村地域的县或市改设为市辖区，不论是从国

际经验上讲，还是从城市行政区的有效管理上讲，都是不科学的，不符合城乡分治的国际发展趋势。在大城市行政区划调整方案的制订过程中，要处理好垂直管理效率和地方自主发展能动性的关系。既要有利于国家的方针政策下达畅通，理顺行政管理体制，又要注意发挥地方政府自主发展的积极主动性，赋予地方政府相应的职能和决策权，以为地方政府的经济发展提供宽松的发展环境。因此，要加强科学研究，不断创新我国大城市行政区划调整的模式和运作机制，以实现区域统筹，促进城乡协调发展。

4. 立足长远，适度超前，构建充满活力的大都市区

随着我国城市化进程的加快，大城市和周围地区的经济联系日益紧密，逐渐向大都市区发展，形成城市密集区。在进行行政区划调整过程中，应立足于该区域长远的发展，根据区域内各个城市之间经济联系和协作的密切程度进行调整。适度超前，适当划大大城市的行政区域，构建充满活力的大都市区，为大城市未来的发展提供充分的预留空间，使大城市有一个长远的空间安排，合理有序地安排各种产业的布局，构建科学合理、运行高效的城市空间结构。不断探索，总结经验，创新大都市区管理模式。可以在一些区域试点，建立大都市区双层行政管理体制：也就是在大都市区协调范围内，不仅要有独立的城市政府，还要有跨城市的都市区协调组织，建立专署协调管理机构如水资源管理委员会、交通与基础设施建设管理委员会等。

5. 大城市的行政区划调整应多考虑旧城区的更新改造

我国的大城市一般都有悠久的历史，形成了许多具有深厚文化底蕴的旧城区，这是大城市的一笔宝贵财富，但同时也是大城市进一步发展的包袱和障碍。因为老城区是商贸繁华之地，也是人口拥挤、住房紧张、急需改造的区域；而且一般老城区的行政面积过小，十分缺乏进一步发展的空间。所以，在行政区划调整时要充分考虑老城区的发展现状和存在的问题，把功能相似的老城区进行合并，既精简机构，又有利于老城区的统一更新改造。广州市2005年的行政区划调整中就充分考虑了这个问题，进行了成功的实践。

6. 开展行政区划立法，加大行政区划的公众参与力度

我国的行政区划体制很不完善，仍需要不断调整完善。许多城市政府之所以拼命扩张管辖范围，极力推进城市化，实际上除了政绩考虑外，主

要是看中了这些地区由农村变为城市后土地性质改变所带来的巨大的土地级差收益。因此，在行政区划调整的科学论证、审批、执行的各个环节都存在很多的问题，需要开展行政区划的立法工作，理顺行政区划调整的程序，完善修订城市行政区划调整的标准。例如，市辖区的标准需要制定，县改市的标准需要重新出台，严格按照新的行政区划标准进行审批，改变当前市改区混乱的局面。同时，在行政区划调整过程中应进行广泛的调研，充分吸收广大市民的意见和建议，顺应民意，以使行政区划的调整更具有可操作性，便于实施。

四、结语

行政区划调整是一个具有重大理论和实践意义的课题。由于我国特殊的国情，在由计划经济向市场经济转轨过程中，作为上层建筑的城市行政区划调整，对城市的规划、建设和管理，对城市和区域的经济社会发展和生态环境都产生重大的影响。在当前形势下，急切需要开展行政区划调整的理论和实证研究，理顺我国各级城市的行政管理体制，以不断推进我国城市化进程的健康发展。

（作者单位：中国科学院地理科学与资源研究所）

制定少数民族语地名
汉字译写标准的基本规则

庞森权　刘　静

　　面对众多的少数民族语地名汉字译写标准，我们在此不可能针对每一个语种、每一个地名——给出具体的汉字译写规则。但是，笔者可以通过研究这些语言文字所赋予地名特有的规律，找出它们内在的必然联系，并据此寻找出其相同的本质特征，然后列出通行的少数民族语地名汉字译写方式，进而为今后编制单一少数民族语地名汉字译写标准提供有用的、可行的、科学的、合理的方法。

一、确立少数民族语地名汉字译写的通用原则

　　将少数民族语地名译写为汉字地名，不仅是标准化本身的现实需要，也是少数民族语地名步入祖国大家庭的迫切要求。与外语地名译写为汉字地名相比，少数民族语的地名在语言上或翻译上完全相同，基本上可以仿效外语地名译写汉字的标准形式、工作程序、译写结果等。所不同的是，少数民族语地名系我国自己的地名，少数民族语也是我国的语言之一，其译写规则由国人自行制定。同时应当承认，少数民族语地名的汉字译写具有自身的特色，必须按照其本身的规律予以规范化。

（一）少数民族语地名汉字译写的基本原则

　　面对"民族多、语言多、文字多、地域多、边疆多、混杂多"等有关少数民族语地名的"六多"状况，少数民族语地名的汉字译写标准化工作处于艰难的境地。为完成历史赋予我们的光荣任务，真正编制好少数民族语地名汉字译写标准，必须着力确定少数民族语地名汉字译写的总原则，以此为后期的少数民族语地名汉字译写标准的研制指明工作方向、把握运行机制、确立规范方式。

1. 依据少数民族固有的语言文字

　　在我国，有些少数民族语言文字虽然不属于一个语种，但属于一个语族，其

至属于一个语支，因此它们之间具有非常相近的特质，甚至达到了字母书写近似、字词发音近似、单词意思近似的境地。对于这一情况，如果开展少数民族语地名的汉字译写，必须提前做好一件非常重要的事情：确定该少数民族语地名的语言（语源）。如其不然，则可能走向少数民族语地名汉字译写标准化的反面。

2. 确定少数民族语规范地名

少数民族语地名汉字译写标准的标准化对象是少数民族语地名，这些地名能否译写为汉语的规范地名，除了译写过程中的诸多因素外，最重要的基点是该地名本身是否为规范的少数民族语地名。如果最原初的少数民族语地名出现些许偏差，则该地名在译写为汉字地名后，就会"差之毫厘，谬以千里"。所以说，确定规范的少数民族语地名，不仅是少数民族语地名汉字译写的基础，也是少数民族语地名标准化的基石。

少数民族语的规范地名是汉字译写直面的对象，它的好与坏直接影响到译写后的汉语地名质量。为了简捷地获取有用的地名信息资料，我们无须陷入少数民族语规范地名的复杂定义中，也不应该置身于每一个少数民族语地名的规范化研究里，而是要找到一条通向少数民族语规范地名的合理通道。在此，我们不得不确认的是，官方认定的少数民族语地名即为规范的、标准的少数民族语地名。这些由政府部门确认的少数民族语地名，对于汉字标准化译写来说，是可以信赖的、能够使用的。不过，面对那些非标准的少数民族语地名，我们并非完全意义上的弃置不用，而是找出其存在的合理性，挖掘它们的有用价值，有选择地进行汉字译写，使之在适当的时候、以适宜的面目出现在世人面前。

3. 采用罗马字母进行拼写

在全世界的语言文字体系中，存在着数以万计的语言文字。其中，以罗马字母的拼写作为语言文字的语种占有主导地位。它的主要特点是：使用人口众多，语言文字多样，分布地域广阔，区域经济发达，民族文化先进。因此，由它组成的某些语言文字甚至成为全球"通用"的语言文字。在这一背景下，罗马字母的单一拼写成为某些领域中必定奉行的圭臬。其中，联合国地名标准化会议就郑重决定，在全球范围内推行地名单一罗马字母拼写，并在各国的国家标准基础上，以此作为通行各大洲的国际标准。随后，我国决定汉语拼音字母作为地名罗马字母的拼写形式，且获得国际社会的广泛认可。少数民族语地名也应步入罗马字母拼写的轨道。那么，少数民族语地名的汉字标准化译写，又与罗马字母拼写存在哪些关系呢？

（1）少数民族语地名的罗马字母拼写是单一罗马字母化的必然途径。如果少数民族语地名本身是罗马字母拼写的地名，则该群体地名的拼写形式已经符合单一罗马字母拼写国际标准化的要求。反之，如果少数民族语地名本身并非罗马字母拼写的地名，则需要给出罗马字母的拼写形式，以此满足单一罗马字母拼写的国际标准化规定。此时，借用同为罗马字母的汉语拼音字母进行拼写，是一个非常正确的选择。因为采用汉语拼音字母拼写我国的中文地名，业已成为国家标准和国际标准。但必须明晰，这里的拼音字母不能等同于汉语拼音，它只是该少数民族语地名罗马字母拼写的专属形式而已，二者的关系是借用而非克隆。于是乎，可能会产生两种情况：

一是借用的汉语拼音字母与《汉语拼音方案》的拼写规则不一致。鉴于这里的拼音字母是为少数民族语地名的拼写而设计，因而其真正对应的是少数民族语言文字中的字符，这一拼写结果自然与《汉语拼音方案》的拼写规则有一定的距离，产生了令人错觉的"南橘北枳"效果。二是借用的汉语拼音字母与《汉语拼音方案》的发音规则不一致。我们清楚地知道，各语言文字之间存在的差异，不仅体现在文字书写的不同，也展示为两者之间的发音区别。在这一背景下，一种语言文字的拼写（注音）工具，不可能与另外一种语言文字的（拼写）注音相吻合。其结果是，此处的"汉语拼音字母"及其发音有失真之感。

（2）少数民族语地名的罗马字母拼写本身也是本民族语言的注音工具。对于非罗马字母拼写的少数民族语及其地名，如果该民族语言文字不属于拼音文字，则此时的罗马字母可以作为该语言文字及其地名的注音工具。特别是在进行汉字译写时，该注音工具不仅能够对本民族的语言文字及其地名予以注音，而且对其地名的汉字标准化译写也有辅助作用。

（3）少数民族语地名的罗马字母拼写可以作为转写另外一种语言文字（汉字）的工具。由于少数民族语地名应当转变为汉语地名，在少数民族语无法与汉语直接过渡的情形下，就需要找到一种可行的、科学的、简便的、适宜的操作方式，使之成为一个有效的工具或桥梁，进而达到两种语言文字可以平稳地、顺畅地转化之目的。尤其是通过这个以拼音字母构成的转写法，使少数民族语地名转写（译写）为我们期待的汉字地名。

4．一种拼写形式的音节或字符对应译写为一个汉字

以往的少数民族语地名译音规则中，对一个比较关键的问题实行了过于简单的操作，需要引起我们的高度重视，那就是多个少数民族语地名的拼写形式，由于它们拼写后的发音相对近似，因而采取了"合并同类项"的简易方式，进而选择与之并非一一对应的同一个汉字。这种过于粗略、简单、省事的规定带来直接的后果是，产生了大量汉字地名的重名现象。为解决这一问题，在此提出一个基本的原则，无论哪一种的少数民族语地名，只要其拼写存在差异，其译写后的汉字均应有所不同。换言之，需要杜绝多个少数民族语地名不同的拼写形式对应一个译写汉字的情况发生。唯如此，才能避免不必要的、新出现的"一名多地"现象。这种一个字母组合对应一个汉字地名译写规则的好处是：便于地名译写者的实际操作；可以基本做到少数民族语地名切实对应一个汉字地名；减少一地多名；避免多名一译；杜绝一名多译。更为重要的是，即使不懂少数民族语的地名工作者，也可以借助该译写规则进行少数民族语地名的汉字译写。

表 1　蒙古族语不同拼写且读音相同词语举例

序号	蒙古族语拼写	音标	汉语义项
1		arag	骨架
		arag	方法
2		savakh	筷子
		savakh	甩
3		baraa	背影
		baraa	货物

以国内的蒙古族语地名为例，可以比较好地诠释这一点：上面 3 组蒙古语的词汇，虽然拼写不一、义项各异，但其发音则基本相同。为有所区别，在

确定其译写的汉字时，应当使用同样读音但不同字形的汉字。只有这样，才能间接地知道此时的汉语地名来源于哪一个蒙古族语地名（参见表1）。

5. 少数民族语地名通名音译之后的重复意译

少数民族语地名的译写大体上有三种截然不同却又相互联系的方式：一是专名和通名全部音译，其缺点是失去了地名原有的社会属性。二是专名和通名全都意译，其缺点是丢掉了原来少数民族语的发音，也不符合地名译写标准的一般性原则。三是专名音译、通名意译，虽然基本上克服了上面两项的不足，但又产生了少数民族语地名与译写后的地名不一致的情景。

那么，对于少数民族语地名的汉字译写，有否两全其美的办法呢？答案当然是肯定的：将少数民族语地名的专名和通名全体进行音译，然后对其通名再实施意译。例如："雅鲁藏布江"，其中，"藏布"即为藏语"江"的意思。之所以采取如此措施，其最基本的出发点是，对于任何一种语言文字的地名，译写为另外的一种语言文字的地名，鉴于语言文字之间意义上的不对应性，普遍规定的做法都是简洁的直接音译，这已被社会各界所认可，也符合国家和国际地名标准化的规定。在此，我们将少数民族语地名的通名予以音译、意译结合，带来了如下好的结果：

（1）与国家地名标准化和国际地名标准化的相关规定保持一致。由于采取了地名全称的全部音译，使该少数民族语地名的发音得以完整地保留下来。鉴于其译写后的地名仍然具备"原生态"，对于非这一少数民族其他民族人士来说，可以极其有效地认读该地名，便于将这个地名的原有作用比较真实地发挥出来。

（2）依然保留了少数民族语地名的初始属性。由于给出了少数民族语地名的通名意译，使得该地理实体的通名术语继续存在，同时也不影响整个地名音译的完整性，亦即仍然保持着该地名的原始状态及其社会属性。

（二）少数民族语地名也是外国语地名的合理衔接

我国某些少数民族相对于周边的邻国而言，可能是该国家的主体民族。换言之，该少数民族所使用的少数民族语，也是相邻国家的官方语言。当这一语言落在地理实体上时，此处的少数民族语地名也许会摇身一变成为外语地名！事实上，它会产生两种结果：在我国境内的该少数民族语地名，仍然是少数民族语地名；在外国的相同语言的地名，系外语地名。至此，出现了少数民族语地名与同一语言外语地名的衔接问题。这里需要做两件事情：

1. 单一罗马字母拼写规则的采用

以朝鲜语地名作为实例，可以比较清楚地说明这一点。在国内，我们制定朝鲜语地名的汉字译写规则，将朝鲜语字母转化为罗马字母，然后给定相应的汉字；在国外的韩国或朝鲜，两国地名权威机构也制定罗马字母拼写规则。这时，两个标准出现了较大的分歧：国内的标准除了服务于单一罗马化外，还可能兼顾汉字规范译写；国外标准的目的只为单一罗马化。在这种情况下，两个标准限定的内容有可能存在重大差异。为此，在制定这类少数民族语（也是外语）地名的汉字译写标准时，不能独断专行地闭门造车，而是必须兼顾国内外的相关情况，否则标准的严谨性值得商榷。

2. 相同地名汉字译写一致性的把握

作为上述难题的延伸问题，一个少数民族语同时也是外语的地名，在我们译写两个原文统一的地名时，尽管二者一个在国内、一个在国外，不应出现译写后的汉字地名为两个地名的情况。所以，如果在制定相关地名译写标准之际，已然在前期解决了这一棘手问题，则另当别论。另外，还有一种情况必须引起大家的注意：对于国内、国外虽然是同一种语言、但不是一种文字的少数民族语地名的汉字译写，我们面临着两种艰难的选择，是迁就国外的语言文字，还是照顾国内的少数民族语言文字，需要在具体的研究和实践中加以解决，不能草率行事、一概而论，否则会陷入形而上学的泥沼。

（三）少数民族语地名译写汉语地名的几种方式

具体到每一个少数民族语地名的汉字译写规则时，我们应当怎样对待它们呢？通常，可以采取 3 种可行的方式。

1. 使用少数民族语地名汉语拼音字母音译转写法

1976 年 6 月，中华人民共和国国家测绘局、中国文字改革委员会修订并颁布了《少数民族语地名汉语拼音字母音译转写法》。该转写法在第一条中规定："少数民族语地名汉语拼音字母音译转写法的主要用途：①作为用汉语拼音字母拼写少数民族语地名的标准。②作为地图测绘工作中调查记录少数民族语地名的记音工具。③作为汉字音译少数民族语地名定音和选字的主要依据。④为按照字母顺序统一编排我国地名资料和索引提供有利条件。"由此可见，少数民族语地名的音译转写法，是以《汉语拼音方案》为依据的。

然而，该转写法存在着一些亟待解决的问题：一是对具体的少数民族文字而言，仅仅涉及三个少数民族语言文字，即蒙古语、维吾尔语、藏语；二是正在使用的三种少数民族文字的转写法，在《汉语拼音方案》中的26个字母之外，又增添了新的符号，已经不能完全等同于汉语拼音；三是该转写法晦涩难懂，除个别制定该转写法的专家外，其他人士均不能识别；四是在实际生活中，该转写法并未彻底地应用。强调一点，上述所言的三个转写法，系三个主要少数民族语地的汉字译写工具，且面临着弃置不用、予以修订和原样使用的三种选择，少数民族事务及地名工作者如何抉择，怎样妥善处理技术之外的问题，显然应当慎之又慎。

2. 通过汉语拼音字母予以过渡为规范汉字

任何一种语言文字转化到另外一种语言文字，都不会一马平川、一帆风顺，二者存在着语音不对应的问题，需要有一个缓冲的"过渡带"，而汉语拼音字母正好可以承担这一重要的角色。因为，汉语拼音字母恰巧具备两个功能：一是可以给汉字进行注音；二是为中国汉语地名单一罗马化的唯一代表，即在少数民族语地名汉字译写规则中，根据少数民族语的发音，给出一一对应的汉语拼音字母，然后依据汉语拼音方案选定适当的汉字。这样做的结果是，可以起到一石二鸟的效果：既完成了少数民族语地名的罗马字母拼写的初步规则，也为少数民族语地名的汉字译写提供了技术规范。

必须指出，各个语言文字之间的对译不可能"天衣无缝"，在二者出现"方枘圆凿"之时，汉语拼音字母在作为转化工具可能出现一定的困难，此时既然是使用《汉语拼音方案》中的汉语拼音字母，就不得硬性地创造一些其他字母或符号，进而超出26个汉语拼音字母的范畴。因为，这里的汉语拼音字母只是其转写（译写）的工具，不是纯粹的另外一种语言文字，其在发音上所出现的些许差异是允许存在的，并不要求其完全等同于汉语拼音方案，那样既不可能、也无必要。

3. 直接使用汉字进行标音

将少数民族语地名直接译写为汉字地名，也是一种前人尝试过的方式之一。

这种方法适用的对象为：①有语言没文字的少数民族语地名。②本身是罗马字母的少数民族文字地名。③习惯上用汉字为本民族语注音的少数民族语地名。

（四）少数民族语地名其他译写问题的处理手段

对于少数民族语地名的特殊情况，不能实行简单的"一刀切"，应当具体情况具体分析，分门别类地予以解决。否则，就陷入形而上学的泥潭。

1．少数民族语地名汉化后的变通方式

随着民族的交流与融合，某些少数民族语地名已经汉字化，甚至成为汉语地名的一部分。这里既包括专名，也包含通名，如"呼和浩特""戈壁"等。这时，少数民族语地名汉字译写标准面临难题。其具体的解决方法有二：

（1）已经汉化的少数民族地名与汉语同样对待。对于已经进入汉语序列的少数民族语地名，特别是通名部分，与汉语地名一视同仁，无须再行"画蛇添足"般的译写。

（2）社会熟知的汉译地名从其习惯用法。关于某些在汉语中常用的少数民族语地名，虽然早期的译写不符合有关规定，但按照惯用地名来处理，仍旧予以保留、沿用。

2．多个少数民族语地名指代一个地理实体方式

不可否认，在实际生活中，我们会遇到多个少数民族语地名指代一个地理实体的状况。对于这些地名的译写，严格意义上说，属于如何执行少数民族语地名译写标准的范畴。然而，少数民族语地名汉字译写标准的制定完成，其终极目标依然是贯彻、落实。为此，在这里给出一个可行的译写程序和工作途径：①应当确定哪一个少数民族语种的地名是主地名。②对照相应的少数民族语地名汉字译写规则进行译写。③再将其他少数民族语地名进行汉字译写，然后作为主地名的辅助地名。

（五）少数民族语地名的文化保护

从某种意义上讲，少数民族语地名的标准化汉字译写，属于纯粹的技术工作。但是，这并不排除我们在译写工作中，依然考虑对少数民族语地名实施卓有成效的文化保护。这里的意思是说，在初始的少数民族语地名具备文化价值之时，少数民族语地名的汉字译写标准及其译写成果不可完全摈弃它们的文化属性。即单纯的技术译写工作不能与民族的文化保护活动相分离，更不可以走向文化保护的反面。

众所周知，地名文化是由两部分构成的：一是地名的语词文化；二是地名所指代地理实体所承载的地域文化。在少数民族语地名的汉字译写过程中，我们所涉及的是其前者，是译写之后的汉语地名依然保留原有地名文化的神韵。说实话，这既是一项非常有意义的工作，也是一个相当困难的课题。

二、出台少数民族语地名通名汉字译写规定

在汉语地名中，地名构词的形式是专名和通名，且专名在前、通名在后。与之相类似的是，大多数少数民族语地名亦然。但是，为了叙述方便，我们在此打破全称地名中专名与通名的先后次序，先行阐述通名的有关事项。正如前面所言，少数民族语地名通名的译写与专名有所不同，除了与专名一样的音译之外，还要进行地理实体通名的意译。这表明，此处的通名包含两种译写方式。

（一）民族语地名通名的音译

尽管在后续一节的内容中，笔者还将详细阐述少数民族语地名的汉语音译问题，其中也包括通名的音译。之所以再次提出这一事项，是因为需要补充说明一个观点：在我国的少数民族语地名中，有部分少数民族语地名的构词方式与汉语地名不同，不是专名在前、通名在后，而是通名在前、专名在后。对此，如果通名不进行音译，则译写之后的汉字地名完全无法与原来的少数民族语地名相关联，仿佛是来源于另外一个少数民族语地名。显然，这种状况必须予以杜绝为佳。

有人会提出疑问，如果少数民族语地名的专名和通名倒置，可以将这部分少数民族语地名单独提取出来，进行通名加专名的全称音译，而"正常"排序的专名和通名只音译专名，通名则实行意译。对于这一建议，笔者不能苟同。为此，我们作如下解释：地名的两部分一半音译、一半意译，不符合地名译写标准化的要求；将部分少数民族语地名分离，必将造成译写规则上的不同一，甚至带来工作原理上的紊乱。

（二）民族语地名通名的意译

少数民族语地名通名的意译，与其他外国语言文字的地名通名意译一样，都有一个常规的通行做法：将表示地理实体类型的通名术语予以固化，按照该少数民族语地名通名实际表达的地理属性给出相应的汉语通名。实践证明，这种意译

的方式是可行的、科学的。不过，最好的解决办法是，在开展这一工作之前，先行研制、出台少数民族语地名通名术语国家标准，以便通名以术语的方式得以牢固化、具体化、成熟化，然后才能将其意译为汉字地名。具体到少数民族语地名通名的意译，这一行为看似是唯一工作，其实包含着略有不同的两个方面。

1. 少数民族语地名通名的汉语直接意译

必须重点说明的是，通名的意译是一项工作、两个步骤：

（1）确定少数民族语地名通名指代的地理实体类型。从地名学的角度看，地理实体类型与通名之间存在"合二为一"的关系。为此，首先应当了解该地理实体的确切类型，然后才是确定少数民族语地名的通名，否则地名通名的指类作用将消失殆尽。简而言之，如果少数民族语地名的通名有误，则汉字译写工作有先期更正、补充、完善的必要。这一点，在类似的译写标准中应该予以体现出来。

（2）给出少数民族语地名通名指代地理实体类型的汉语通名术语。其实，一种地理实体类型可以有多个相同义项但不同书写的通名，如表示"河流"的就有"河""江""水""溪"等，因而从某种意义上说，通名的意译是一种独特的选择工作，且这种遣词、选词行为是由少数民族语地名的通名开始的，然后才是汉语通名的确定。例如：朝鲜族语的"강"为"河流"之意，似乎意译为"河"比较妥当。但仔细分析后得知，前者并不尽然，意译为"江"才是正确、合理、科学的唯一选择。因为，"강"的发音为"gang"，且与中国汉语的"江"有某种同源关系。所以说，朝鲜族语的通名"강"意译为汉语的"河""水""溪"等都是不妥的，只有意译为"江"才是不二之选。

2. 少数民族语地名通名的汉语间接意译

另外，少数民族地区的地理实体具有当地的特色，其地理实体类型可能与汉族聚居区有所区别，导致在汉语中没有对应的语词。对于这种情况，可以采取两种方式进行解决：

（1）用汉语组成合适的通名语词。汉语言文字是世界上语意最丰富、内涵最深厚的语言文字之一。尽管如此，有个别的少数民族语的地理实体类型依然不能直接翻译成汉语的通名。此时，可以采取选字、造词的办法，充分利用汉语的表意功能，构成与少数民族语地名通名义项一致、意义趋同的通名词。

（2）借用少数民族语的原有通名。如果上述做法仍然不能解决通名的翻译问题，特别是某些已经汉化的通名，可以采取移植、照搬的做法，将它们定性为汉语的通名语词，如"戈壁""坎儿井"等。

（三）少数民族语地名通名的译写

上述两段内容谈及的是少数民族语地名通名正确时的处理意见，尚未涉及该通名发生错误的情况。那么，少数民族语地名的通名又有哪些错误呢？显而易见的是：地理实体类型与通名不吻合，只有专名、没有通名。对此，我们需要针对二者的不同情况，采取以下有针对性的措施。

1. 错位通名的处理

由于人们对地理实体在认知上存在误差，在赋予其名称时，有可能出现该通名与地理实体类型不相符合的情况。其实，少数民族语地名也有类似的名称。那么，我们在对其进行汉字译写时，应当采取怎样的措施呢？

（1）按照实际发音进行音译。为保持少数民族语原有的语音，遵守业已提出的译写规则，我们仍然为其进行音译。因为如果随意改动其固有的发音，则彻底失去了音译的原则和初衷。况且有些通名的音节个数甚至超出专名的音节数量，只有"照本宣科"地原样音译，才能使音译的结果正确地体现在世人面前。

（2）按照正确通名予以意译。通名与专名不同，不仅需要音译，还要求意译。此时，如果依照错误的通名译写，则无疑是错上加错，在误导该少数民族群众之后，又人为地误导使用汉语地名的民众。为此，我们需要改正原有的通名错误，给出汉语地名的正确通名，以使地理实体的类型与汉语通名相吻合。

2. 缺少通名的处理

放眼望去，某些少数民族语地名缺少必要的通名，造成只有专名、没有通名的缺项地名。在实际生活中，这类地名可能不太影响当地少数民族群众的使用，但却给非当地的其他民族大众带来很多负面的印象。为解决这一问题，笔者认为应当采用以下措施：

（1）只音译已有的专名部分。为原汁原味地音译少数民族语地名，对于缺失部分通名的处理，我们采取不予音译的做法。理由是该地名本身没有通名，无须进行多此一举的音译。否则，就是画蛇添足之举。

（2）对缺失的通名予以补足。由于该少数民族语地名缺少通名，在将其译写为汉字地名时，如果依旧机械地保持少数民族语地名的原貌，势必形成新的不规范地名。因此，为弥补原有少数民族语地名没有通名的缺陷，应当在汉语中将其补充完善，使之在汉字系统中成为一个完整的、规范的地名。然而，在添加新的通名之前，最重要的一点是，一定要清楚该少数民族语地名指代地理实体的确切类型，然后才能给出正确的通名术语。如其不然，虽然多此一举，也势必形成新的错误，造成错了又错的尴尬局面。

请注意，某些少数民族语地名的通名在前，且与专名部分融为一体，不是真正的通名缺失。对此，我们不需要画蛇添足般地予以补齐，而是将通名在全称地名中分离出来，然后译写出业已存在的汉语通名。

（四）少数民族语地名通名术语标准的编制

上面陈述的少数民族语地名通名意译，只是简单地给出了该通名意译的方式，并未从根本上解决通名译写错误的诸多问题。那么，如果要彻底澄清通名译写中的不足之处，应该采取哪些有力的、得体的措施呢？答案只有一个，就是组织人力、物力、财力，研究、编制各少数民族语地名通名的术语标准，进而确立少数民族语地名通名术语与汉语地名通名术语之间的对应关系。

1. 研制少数民族语地名通名术语标准

严格意义上讲，研制各少数民族语地名通名术语标准，与少数民族语地名通名的汉字意译并无多大的直接关系。但是，假如没有这一规范性的文件，则后续工作就无法开展。所以说，为各少数民族语地名的通名术语编制标准，可以迈出建立少数民族语地名通名术语与汉语地名通名术语对应关系的第一步，没有各少数民族语地名的通名术语标准，也就不能与汉语地名的通名术语接轨，更谈不上少数民族语地名通名意译为汉语。那么，少数民族语地名通名术语标准应当有哪些具体的内容呢？

（1）少数民族语地名的通名术语。这里必须提出两个要求：一是给出的少数民族语地名的通名术语应当正确无误；二是罗列的少数民族语地名的通名术语应当比较齐全。只有这样，该通名术语才有实际的应用价值。

（2）少数民族语地名通名术语对应的英文术语。少数民族语地名为了与国际接轨，需要步入地名领域的国际大家庭，而其通名术语与英文术语形成对应关系，即成为少数民族语地名走向世界的关键一步。其实，作为术语类标准，与基础术语对应的英文术语的出现，是此类标准的基本形式和要求。

（3）少数民族语地名通名术语定义。这部分文字是该术语标准中最重要的内容：如果定义不准确、语意有模糊，则失去该标准研制的必要性；假如定义具备科学性，体现规范性，则可起到事半功倍的绝佳效果。

2. 确立少数民族语地名与汉语地名通名术语的对应关系

读者不难看出，上述少数民族语地名通名术语标准，尚未与相应的汉语进行"接洽"。原因何在？从该标准中的具体内容上看，它们仅仅停留在少数民族语地名之内，还未进入汉语地名通名的语意之中。为此，紧随其后的工作是，将少数民族语地名的通名术语与汉语地名的通名术语形成彼此对应的关系。这种将二者紧密联系在一起的工作，有两种方式可以达到预期的目标。

（1）在少数民族语地名通名术语标准中增加一项与汉语地名通名对应的内容。其具体的方法有三：一是少数民族语地名的通名术语中括注汉语地名通名；二是在其定义里将汉语地名通名涵盖其中；三是列出少数民族语地名通名与汉语地名通名对照表。到底哪种方式更合理、更可行，应具体问题具体分析，尚需在实践中进行摸索。

（2）单独研制少数民族语地名通名与汉语地名通名相互对应的译写标准。鉴于少数民族语地名通名种类众多，而且采取上述（1）的做法突破了术语标准的规范格式和文本体例，因此有必要研究、编制各少数民族语地名通名译写规则。这里最主要的事项是，少数民族语地名通名与汉语地名通名对照一览表。这一标准的出台，为少数民族语地名汉字译写（特别是它们的通名译写）奠定了坚实的基础。

三、把握少数民族语地名全称音译的发音特性

近年来，随着全球一体化进程的加快，少数民族语地名作为社会生活中的重要媒介，越来越引起人们的高度重视。为此，在 1965 年，中华人民共和国国家测绘总局和中国文字改革委员会联合制订了《少数民族语地名的汉语拼音字母音译转写法（草案）》。此后，国家测绘局还陆续发布、实施了蒙古语、维吾尔语、藏语（拉萨语）、哈萨克语、藏语（德格话）、黎语、凉山彝语、德宏傣语、柯尔克孜语、藏语（安多语）和西双版纳傣语等一系列语言的少数民族语地名译音规则作为行业标准。由此可见，制定少数民族语地名汉字译写标准，通过少数民族语地名的语音，经过适当的技术处理，转化为用规范汉字标注的汉语地名，是一项艰巨、复杂的任务。

（一）分析少数民族语地名因词法等原因带来的语音影响

少数民族语地名的汉字译写，除了地名这一核心内容外，还包含着两个最根本的要素：少数民族语和汉语。如何将少数民族语地名译写为汉语地名，第一位的是了解、掌握该地名的少数民族语发音，这是制定少数民族语地名汉字译写标准的首要工作和基本内容。那么，哪些少数民族语地名是因词法等原因带来的读音变化呢？这正是我们需要仔细分析、全面掌握的事项。

1. 阴性与阳性

在某些少数民族语中，就一些词汇来说，存在着阴性和阳性的问题。这样一来，就与汉语构成了某种错位。因为，从本质上说，汉语基本上是不存在阴性与阳性现象的。然而，对于某些少数民族语地名的这种状况，又必须予以适当的尊重。具体办法是，在对少数民族语地名进行汉字译写时，选择的汉字应尽量符合原文的词性，尽量使翻译过来的汉语地名与原有的少数民族语地名在词性上保持一致。

2. 原体与变体

与中文迥异的是，某些少数民族语言文字会有特殊的语法、词汇现象，其表现方式是，某些字母在特定的情况下会产生变体。于是，展现在人们面前的可能是两种拼写形式：原体词和变体词。对此，需要确定它的固定拼写形态，否则经过汉字译写后，原本一个地名却变成了两个不相关的地名。

3. 主格与宾格

有些语言文字中的单词，特别是其中的名词、代词等，根据该语言文字的语法现象、词法要求，存在着变格的问题，通常为主格或者宾格。此时，在确定少数民族语地名的译写对象时，首先面临的是哪一个格的地名问题。鉴于地名在语词学上属于专有名词，而且其在语言文字中随处可见，为解决它们的变格为定格，我们给出的建议是，依据实际情况将主格定为标准地名。不过，其宾格形式也不能忽略不计，而是适当地予以保留，作为该主格地名的附属地名。

与上述情况类似，在某些少数民族语的构词法中，具有主格和宾格之分。这一语法现象作用于地名上，就有可能给汉字译写带来诸多不便。在此，特意提醒一句，少数民族语地名无论主格还是宾格，只要是固定不变的构词，且不影响少数民族语地名本身的发音，也就无碍它的汉字译写。

4. 主要语言文字与地方语言文字

少数民族体现在语言上就是，既有主体民族使用的官方语言，也有少数民族使用的少数民族语言。这种现象在少数民族的语言文字中也有部分体现，只不过其表现形式略有区别而已。此时，可以将它们分为流行比较广泛的少数民族语言文字和使用地域小或人口少的语言文字。事实上，它们都是该少数民族语言文字的一部分。基于此，在地名译写时需要注意三点：①不能混淆两种语言之间的关系。②在标准中应当区别对待。③真正确定该地理实体名称文字的主次地位。

5. 简体与缩写

少数民族语言文字与其他语言文字一样，特别是以拼音字母构成的语言文字，存在着简体与缩写的情况。对于这一问题，学术界一直有不同的见解：一种意见认为，应将它们恢复本来面目，在复原的基础上进行译写；另一种看法认为，无须将它们返回到原状，而是把它们意译出来即可。我们的意见是，既然是简体和缩写，在对其进行汉字译写过程中，就应当尊重其原有的形态，不必要为其"大动干戈"，这样既简洁又省事，而且还保留了少数民族语地名特有的韵味。

6. 定冠词与非定冠词

在命名地理实体时，鉴于语言文字在词法上的差异，有些地名可能在主要语词之前添加定冠词或非定冠词。面对于此，我们的建议是，将这些附加成分视为该地名的有机组成部分，一律予以音译。

7. 通名在专名之前与专名和通名连写

在汉语言文字中，地名的书写形式是专名在前、通名在后，其汉语拼音字母拼写是专名与通名分写。但是，某些少数民族语地名与汉语的书写要求并不一致。那么，对于通名在专名之前与专名和通名连写的实际情况，通名的汉字译写又如何把握呢？在此，我们给出以下建议：

（1）按照少数民族语地名的实际书写顺序进行汉字音译。其好处是，依然保持着少数民族语地名的原本语音。因为，少数民族语地名的音译不能实行语音倒置的做法，如果那样的话，就失去了音译的最初目的。记住，这里的通名虽然在专名之前，但完全不会影响通名的意译。

（2）依据不同少数民族语地名各自情况变通拼写。通常，专名与通名分写，但不排除例外情况。这里反映出来的问题有两种：一是罗马字母拼写的少数民族语地名。此时，以保持原状为宜。但在汉字音译时，不受其任何影响，依旧按照固有的音译规则进行译写。二是非罗马字母拼写的少数民族语地名。如果需要用罗马字母予以过渡，则在转写罗马字母时，将二者分开，进行专名与通名的译写，然后给出正确的音译汉字。

8. 专名修饰词与通名修饰词

在少数民族语地名中，也存在着一定数量的修饰词，这种带有修饰词的地名分为两种：一种是在专名前的修饰词；另一种是在通名前的修饰词。由于修饰词所在的位置不同，其修饰的对象也具有明显的差异。为此，在对其进行汉字译写的标准设计时，应当分别对待。

（1）专名修饰词的汉字译写。这里的修饰词是专名的组成部分，它与专名构成一个整体，故同样采取音译的做法。

（2）通名修饰词的汉字译写。这里的修饰词与专名的修饰词不同，它服务的对象是地理实体的通名，由于它的存在和作用，导致通名的有效区分，特别是在专名相同的情况下，其分辨通名的地位更是不容忽视。因此，它在正常音译的基础上，还要与后面的通名一起进行意译。

9. 左书与右书

世界上绝大多数文字是由左向右书写的，但也有少量文字是由右向左书写的，我国的少数民族文字也不排除右书的可能。表面上看，左书为常见形式，在译写时按照其正常的顺序即可；右书为非常见形式，在译写时可以另起炉灶。其实，完全不用考虑它们是左书还是右书，只依照其拼写次序进行译写，就是正确的选择。另外，对于由上往下的纵向书写，也遵其习惯，采取与上述相类的方式予以译写。

（二）厘清少数民族语地名因文字构成等造成的语音结果

少数民族语地名音译的语音，除了上述少数民族语地名因词法带来的语音影响外，还有很大一部分是由少数民族本身的语言文字及其字母的构成产生的语音现象，这种由于不同字词或字母组合等形成的语音态势虽然有别于前述内容，但二者之间还存在着某种必然和或然的联系，进而使我们在确定其真正的读音时需要谨慎行事。

1. 标准语音与方言发音

语言通常的性质是，使用人数越多、使用范围越广，越有可能在标准语音之外，形成略有差异性的方言读音。对此，在制定这类地名标准时，必须把握两点：在坚持标准语音的前提下，也适当考虑地名中的方言读音，以使译写之后的汉语地名更接近本来的少数民族语地名。

不可回避的是，某些少数民族的语言文字存在文字相同而语言有异的情形，在不同地区的同一民族对相同拼写的字词发不同的语音。而且，这种语音上的不同并非标准语音与方言语音的区别，而是地位几乎相等的发音各异。在这一背景下，对于少数民族语地名汉字译写标准中的有关内容来说，标准化设计对象的把握更需审慎处理。其设计思路与上段文字所述略有差别，主要表现在面对同一拼写但不同语音的地名，应当在平等对待的基础上，根据其不同的发音区域予以区别约定。

以藏族语为例，藏族的语言文字在书面语和现代口语上有一定距离，但是藏文有统一的正字法。如西藏方言，一般分为卫藏方言、安多方言和康巴方言。而且，各个方言区又都有一套自己的语音与文字之间的读音规律，因此使用不同方言的人们可以用共同的书面语进行交流。简言之，三种方言同文而不同音。对此，在《少数民族语地名　汉字译写　藏族语》标准中，应将它们全部置于标准的条文之内，并适当地分为三个部分进行规范。

2. 长音与短音

与汉语略有不同，少数民族语中的地名发音，在发音几乎相同的情况下，还有长音和短音的区别。面对这种情况，在选择对应的汉字音译时，该标准应当给出适宜的取舍约定。其解决办法是：

（1）以不同音调进行处理，使用不同声调的汉字。虽然某些少数民族语不像汉语，没有标示四声的声调，但其发音近似的长音和短音也给汉字译写带来诸多不便。为此，我们可以在尽量保持原有发音音准的前提下，借用汉语拼音方案中的音调，为展示其为不同的地名，按照其不同语音的方式进行处理。

（2）忽略二者之间的差别，选用不同书写的汉字。如果按照不同音调的方式处理少数民族语地名的语音，存在语音失真的现象，则可以忽略彼此之间的差异性，进而选用读音相同但书写各异的汉字。

3．连读与变音

以拼音字母为语言文字的，往往与以单音节为单位的语言文字有所不同，在某种特定的情形下认读时，需要进行连读或者变音。而且，这种情况在少数民族语地名上亦有所表现。因此，将少数民族语地名音译为汉语地名，此种问题当然不容忽略。

（1）拼音字词的连读。对于拼音文字来说，在一个字词之内的不同音节之间，或者在两个字词之间，都存在着连拼或连读的情况。此时，对少数民族语地名汉字译写需要掌握的读音，应该根据其实际的发音予以确定。只有这样，才能符合它们的真实读音，并给出合理、科学的音准。

（2）变音字母的弱化。虽然有些拼写是一致的，但由于一个音节所在的位置不同，可能导致其发音出现变异，这时如何确定其读音是一个两难的选择。通常的情况下，特别是少数民族语地名译写人员并非该语言文字的专家时，一般不考虑它的变音。换一个说法就是，我们只考量其业已确定的拼写规则。因为，变音的出现可谓太多，如果将它们全部设计在规则之中，则有无法穷尽之感。

4．清音和浊音

由于发音位置上的区别，形成了语音上的清音和浊音。对于这个问题，在为其进行汉字译写时，其实并不构成译的困难。但问题是，某些少数民族语言文字中的某些情况，如字母组合、变格、变性等，会导致清音与浊音的变化，主要是清音转变为浊音。对此，少数民族语地名的汉字译写标准中就应对其有所考虑。这里的重点是：轻音与浊音的产生，主要是声母的变化，所以在不能保证其语音完全准确时，宁可失去韵母的些许作用，也不可随意变动声母本身的轻音或浊音的根本，这样才能达到近音的效果。

5．雅文与俗字

假如一个少数民族语地名有两个拼写方式，那么基本可以确认这是一地多名：俗语地名和雅化地名。对于汉字译写来讲，我们获取的信息越多越好，而且也需要将这些额外信息介绍给使用中文的地名消费者。即，应将两种拼写形式的地名都汉字译写过来。但是，这里有两个问题需要解决：

（1）确认主要地名。在"一地多名"的情况下，主要地名的受众更加多一些。在实际生活中，雅文大多是有关组织命名的自觉行为，这种组织活动的结果是，造成更多的雅文地名成为主要地名。亦即在确定谁是主要地名之际，着重点在雅文地名上。

（2）选择辅助地名。对于辅助地名的处理，并非不进行译写，而是在音译的基础上，将其定性为辅助地名，且置于相对于主地名之外的附属地位。采用的形式是：在合适的场合予以括注；放入该词条的解释文字中等。

6. 单一字母与字母组合

首先声明，这里的字母组合不是辅音与元音的字母组合，而是辅音与辅音的字母组合。单独的辅音不能独立存在，必须与元音字母结合在一起，因而不在讨论之列。如果一个辅音与另一个辅音字母组合在一起，在对其进行汉字译写时，是按照组合后的发音对待，还是每个单独的辅音可以独自利用，确实是一个无法两全的选题。这里有一个指导思想的问题：为懂少数民族语的人士制定规则，应采用字母组合的方式；为不懂少数民族语的人员制定规则，则应采取单一字母的形式。

根据我们的研究，加上设定的译音原则，笔者的主张是，一定要考虑字母组合的因素。理由是，在规则允许的条件下，选择字母组合进行音译，不仅比较符合该少数民族语地名的实际发音，也使译写后的汉字个数更为简洁，方便民众对地名的有效使用。

7. 重音与轻音

任何拼音字母拼写的文字中，都有重音和轻音之分。少数民族语地名构成的词汇，作为语言文字大家庭中的一员，同样会出现重音和轻音。那么，如何把握重音和轻音呢？通过对语音发音规律的研究，笔者给出一个不完全正确但非常实用的印证：几乎可以完全忽略重音和轻音的存在，直接按照字母的拼写形式，给出适当读音的汉字。因为，在通用语言文字中，除了极个别的汉字具备轻音外，其他绝大多数汉字没有轻音，也遑论所谓的汉字重音。更为重要的是，少数民族语地名的汉字音译，并不完全追求纯粹意义上的音准，它既不需要也不可能。所以，只要是译音的汉字读音基本上相近，可以说就是好的选择。

8. 分写与连写

地名的分写和连写有多种情况：专名与通名分写，是最常见的拼写形式；专名与通名连写，是比较少见的拼写形式；专名由两部分组成，不仅专名与通名分写，而且专名的每一个部分也分写。对此，我们是不是区别对待予以音译呢？答案居然是否定的。因为，在少数民族的拼音文字地名中，特别是将它们音译为汉字时，根本就无法区分其是分写还是连写。我们所要掌握的是，这些拼写的不一致，是否对其发音产生特别的影响，如果并无语音上的实质性变化，则完全没有必要去考虑这一问题。

9. 省音与全音

在某些少数民族语言文字中，少数民族语地名的构词偏长，不仅自身的音节过多，而且声母或辅音在汉字音译过程中也可能需要发音。这样的话，译写之后的汉字地名会相对较长，令非该少数民族的群众产生记忆困难，导致汉字地名的使用出现极大不便。面对这一困境，是"照单全收"地予以全称音译呢？还是采取省略的形式呢？此时，我们面临着两难选择：全称音译可以保留少数民族语地名的原始风貌；省略音译能够为使用者提供便捷的服务。在现实世界中，较长的地名都面临着可否保持原样的考验，因为人们在使用时经常自觉或自发地将长地名予以简化。例如，五个字的蒙古族语的译名"前郭尔罗斯镇"，即被官方更名为"前郭镇"。

更有甚者，少数民族语地名的拼写甚至可能出现省音现象。换言之，由于字母组合各异，在某些拼写形成的发音中，可能出现个别的省音情况，也就是实际上的不发音，如吞音、失音等，加之有些字母在字词中本身就可以省读。因此，为了简单、便捷的需要，我们给出一个恰当的建议：不要硬性地规定每一个字母全部音译出来，可以考虑在尽力保持音准的条件下，适当地省略个别字母甚至构成音节的元素，以使音译结果易于上口。

10. 语音符号与语词符号

切记，在某些少数民族语言文字中，有某些为语音拼读配备的语音符号，如隔音符号、长音符号、转调符号、变音符号等。在这些形状各异的符号中，都不同程度地改变了字母拼写的原有语音，并构成有别于原有拼写语音的发音效果。对此，我们针对其在拼写中的表现，采取以下译音方式：

（1）对隔音符号的处理。隔音符号的出现，使原有可以连读的拼写增加了一个音节，为尊重该少数民族语读音习惯，我们将其地名按照多一个音节来音译。

（2）对长音符号的处理。由于在汉语言文字中没有长音、短音之分，因而即使确定了少数民族语地名的长音，也很难在译写后的汉语地名中有任何体现，所以这里的长音采取不予认同的做法。

（3）对转调符号的处理。由于转调符号的使用，导致少数民族语地名的实际拼写出现少许变化，这种变动的直接反映就是语音的变化。因此，音译的汉语地名必须名从主人，也要在声调上随之予以变换。

（4）对变音符号的处理。毫无疑问，变音符号自然导致出现拼写上的变音，这一变音的结果与上条类似，少数民族语地名的汉语音译也同样要"萧规曹随""亦步亦趋"地紧随其后。

顺便说一句，各种符号的使用，如果是构词，且与语音没一点关系，我们在音译时则不将其考虑在内。然而，有可能根据构词的需要，将这一符号保留在汉语地名之中。此外，对于拼写特别长的少数民族语地名，在进行汉字译写时，为便于记忆和认读，是否可以将其适当缩短，值得有关人士开展这方面的研究。

四、确定少数民族语地名音译使用的规范汉字

无论是以汉语命名的地理实体名称，还是少数民族语地名译写后的汉语地名，都是应用通用语言文字（中文）的一个重要组成部分。因此，汉语语言学上确定的音、义、形三个要素，在地名上均为必须遵守的客观规律：一是字音应准确、响亮、上口；二是字义应健康、向上，充分展示中华民族的文化内涵；三是字形应使用规范汉字。关于字音和字义，我们已经完成了论述，本节将重点叙述如何确定字形的问题。简单说来，其规范化处理的技术路线是，在符合国内相关规定的前提下，应严格遵守地名使用规范汉字的要求。

（一）少数民族语地名汉字译写使用通用语言文字的合理范畴

1988 年 1 月 26 日，国家语言文字工作委员会、国家教育委员会联合发布了《现代汉语常用字表》，其中常用字表中的汉字又分常用字和次常用字两部分；1988 年 3 月 25 日，国家语言文字工作委员会、中华人民共和国新闻出版署联合发布了《现代汉语通用字表》。两个汉语字表的发布，为更好地推广普

通话和推行规范汉字，适应社会各界对通用语言文字的需要，起到了积极、有效的促进作用。地名（包括少数民族语地名的汉字译写地名）中的汉字应用，无疑需要满足社会上普通民众的正常要求，因此它的选词、用字，也应自觉地接受两个汉语字表的正确指导，在确保不使用生僻字、繁体字等的基础上，由易到难地予以选取、使用。

1. 常用字

在《现代汉语常用字表》中，常用字为 2500 个汉字。据初步统计，这 2500 个汉字是日常生活中最常见、最常用的，只要达到小学毕业的文化水平，均可以认读和使用这些汉字。而且，如果全部使用这些汉字用于地名的话，全国 70% 左右的人口不会受到认知困难的影响。所以，应当优先选择这些汉字进行译写。

2. 次常用字

同上，次常用字为 1000 个汉字。若加上 2500 个常用汉字，合计为 3500 个汉字。据粗略计算，具有初中文化的人士可以认读和使用这 3500 个汉字。假如上述 2500 个汉字不能满足少数民族语地名汉字译写要求的话，可以退而求其次，将使用汉字的范围扩大到 3500 个汉字。

3. 通用字

在《现代汉语通用字表》中，通用字为 3500 个汉字。若加上 2500 个常用汉字和 1000 个次常用汉字，合计为 7000 个汉字。在《现代汉语常用字表》之外的 3500 个通用字，属于可以用于少数民族语地名汉字译写的汉字范畴，但如果前者具备可以替代的汉字，则不予鼓励使用这些额外者。

（二）少数民族语地名译写汉字的优选原则

在知晓少数民族语地名译写汉字的合理范围之后，我们还要在此基础上，确定这些汉字的优选原则。因为少数民族语地名的汉字译写地名，除了它们成为汉字地名之外，仍然要照顾到其原有的形态，况且这些地名本身是由少数民族语地名衍化过来。所以，从某种意义上说，在使用汉字的要求上，甚至高于或者优于以汉字命名地理实体的名称。为此，确定了几项基本的优选汉字原则。

1. 选取简笔字

汉语的一个特点是：相对于外语来说，语音偏少；同时，重音字较多。少数民族语地名汉字译写标准在规定选用汉字时，应当强调在同音字中挑选那些笔画相对较少的汉字。其优点是：可以增加汉字译写的速度；便于人们的快捷认读。

值得注意的是，这里的简笔字不等同于简化字，而是同音简化字。笔画比较少的汉字。

2. 优选宜读字

在语音正确的基础上，如果少数民族语地名的汉字译写可以选择用字的话，应优先确定容易认读的汉字。因为，既然我们将少数民族地区的地名介绍给使用汉语言文字的"消费者"，那么就要"好人做到家"，使用那些很通行、特通用的汉字，以方便地名的使用者，并给人以"价廉物美"的感觉。

3. 利用准音字

少数民族语地名标准化汉字译写，最基本的运行思路是，根据少数民族语地名的实际发音，利用已有的规范汉字，在使其成为汉语地名的同时，依然保持原有少数民族语地名的读音。换句话说，此处的汉字从特定意义上讲，业已化身为该少数民族语地名的注音工具。因而，此时关键的元素——汉字必须是准音字。之所以产生不准音的汉字，原因有二：

（1）使用错误读音字。开展少数民族语地名汉字译写的工作人员，如果掌握通用语言文字的水平不高，或者在某些文字上认知有偏差，则会使用"似是而非"的汉字，造成该汉字的实际读音与原来少数民族语地名的发音出现偏离。注意，这种在读音上的偏差不是指声调上的变化，而是改变了相应字母的声母（辅音字母）。例如，原有少数民族语地名具有"ga"音，却选用了"加"字，而该汉字本身没有"ga"的读音。这样一来，译写的汉字就脱离了少数民族语地名本身的读音，甚至无法还原少数民族语地名。

（2）使用方言读音字。方言有两个主要的特点：一是只在一定的区域内比较通行；二是改变了汉字的正确读音。假如使用方言读音的汉字译写少数民族语地名，则会带来两个不利的局面：一是使汉字与少数民族语地名自身相脱节，失去了汉字译写少数民族语地名的实际意义；二是这种以方言译写少数民族语地名的汉字不在全国范围内流行，极大地削弱了地名最基本的公共属性。

4. 少用多音字

为便于使用汉语地名，在规范地名用字时，也规定了少用多音字的内容。因为，多音字如果误读，会产生错误的理解。同样道理，少数民族语地名的汉字译写本身就是音译，专名及其通名的音译部分原本就没有实际意义，如果允许大量使用多音字，无疑会发生许多不必要的混乱。

但是，在特殊情况下，如果确实没有合适的汉字可资利用，也不妨勉为其难地取用一二。不过，此处的多音汉字并非通常意义上的汉字，而是其两个或两个以上的读音一个为主、其他为辅。例如，"广"字有二音，分别是"guang"和"an"，"guang"音特别常用，而"an"音少有人知。此时，译写汉字使用"广"字则无伤大雅。

5. 避免歧义字

所有少数民族语地名音译成汉语地名后，其音译部分本来是没有任何义项的，如果译写后的汉语地名具备了汉语的义项，从纯粹的理论上讲，该地名脱离了少数民族语地名汉字译写的基本原则。但是，在实际生活中，有些译写者为了表达自己的意愿，或者误用了某些汉字，导致译写之后的汉字出现了特定的意思，特别是这种人为附加的意思不仅与原地名无任何"瓜葛"，甚至具有某种有伤大雅的歧义时，则应当尽量予以避免。

汉字同其他文字一样，都存在着一字（一词）多义的普遍现象。但是，如果双重义项以上的字词作用于地理实体之上，则给地名的正确表达带来误读或歧义。如此，人为造成不同义项的地名，无形中失去了真实的含义，进而丢掉了地名所要诠释的确切主旨。所以，有可能出现的歧义地名，也应成为地名生活中的禁忌事项。

还有一种情况亦需注意，对于一个单个的汉字而言，并没有产生歧义，但汉字译写后的少数民族语地名构成一个专有名词，而这个新形成的单词是一个整体，也应尽可能地避免出现歧义。

（三）少数民族语地名译写禁止使用的非规范汉字

按照《中华人民共和国国家通用语言文字法》的定义："国家通用语言文字是普通话和规范汉字"，也就是我们通常所说的"汉语"和"汉字"。换言之，通用语言文字是中国的"官方"语言文字，全国各地的中国人都使用这种通用的语言文字。但是，由于历史和地域等方面的原因，在人们使用通用语言文字的过程中，尚存在着一些不规范的现象。因此，地名作为语言文字中最常见、最广泛、最长久的"使用者"，需要以地名标准的形式，有效地"推广普通话，推行规范汉字"。而且，我国历史悠久、文化绵长，汉语作为中华文化的组成部分，承载了丰富的华夏文明。但是，在历史的长河中，汉语言文字在孕育、发展的进程中，也出现了一些微乎其微的瑕疵，即所谓的非规范、不标准的汉字。其实，这些在此列为另类的汉字并非一无是处，而是在一定场合、特定时间发挥着巨大的作用，只不过不得用于少数民族语地名的汉字译写罢了。因为，以汉字译写少数民族语的地理实体名称，也应遵循《中华人民共和国国家通用语言文字法》中关于"推行规范汉字"的要求，禁止使用非标准、不规范的汉字。

1. 远离非汉字

本文研究的是少数民族语地名的汉字译写标准化问题，既然需要将少数民族语地名以标准、规范的形式译写为汉字，因此其译写的结果只能是规范的汉字。换言之，这里的非汉字译写都是错误的。例如，在少数民族语地名汉字译写中出现了阿拉伯数字（1、2、3等）或者非本民族语的罗马字母（a、b、c等）均为不正确的行为。

不过，如果原来的少数民族语地名夹杂着阿拉伯数字或者非本民族语的罗马字母，则要另当别论：阿拉伯数字可以直接引用到汉字系统中；非本民族语的罗马字母地名，是否先行更名，改为正确的少数民族语书写形式，然后再进行汉字译写，需要针对这种特殊情况予以审慎的研究。

2. 根除错别字

地名具有的公共介质性质，不仅决定其担当着"形象大使"的角色，也承载着民众对它的信任。因此，如果地名以错字或别字的面目出现，则势必造成两种恶果：地名的良好形象损失殆尽；人员流动、物资流动等不能再借助地名。说得严重一些，少数民族语地名以错别字译写的结果不能称之为真正意义上的地名。

3. 不用自造字

为什么会产生自造字呢？这是因为在野外从事测绘的人员，从当地少数民族语群众了解到该地名的少数民族语发音后，由于在汉语中一时找不到合适音的汉字，往往凭空自行制造了一个或多个所谓的汉字，并将其标注在地图上。其实，自造字也属于错别字的范畴。只有个别人认识的所谓汉字，游离于规范汉字之外，当然不能以各种似是而非的理由，堂而皇之地登上地名的"大雅之堂"。

4. 杜绝"二简字"

我国曾进行过两次重要的文字改革工作——简化汉字：第一次的汉字简化方案，成为现行规范汉字的组成部分；第二次的汉字简化方案，执行后不久又被明令废止。而凡是业已废弃的"二简字"，都不允许出现在正式的地名之中。同理，少数民族语地名译写也不能出现这些弃之不用的淘汰汉字。

5. 避开俗体字

俗体字又称俗字，其粗略的定义是，通俗流行而字体不合规范的汉字。俗体字也是汉字中的一种，而且是在某些情况下需要使用的汉字。但是，其不规范的本来面目，恰巧与少数民族语地名汉字译写标准化的规范行为背道而驰。

（四）少数民族语地名译写不得采用的其他汉字

广义地讲，我国绝大部分汉字属于规范汉字的范畴。但是，鉴于地名的社会属性及其公共性质，导致某些汉字必须服从这个大局，处于地名领域弃用的汉字之列。这些通用语言文字的最大特点是：它们在某些特定的场合、专门的领域是规范的，而且是非用不可的；但在地名这个大家庭中，却是不受欢迎的，应当将它们剔除在地名队伍之外。

1. 勿用繁体字

严格意义上讲，繁体字仍然属于可用的汉字，也是特定意义上的规范汉字。但就地名的规范行为来说，繁体字处于不宜使用之列。在通常的情形下，它们出现在少数民族语汉字译写的地名上，无助于地名的实际作用。理由有二：①繁体字已非现代汉语的通用文字。②有部分人群不能顺畅认读繁体字。

2. 弃用异体字

所谓异体字是相对正体字而言。每个异体字都有一个正体字，即正体字完全可以替代异体字。少数民族语地名汉字译写不允许使用异体字。异体字之所以被列为弃用的范围，是因为异体字如果使用不当，可能会产生不必要的歧义。但可以通过地名标准的规定，在特定的时候个别使用异体字。之所以在此弃用异体字，最关键的因素为：①它们已由规范的汉字所取代。②它们不被地名使用者所接受。

3. 避免生僻字

顾名思义，生僻字位列不易认读的行列。据国家语言文字权威机构测算：

在通常的情况下，使用常用的 3500 个汉字，已能表达 90% 以上的文章要求；在一般的情形下，运用通用的 7000 个汉字，可以完成 99% 的叙述需要。所以，地名在万不得已时，才可为 1% 的需求使用生僻字。

4. 慎用通假字

通假字与异体字类似，均为汉语言文字特有的现象。它们虽然是汉字的组成部分，但作用受到一定的限制。其不良效果是，导致原有地名与其通假字地名之间出现误解甚至混乱。一般而言，若确实可以回避，地名以不使用通假字为上策。少数民族语地名译写不宜使用通假字的原因是：①通假字具有可以替代的规范汉字。②通假字一般只用于古典文献之中。

5. 根绝外国汉字

在我国的周边国家中，有些国家受中国文化的影响，其本国的官方文字部分采用了汉字，其中一些的汉字字形发生了变化，或者该国按照汉字的构成规律自造了某些所谓的汉字，这些汉字又反过来流传到国内，并跻身于汉字大家庭之中。请注意：这些"进口"的汉字是"舶来品"，只能针对"原出产国"的相关事物，而不允许用于我国的地理实体上。

但是，如果我国的少数民族语也是邻国的官方语言，而友邻国家的语言文化受中华文化影响很大，在地名上假借了汉语言文字，且该汉字形成变体、构成外国汉字，并被中国境内的少数民族所采用，则此时的外国汉字地名需要具体问题具体解决。因为，它面临着两种截然相反的选择：①原封不动地予以保留。②改为规范的中国汉字。

（五）少数民族语地名汉字译写合理利用的重音字

按照地名学的基本原理，在一定的区域内，地名应当避免重音字。需要解释一下，这里的重音字地名不是指地名中的单一汉字的重音，而是指构成地名这个专有名词的所有汉字均重音。然而，广泛应用于地名规划、地名命名的铁律，在少数民族语地名汉字译写中并不完全适用。更为重要的是，我们不仅要打破这一管理原则，而且还要在技术上加以创新，并形成新的工作模式。

1. 巧妙利用近音字

在少数民族语地名中，某些地名的拼写形式是一样的，但在不同的地域发音却略有差异。那么，如何展示少数民族语地名这种现实的存在呢？确切的答案是，有必要巧妙地利用汉语中的近音字。其好处是：①间接保留原少数民族语言语音上的差异性。②确认原少数民族语地名指代不同地理实体。③便于使用者有效利用不同的地理实体名称。

2. 合理安排同音字

在少数民族语地名中，部分地名的拼写形式是不同的，但其实际发音却是相同的。那么，如何在其汉语译写的地名中展示这种实际的情况呢？准确的答案是，有必要合理地利用汉语中的同音字。其优点为：①保留原少数民族语言文字上的差异性。②分清该地名属于两个不同的地理实体。③利于汉字地名"消费者"的有效使用。

（六）少数民族语地名与汉语译写地名的译音（字）表

为使少数民族语地名汉字译写标准使用更方便、更有效、更准确，需要将全部的拼写情况及其相应的译音、译字以表格的形式予以列出。在通常的情况下，该译音（字）表的左列为元音（韵母）字母，上边为辅音（声母）字母，二者的结合部为需要对应译写的规范汉字。该表作为规范性附录，可以在要求的条款之外，为读者提供更有效的支持。

特别说明，这里的少数民族语地名与汉语地名译写对照表，不是以往的普通译音表，而是译音与译字相结合的译音（字）表。此时，该表中所列的规范汉字，不仅与少数民族语地名的译音相对应，而且也决定了汉字译写使用的通用语言文字，二者既是紧密相连的因果关系，也是最终译写的合理结果。如果该表设计不当，或者表中内容取舍有误，则直接影响了其中的译写效果，甚至会走向事物的反面。所以说，尽管这个表格相当烦琐，但所有事项必须非常充实、科学，并成为少数民族语地名汉字译写标准中不可或缺的内容。

另外，假如在少数民族语地名与汉语地名译写对照表中的规范性内容不能尽述，就需要在该标准的条文中予以约定，或者通过表中的注释加以说明，使之尽可能地"滴水不漏"，做到精益求精、尽善尽美。这样的话，该标准的条款才能与表的内容完美地融合在一起，并形成译写工作水到渠成、顺理成章的局面。

（作者单位：民政部地名研究所）

对建德市建制村名称的几点思考

邹涌泉

建制村名称和其他地名一样，属于大众公共文化产品，以其特定的文化内涵，承担着内外交往等多种职能，同时又涉及千家万户，备受人民群众的高度关切。地名被人们形象地称之为"本地人的脸，外地人的眼"。我们的祖先为我们传下了极其宝贵的地名财富和内涵丰富的文化遗产，在建制村调整时，如何继承和发扬优秀地名文化，是历史赋予我们的责任。在 2007 年 6 月建德市建制村规模调整中，有约 160 个建制村村名，沿用了知名度较高或地处建制村中心的原建制村村名，符合地名稳定性的特性。

一、正确的建制村取名方法对地名文化的贡献

在本次建制村规模调整时，保留和产生了一些以体现和反映当地历史、文化、地理和经济特征的优秀地名。

1. 使用保留撤销乡镇名称为新的建制村村名

如上马、溪口、劳村、邓家、凤凰、南峰、长宁、里叶、檀村、前源、大洲、马目、麻车、长林、陈家、安仁、前陵、航川、乌龙、姜山等村名，有的是 1992 年撤乡扩镇时撤销的乡镇名称，有的是新中国成立前后的老乡镇名称。这些地名是当地建立乡镇时，从辖区内所有建制村中精选出来的，是极具代表性地名，现使用保留了历史乡镇名称为新建制村村名，是对原地名文化的承传，是对原撤销乡镇的历史记录，是对历史地名的有效保护。

2. 恢复历史地名为新建制村村名

如乌驹市的桂花、大洋、洋安等村名，由于历史上村庄规模较大，后在历次行政区划调整和历史变迁中，被分为两个以上建制村，在本次调整时，几个原建制村又被调整为一个建制村，恢复使用该村历史原村名。又如对时代烙印太强的胜华、新胜、胜利、联红、向阳、和平、立新等村名进行了变更，恢复

了体现当地历史地名为新的建制村村名。恢复使用历史地名，让老年人回忆历史、让年轻人阅读历史。

3. 以体现当地历史文化特征为新的建制村村名

如白马、三元、骑龙等村名。白马村，由李家镇的原长林源和界头 2 村合并后，以当地的名胜古迹——白马寺为新的建制村村名。骑龙村，由乾潭镇的原 5 个建制村合并后，以当地的名胜古迹——骑龙庙为新的建制村村名，由于受共同文化的熏陶，为当地群众所共同接受。三元村，由大慈岩镇的原麻车岗、下金刘和漫塘 3 村合并，原下金刘村为三国人物刘氏后裔居住地，以"桃园三结义"的文化含义为新的建制村村名。

4. 反映当地地理经济特征为新的建制村村名

如春江源、三江口、胥江、江湾、莲花、航川、灵栖、大慈岩、绿荷塘、竹源等村。三江口村，由三都镇的原双桥头、杨家、渔业、徐家坞、大坞山等 6 村合并后，以地处三江口的含义命名。灵栖、大慈岩、莲花等村，以当地的地理特征含义命名。航川村，是航头镇的原北八、南八和吴潭 3 村合并后的新村名，既承载着曾是乡政府的历史，又形象地体现三川合流的自然地理特征。竹源村，是大同镇的原凤山和叶村 2 村合并后的新建制村村名，体现了当地丰富的毛竹资源。绿荷塘村，因地处在建的绿荷塘景区得名。

二、几种值得探讨的建制村村名取名方式

由于受种种影响和制约，在确定新的建制村村名时，采用普通的简单方法，可能会对地名文化造成一定的影响。

1. 以简单组合方式为新的建制村村名

通过取原建制村村名的一字组合成新的建制村村名，不乏成功的新村名，如双泉、南屏、枫树岭等村，虽同为组合，却保留了地名的原有含义。大家知道，地名通过来历、含义的演变，形成地名的特有特征和自有的文化内涵。如果单纯地各取原建制村村名的一个字简单组合，容易影响原有的地名含义，因此要相当慎重。如桥亭村，历史上，村口桥上有座凉亭，风光优美，现恢复此景。又如望城村是当地的地理特征和动人民间传说的体现，就不能与其他村名生搬硬套，牵强组合，否则原有的地名文化内涵就会受到一定影响。

2. 以地处方位为新的建制村村名

如城西、城东、滨江、江东村，再加上寿昌镇还有城中、城北村，似乎让人眼花缭乱。以东、西、南、北为村名的，如果同在一个城市也许能为人们提供地名一定的指位作用。但从长远和发展的观点看，由于城市在扩张，方位随着城市的发展扩并变大，这种动态性特点十分突出，因此地名的指位就不准确了。更何况我市由二县合并后，在新安江组成新县城，有一县三"城"之名，而以方位为新村名，出现了城西村在梅城，城东村在洋溪，城中、城北村在寿昌的情况，以上地名，连本地人都会迷惑不解，又怎能为不熟悉本地地理现状的外地人提供地名指位服务呢？

3. 以其他词语为新的建制村村名

如利群、红路、友谊、丰产等村，有的被历史上的当地建制村村名使用过，目前虽然反映了当地居民的愿望和向往，但不能体现当地地名的自有特征。并由于政治含义过强，时代烙印太重，有的地名是在1981年全市地名普查时，如"红卫、防修、反帝、立公、群力、红旗"等地名，被取消使用。现重新使用这些地名，为新的建制村村名，虽暂时被当地村民所接受，但经过长时间使用，容易让人感觉又捡回被历史遗弃的文化垃圾。

4. 以加个"新"字为新的建制村村名

在两个以上建制村合并时，使用某个原建制村名为新的建制村村名，另一个没有采用的原建制村的村民，多多少少在情感上有些想法倒也正常。但新的建制村村名，是大家共有的文化产品和共同的地名品牌，在今后的长期使用中，需要全体村民共同维护，不能感情用事。更何况建制村是最基础的单位，有其特有的严肃性。如果每个建制村村名都生硬地加个"新"字，也就没有"新"的感觉了，反而把自己居住的建制村，降格为类似由房地产商开发建设的一般性楼盘。

三、村规模调整前的建制村村名对地名文化产生重大影响

由于地名的特有功能，使其成为各行各业从事管理、生产经营、社会联系和人民群众日常交往的基础，地名的重要性不言而喻。那么，我市的地名状况又如何呢？

1. 以历史人物活动为村名

如朱池、胥岭、公曹、隐将、幽径等村。朱池村,据《建德县志》记载:"在城(今梅城)西三十里,山上有池,朱买臣常在此涤砚于池,后人因名朱池。"幽径村虽为自然村,但风景优美,山林茂密,为朱买臣砍柴憩息之处,故取名幽径,大有"曲径通幽处,禅房花木深"之感。胥岭村,因伍子胥经过此岭而得名。以上地名,都反映了特有的历史,体现了当地的历史特征。

2. 以民间传说故事为村名

如钦堂、望城、八乐坞、七星坞、谢田、蒲田、牌楼等村。钦堂村,传说元初吴焕之来此建造住宅,其父吴潜曾封魏国公,住宅建成后皇帝赐名"纯爱堂",因钦赐堂名,故称"钦堂"。八乐坞村,村有八景,统称八乐风光,意为八处风景,使人引以为乐,故名八乐坞。望城村,距梅城3千米有望城岭,登上此岭可望见梅城而得名,不仅如此,在当地还有"村妇携子登岭望城盼夫归"的动人传说。以上地名,蕴藏着深厚的文化内涵和人文景观,都较好地体现了当地的文化特征。

3. 以自然地理地形为村名

如新安江、乾潭、大洋、龙山、永嘉桥、十里埠、盘山、淤垦、莲花、久山湖等村。乾潭村的名称源于在狮子岩下,胥溪转弯处有一水潭,旱时竭涸,人们称为乾(gàn)潭。后人怕旱,愿此潭万世不竭,因乾又读(qián),《释名》:"乾,进也,行不息也。"取"川流不息"之意,看先辈取名用字水平多么高超,仅用一个"乾",为自己的进退留下了广阔的选择空间,同时,"乾潭"的含义,不正是乾潭人"奋进不息"的精神写照吗?淤垦村原是泥沙淤积的沙滩,元末明初,人们在寿昌溪上筑垦以障水,沙滩开垦为良田,该村名既是当地自然特征的反映,又是人们与大自然作斗争的记录。久山湖村,据《寿昌县志》载:"村后一山,由东北望之,形如久字",称久山,在古时山麓有一小湖,故为久山湖。以上村名,利用当地的名山大川和自然地理实体为村名,体现了当地的地理特征。

4. 以名胜文物古迹为村名

如更楼、石门庄、古城山、桥亭、牌楼、乌驻市等村。更楼村,相传为防兵盗,村民们在大土堆上建筑的高楼中设有钟鼓,既报警,又报时,人称更楼，居民集居楼底，故称更楼底，后简称更楼。乌驻市村，相传早年这里出了五个举人，村中有一龙门寺，本地人称五举寺，后讹变为乌驻寺。桥亭村，有两座单孔石拱桥，是进村的必经之道，过去桥头有凉亭，故村名十分优美。以上地名，都默默无闻地承载着当地的历史和文化。

5. 以贸易特产为村名

如上桂、下桂、胡店、徐店、麻车、新市等村，都较好地体现了当地当时的经济和自然资源特征。

6. 以地处方位为村名

如溪口、上马、南山、后塘、城北、城中、东门、西门、里诸、西桥、西湖、东湖等村。以上地名在一个小范围内，也能承担着地名的功能，但在大的范围内指位不够明确，容易重名同名。

7. 以庆贺翻身解放为村名

如新华、团结、朝阳、齐平、庆丰、幸福、新丰等村。以上地名，虽然反映出当地居民对生活的美好愿望和向往，但体现不出地名的自有特征。我市在"文化大革命"期间，出现过一些过度反映政治含义的地名，终究被历史所淘汰。但也有很优秀的村名，如千鹤村，由于毛泽东同志曾为当时的庵口乡千鹤村农业生产合作社写的《发动妇女投入生产，解决劳动力不足的困难》一文写过按语而闻名，为了纪念，更名为千鹤公社。

8. 以姓氏为村名

方家、邓家、罗村、陈家、李家、劳村、仇村、张家、骆村、孙蔡、包家、邵家、施家埠等村。以上地名作为历史，当代人也无可非议。但这些地名在当时的出现，反映出一个姓氏家族的强大势力。由于常用的姓氏仅有百个，所以以姓氏作为地名，出现的地名重名同名现象最为普遍。

根据我市建制村村名类别特征的分析和地名特有功能的要求，笔者认为，以反映当地历史、文化、地理和经济特征的地名，最能体现当地地名特性。

（作者单位：浙江省建德市民政局）

地名二普你该知道的事儿

一、哪些单位要参加普查

辖区内的党政机关、民间组织，事业、企业、军事单位、街道所属社区、居民小区等。社区网格员等普查人员会深入以上单位开始普查并填写调查表，了解各单位附近的地名来历、地名含义、历史沿革、地理位置以及与之相连的主要道路等。

二、普查方式有哪些

查清地名的现状、含义、来历、沿革等基本信息及相关属性信息，掌握市区各行政区域内地名的基本情况和基础数据，对已有地名相关信息进行全面补充、更新和完善，对有地无名、有名无地、一地多名、多地重名、地名用字不规范等问题进行标准化处理。同步进行地名数据库建设及成果转化利用。

三、普查内容有啥

据了解，普查的地名有行政区域名称（街道）；非行政区域名称（矿区，农、林、牧场，工业区、开发区、大型养殖场等）；群众自治组织名称（居委会、社区等）；居民点名称（城镇、农村、工矿点等）；交通运输设施名称（公路、街巷，汽车站、公交车首末站、加油站等）；水利、电力、通信设施名称（井、水库、发电站、通信基站等）；纪念地与旅游景点名称（自然保护区、纪念馆、烈士陵园、古迹、公园等）；建筑物名称（具有地名意义的大型建筑物、建筑群和10层以上高层建筑物，亭、碑、塔，广场等）；单位名称（党政机关、民间组织等）；陆地水系名称（河流、湖泊、瀑布等）；陆地地形名称（山峰、丘陵、森林等），查清行政区域内地名的基本信息及相关属性信息。

第二次全国地名普查成果数据入库验收办法

第一章 总 则

第一条 为搞好地名普查成果数据入库验收工作，根据《第二次全国地名普查工作规程》《第二次全国地名普查数据建库与管理软件设计规范》《第二次全国地名普查涉密数据保密管理办法》《第二次全国地名普查质量管理规定》《第二次全国地名普查监理办法》以及其他有关规定，制定本办法。

第二条 本办法适用于第二次全国地名普查成果数据的入库验收工作。各省级第二次全国地名普查领导小组办公室（以下简称"省级地名普查办"）可依据本办法制定本省份第二次全国地名普查成果数据入库验收相关办法。

第三条 本办法所称成果数据指由省级地名普查办组织汇总并报送到国务院地名普查办、以县级政区为单位并进行过接边检查且经国务院第二次全国地名普查领导小组办公室（以下简称"国务院地名普查办"）审核、验收通过的第二次全国地名普查成果数据。

第二章 报送要求

第四条 省级地名普查办应按照国务院地名普查办要求，组织做好本行政区域成果数据的汇总和报送工作。

第五条 成果数据报送前，省级地名普查办应使用国务院地名普查办下发的第二次全国地名普查成果数据入库预检查软件对有关数据进行检查。

第六条 省级地名普查办报送成果数据时，应办理相关交接手续，填写《第二次全国地名普查成果数据交接单》，并附上国务院地名普查办委托的监理机构、质量评定机构出具的监理报告和质量评定报告。

第七条 省级地名普查办组织汇总、报送成果数据过程中，应严格遵守国家保密相关法律法规和《第二次全国地名普查涉密数据保密管理办法》要求，切实加强数据保密安全管理。

第三章 验收流程

第八条 第二次全国地名普查成果数据入库验收包括入库检查和接边检查。

第九条　国务院地名普查办组织相关社会组织、企事业单位组成检查组，按照任务分工承担具体检查工作。

第十条　入库检查遵循自动化检查与人工检查、属性数据检查与空间数据检查相结合的原则，综合运用电子底图查证、奇异值分析、统计分析等多种技术手段进行。

第十一条　入库检查过程中发现问题的，国务院地名普查办出具相应检查意见，并反馈至省级地名普查办。省级地名普查办应在1个月内组织完成核实、修改，填写《第二次全国地名普查成果数据入库检查意见核实修正表》，与修改后的成果数据一并报送国务院地名普查办。

第十二条　入库检查通过后，国务院地名普查办组织成果数据入库。成果数据入库后，国务院地名普查办出具初步入库确认单。

第十三条　国务院地名普查办根据成果数据入库情况，组织接边检查。发现问题的，国务院地名普查办出具接边检查意见，并反馈至省级地名普查办。省级地名普查办应在1个月内组织完成核实、修改，填写《第二次全国地名普查成果数据接边检查意见核实修正表》，与修改后的成果数据一并报送国务院地名普查办。

第十四条　成果数据通过接边检查后，由国务院地名普查办出具入库验收确认单。

第四章　检查内容

第十五条　入库检查主要包括完整性检查、规范性检查、逻辑性检查和准确性检查。

第十六条　完整性检查主要从数据项填写完备性、图库匹配一致性等方面对成果数据的完整性进行检查，包括属性数据项完整性检查、连接关系完整性检查、多媒体完整性检查等。

第十七条　规范性检查主要从结构、格式等方面对成果数据的规范性进行检查，包括成果包目录结构规范性检查、文件名命名规范性检查、数据格式规范性检查、多媒体文件规范性检查、罗马字母拼写规范性检查以及各类代码（如行政区划代码、地名类别代码等）规范性检查等。

第十八条　逻辑性检查主要从因果关系、主次关系、整体与部分关系等方面对成果数据的逻辑性进行检查，包括时间描述合理性检查、数值数据依赖性检查、属性与空间数据一致性检查、地理实体符号一致性检查等。

第十九条　准确性检查主要从位置、范围等方面对数据的准确性进行检查，包括属性数据四至范围检查、属性数据四至坐标重复性检查、空间数据坐标范围检查、空间数据落图检查和线状数据连通性检查等。

第二十条　接边检查主要对入库后的相邻县级行政区域成果数据的关联性、连通性等方面进行检查。

第二十一条　国务院地名普查办可根据实际工作情况，对检查内容进行相应调整。

北京市

加大技术指导力度和业务培训频次

北京市第二次全国地名普查工作已进入全面实施阶段，工作重心全面转入区级层面。市地名普查办按照国普办《关于发放第二次全国地名普查手持终端设备及有关事项的通知》要求，于3月3日组织开展了市地名普查技术培训暨手持终端设备培训工作。

培训工作要求按照重点做好三个方面的工作：一是各相关单位要进一步深化认识，落实责任与分工，抓好普查质量与进度，确保按期优质完成地名普查任务。二是各区地名普查办要履行普查职责，切实担负起对本辖区地名普查工作的组织领导责任，做好组织协调、业务培训和督促检查验收工作。三是各外业普查单位要强化质量意识，认真细致实施外业调查，确保普查数据的真实性、准确性、全面性和现时性。

市普查办通过对去年普查数据的质量检验结果、各类问题的出现频率的综合统计分析，及时破解制约普查进展的困难和问题，进一步明确了普查的质量评价标准和目标；组织监理质检单位和厦门精图信息技术有限公司，分别从工作计划与流程，监理与质检，普查采集终端软件使用方法，内、外业技术难点答疑，普查经验交流等五个方面对区地名普查工作机构人员和外业采集队伍人员进行培训。

福建省

松溪县"四个到位"做实第二次地名普查工作

一是再宣传再发动工作到位。3月24日，松溪县政府召开"第二次全国地名普查工作推进会"，再动员、再发动，加强领导，落实责任，搞好协调，细化工作流程，明确目标任务和时间节点，圆满完成第二次全国地名普查各项工作，让普查成果惠及松溪百姓。

二是机构及责任分工明确到位。各有关部门、有关单位认真落实国务院"统一领导、分工协作、分级负责、共同参与"的原则，积极配合，主动作为，各成员单位按照职责分工，抓好各类地名信息的采集和上报，及时提供普查所需的各种资料和数据，特别利用好地理国情普查、国土资源调查、文物普查、水利普查等成果，做到信息、数据等资源的共享共用，避免重复普查造成浪费。

三是基础数据资料收集到位。经过2015年前期走访收集相关资料，松溪县已收集到部分地名志、地名录、地名词典、地图、地方志、文史资料等。在2016年的普查工作中，将把缺漏的地名补充完整，校对准确。以单位提供的数据为准。对调查发现的有地无名、有名无地、一地多名、一名多写、重名、同音以及用字和拼注不规范等现象，要按照有关要求，区别不同情况，进行命名、更名和标准化、规范化处理。

四是督促检查落实工作到位。县地名普查办坚持深入基层，定期开展督查，全面把握工作进度，及时总结、梳理普查工作进展情况。县政府将对地名普查工作中涌现出来的先进典型予以表彰，对落实不力的予以通报批评、进行责任追究，以确保按时高质量、高标准完成地名普查任务。

湖北省

印发《湖北省第二次全国地名普查考核制度》

2016年3月1日，湖北省向各市（州）、县（市、区）第二次全国地名普查领导小组办公室印发《湖北省第二次全国地名普查考核制度》，该制度如下：

一、考核对象

各市（州），县（市、区）第二次全国地名普查领导小组办公室。

二、考核内容

考核工作分为对各市（州）和对各县（市、区）地名普查考核两个层次［省直管市、神农架林区参照县（市、区）地名普查考核内容执行］。

1. 各市（州）地名普查考核主要内容

目标责任考核：主要考核省地名普查办与各市（州）地名普查办签订的地名普查《工作目标责任状》《工作保密责任书》所列的内容。

监理实施考核：考核监理工作组织、监理机构设置、监理实施、监理报告和监理文件档案等内容，按照《湖北省第二次全国地名普查领导小组办公室关于印发〈湖北省第二次全国地名普查监理办法〉的通知》（鄂地名普查办发〔2015〕27号）要求执行。

地名标准化考核：考核地名命名、更名和定名，跨界名称审定，地名标志登记表填写等内容。

数据库建设考核：考核普查数据入库、数据接边、多媒体数据的处理和存储、地名普查成果图等内容。

检查验收考核：考核普查验收程序和质量评估报告等内容。

普查档案考核：考核普查工作制度、普查档案检查验收、档案移交等内容。

普查成果转化考核：考核普查成果转化方案制订和组织实施情况，"五个一"落实情况，普查成果综合利用情况等内容。

2. 各县（市、区）地名普查考核主要内容

组织管理考核：主要考核组织机构、会议培训、工作计划、质量管理、普查监理、保密安全、普查宣传等内容。

地名调查考核：主要考核收集资料、编写地名调查目录、预填地名普查登记表、位置调查、历史地名调查、地名文化挖掘考证、审定地名登记表等内容。

地名标准化考核：考核地名命名、更名和定名，跨界名称审定，地名标志登记表填写等内容。

数据库建设考核：考核普查数据入库、地理实体修测与标注、多媒体数据

的处理和存储、地名普查成果图等内容。

成果表考核：主要考核地名目录、地名成果表等内容。

检查验收考核：考核普查验收程序和质量评估报告等内容。

普查档案考核：考核普查工作制度、普查档案检查验收、档案移交等内容。

普查成果转化考核：考核普查成果转化"五个一"落实情况、普查成果综合利用情况等内容。

三、考核时间

季（年）度考核原则上安排在本季（年）度末进行，因年底进行集中考核，第四季度考核即为年度考核。

四、考核等次和条件

考核划分为优秀、良好、合格、不合格四个等次。

1. 确定为优秀等次须具备以下条件

①年度"442"目标任务圆满完成；②精通业务，工作能力强；③工作责任心强，勤勉尽责，工作作风好；④工作方法先进，工作实绩突出；⑤量化考核在90分以上。

2. 确定为良好等次须具备以下条件

①年度"442"目标任务较好完成；②熟悉业务，工作能力较强；③工作责任心强，工作积极，工作作风较好；④工作方法较好，能够较好完成本职工作；⑤量化考核不低于80分。

3. 确定为合格等次须具备以下条件

①年度"442"目标任务基本完成；②履行职责的工作能力一般；③工作责任心一般，工作作风一般；④能基本完成本职工作，但完成工作的数量一般、质量和效率一般，工作方法一般；⑤量化考核不低于70分。

4. 具有下列情形之一的，应确定为不合格等次

①年度"442"目标任务没有完成；②业务素质和工作能力不能适应工作要求；③工作责任心或工作作风差；④不能完成工作任务，或在工作中因严重失误、失职造成重大损失或者恶劣社会影响；⑤量化考核在70分（不含70分）以下。

五、考核方法

1. 评分原则

（1）坚持客观公正、注重实绩、民主公开的原则，以年度"442"目标任务为基本依据，以普查质量为主要内容，以地名文化挖掘为重点内容，对各地地名普查工作成效实行季度考核与年底集中考核相结合、定性考核与定量考核相结合的方法。年度考核以季度考核为基础，年度考核优秀等次单位应在季度考核结果好的单位中产生。

（2）此考核采取三级权重加权计算方式和量化考核的办法，评分方式采用扣分方式，实行百分制。

（3）县（市）地名普查办考核得分方式如下：

季度（年度）考核得分 = 县市地名普查办自评分 × 20% + 市（州）地名普查办评分 × 30% + 省包保督导小组评分 × 50%。

其中，直管市、神农架林区季度（年度）考核得分 = 地名普查办自评分 × 20% + 省包保督导小组评分 × 80%。

年度考核得分 = 第一季度考核得分 × 20% + 第二季度考核得分 × 20% + 第三季度考核得分 × 20% + 年底集中考核得分 × 40%。

（4）市（州）地名普查办考核得分方式如下：

季度（年度）考核得分 = 市州地名普查办自评分 × 20% + 所辖县市地名普查办平均得分 × 30% + 省包保督导小组评分 × 50%。

年度考核得分 = 第一季度考核得分 × 20% + 第二季度考核得分 × 20% + 第三季度考核得分 × 20% + 年底集中考核得分 × 40%。

（5）在地名普查过程中发生失密及泄密事故的，或"数据库建设""成果表"评价目标得分不合格的，则普查工作质量视为不合格，不得参与最终评价。

2. 考核流程

（1）市州测评。依据《市州第二次全国地名普查考核量化测评表》（见附件 1）计算出市（州）普查考核得分。

（2）县（市）测评。依据《县（市、区）第二次全国地名普查考核量化测评表》（见附件 2）计算出各县（市、区）普查考核得分。

（3）确定考核等次。省地名普查办依据量化考核得分排序，分别确定各市（州）、县（市、区）的考核等次。

（4）对拟定考核等次的普查办在全省范围内公示，公示时间为5个工作日。

（5）将考核结果以书面形式通知被考核普查办、民政局、政府办公室。

六、考核结果运用

坚持把考核结果作为民政重点工作综合考评的重要依据；考核结果与次年补助资金分配挂钩，原则上对考核不合格的单位进行处罚，减少次年补助资金，对考核优秀、良好的单位予以奖励，增加次年补助资金；考核结果与给当地政府的情况通报挂钩，针对考核不合格单位，对其负责人专题约谈，限期改进。

七、组织领导

湖北省第二次全国地名普查考核工作由省地名普查办具体组织实施；各市（州）、县（市、区）应按本考核制度制定本辖区考核制度，组织好本辖区的季（年）度自查和上级检查考核工作，对本辖区地名普查工作考核结果予以审核。

八、有关要求

第一，各级地名普查机构要高度重视普查考核工作，把考核工作作为提高工作质量和效率、加强干部职工队伍建设的重要环节来抓，严格按照考核步骤，在规定时间内认真完成考核工作。

第二，坚持将考核工作作为确保地名普查优质高效的关键举措；坚持将考核工作作为推进地名普查履职尽责的关键举措；坚持将考核工作"科学有效、注重实绩"作为确保考核公正的关键举措。

第三，坚持"客观公正、注重实绩、民主公开"的原则，将定性与定量考核相结合，季度与年度考核相结合，自查与抽查相结合，上级检查与第三方检查相结合，充分发挥季度考核的导向和基础作用，使考核结果更加客观，真正体现出考核的激励约束作用。

广西壮族自治区

完成第二次全国地名普查成果整理制作培训

2016年4月27日至28日，自治区第二次全国地名普查领导小组办公室在南宁举办了全区第二次全国地名普查成果整理制作培训班，对全区14个设区市、110个县（市、区）地名普查办业务骨干约250人开展了地名普查成果整理制作培训。会议展示了武鸣区地名普查成果制作试点成果，武鸣区地名普查办相关负责人介绍了地名普查试点工作做法；广西基础地理信息中心说明了普查成果制作；软件开发单位就地名普查软件、普查成果录入等技术问题进行现场答疑、讨论；地名档案专家就地名普查成果整理及规范、地名普查档案收集与整理等内容作了深入讲解、授课和答疑；自治区测绘地理信息局有关专家讲解了地名普查数据入库及地图修测更新等内容。

桂林市资源县从细处着手营造普查良好氛围

桂林市地名普查办在对各县（区）地名普查工作进行检查过程中，发现资源县、临桂区等县（区）着重细节做宣传，取得较好成效。

资源县地名普查办与资源县宣传部联合发文，举办"资源地名故事"有奖征文活动。活动内容主要是挖掘资源县内地名含义、来历和历史沿革考证，地名故事，以及展示地名文化、承载浓郁乡情等的优秀文章，评选分设一、二、三等奖及优秀奖，评选结果在资源政府网、资源县民政网、资源县报刊《今日资源》及资源县电视台公布。评选活动从4月15日开展以来，在资源县获得了极大反响，当地群众及地名爱好者发来数百封稿件，既为地名普查地名考证工作提供依据，也展示和弘扬了当地地名文化。

5月初，资源县地名普查办集资购买的地名普查工作服到位。为使外业工作顺利开展，强化各乡村居民对地名普查工作的认识和接纳程度，资源县地名普查办购进了一批印有"资源县第二次全国地名普查"字样的工作服，供地名普查工作人员在外调查时穿着。通过这种方式，一方面能明确地名普查工作目的和性质，使老百姓乐于配合调查采集工作；另一方面能提高工作人员对普查工作的重视程度，时刻提醒自己要遵守相关工作纪律。此外，这也是向群众宣传地名普查工作的一种有效形式。按照党的八项规定和党风廉政建设要求，地名普查工作服采取资源县普查办领导及工作人员自费集资的方式购买。

资源县、临桂区普查人员认真负责，从细节处创新地开展工作，使普查宣传等各方面工作扎实推进，其做法值得在全市范围内学习推广。

重庆市

召开二普培训暨工作推进会

3月3日，重庆市召开第二次全国地名普查培训暨工作推进会。会议要求各地认真抓好跨界自然地理实体普查、地名文化保护工作，严格质量控制，确保普查数据达到验收标准，力争上半年全面完成外业采集、内业整理、自查审核、汇总上报等工作。建立地名和区划数据库，按照"边普查边应用"原则，突出地域文化特色，开展地名普查成果转化，动员清理整治不规范地名。会上，市地名普查办还组织技术服务单位对各区县普查外业作业、内业整理等开展规范化培训，并对地名普查工作存在的问题进行现场答疑。

四川省

举办第二次全国地名普查业务培训会

4月6日至8日，四川省地名普查办在眉山市举办第二次全国地名普查业务培训会。

培训会主要有三项内容：一是通报全省地名普查进展情况，安排部署2016年地名普查工作；二是培训地名普查数据建库与管理软件安装使用和第二次全国地名普查手持终端设备操作使用；三是贯彻落实国务院地名普查办和民政部部长李立国关于加强地名文化保护暨清理不规范地名工作视频会议精神。

会议指出，要深刻认识当前地名普查的艰巨性和紧迫性，全力推进全省地名普查实施工作。一是要强化组织领导，做好科学统筹；二是要落实保障措施，做好普查保障；三是要抓好标准化建设，全力推进普查。会议要求，要切实抓好地名普查成果转化工作。一是要找准成果转化的方向；二是要抓住成果转化的核心；三是要深化成果转化认识；四是要抓住成果转化的重点。会议强调，要做好地名文化保护暨清理整治不规范地名工作。一是要充分认识地名文化保护和清理整治不规范地名工作的重要意义；二是要准确把握地名文化保护和清理整治不规范地名工作的任务要求；三是要切实加强地名文化保护和清理整治不规范地名工作的组织领导。

此次培训会采用"三会合一"的方式，既是全省地名普查工作推进会，也是地名普查数据建库与管理软件安装使用和第二次全国地名普查手持终端设备操作使用的业务培训会，还是贯彻落实国务院地名普查办加强地名文化保护暨清理不规范地名工作视频会议精神的动员会。

德阳市旌阳区发挥"三老"作用　组建地名二普骨干专家队伍

为扎实做好地名普查，深入挖掘地名文化，四川省德阳市旌阳区充分发挥"三老"（老村干部、老镇干部、老年协会成员）熟悉当地历史文化的优势，以乡镇、街道为单位组建了一支以"三老"为骨干的地名普查专家队伍。

旌阳区结合"三老"实际，重点培训"三老"收集整理地名来历、地名含义和地名历史沿革，充分挖掘当地地名的历史文化。各乡镇、街道上报的地名目录、地名登记表均要由所在乡镇以"三老"为骨干的地名普查专家组讨论、审核并通过，从而确保普查工作质量。在收集整理地名目录和地名登记表的同时，旌阳区组织"三老"对本区地名故事进行收集和整理，注重对当地的地名文化进行保护和挖掘。目前全区已收集整理地名故事60余篇。

河北省、山西省

行政区域界线联合检查在长治市启动

4月8日，晋冀两省行政区域界线联合检查部署会议在长治市召开，标志着全长1145千米的晋冀线第三次联合检查全面启动。

本次联检从4月开始到9月底结束，全长1145千米，其中涉及山西省大同、忻州、阳泉、晋中、长治5个地级市，13个县涉及长治市黎城、平顺两县。联合检查将按照行政区域界线协议书、附图、界桩成果表、界桩登记表，实地逐点逐段详细检查界线标志物有无变化，并拍摄实地照片，进一步解决行政区域界线不清引发的边界纠纷问题，促进边界地区稳定。

河北省、内蒙古自治区

部署"冀蒙线—承赤承锡段"界线联检工作

5月5日，"冀蒙线—承赤承锡段"行政区域界线第三轮联合检查工作部署会议在河北省承德市围场满族蒙古族自治县召开，河北省承德市，内蒙古自治区赤峰市、锡林郭勒盟民政局主管副局长、区划地名办主任及沿线各县区旗民政局主管副局长、区划地名办（股）主任（长）参加了会议。会议根据《承德市与赤峰市、锡林郭勒盟行政区域界线第三轮联合检查工作实施方案》，对联检工作相关事宜进行了友好协商，达成了共识。

山西省

召开"晋冀线—大同张家口段"第三轮行政区域界线联检工作

5月13日，"晋冀线—大同张家口段"第三轮行政区域界线联检工作部署会议在山西省大同市广灵县召开。

会议根据《冀晋两省行政区域界线第三轮联合检查实施方案》精神，对大同、张家口两市联检工作进行了安排部署，对相关事宜进行了友好协商。会议要求，本次界线联检工作牵头方广灵、灵丘、天镇、阳高4县要积极主动，蔚县、阳原、怀安、尚义4县要认真配合，对联检中发现的问题，双方要及时沟通，共同提出处理意见，全力做好平安边界创建活动，确保边界地区人民生活和谐稳定。

上海市

召开2016年度界线工作会议

2016年3月1日，上海市民政局区划处召开2016年度工作会议，李政副局长出席会议并讲话。李政强调，一要加强法制建设，配合民政部完成有关《行政区域界线管理条例》等条例的修订工作；二要抓好队伍建设，重点推进队伍界线管理业务培训和考核评价等工作；三要做好2016年区县行政区域界线联检工作；四是深化平安边界工作，加强与兄弟省沟通，加强平安边界建设联席会议成员单位联系。

安徽省、河南省

七县（市、区）开展豫皖平安边界建设对接交流活动

近日，安徽省亳州市谯城区政府副区长梁绍彬带领区委政法委、区维稳办、谯城公安分局及相关乡镇的负责人，先后赴河南省郸城县、鹿邑县、永城市、虞城县、睢阳区就豫皖平安边界工作进行座谈。着重就边界平安建设、社会治安、信访稳定、邪教防范等工作情况进行深入沟通和交流。

福建省

安排做好2016年度行政区域界线联检工作

根据民政部工作部署和省政府办公厅《关于2013—2017年省县乡三级行政区域界线联检工作计划安排的通知》精神，福建省从2013年起用5年时间开展第三轮省县两级行政区域界线和第二轮乡级行政区域界线联检工作。根据

进度安排，2016 年度全省行政区域界线联检工作有关事项如下：

一、明确计划与任务

第一，设区市间县级界线联检：延平—尤溪线、延平—沙县线、邵武—建宁线、顺昌—沙县线（均由三明牵头）；蕉城—罗源线、闽侯—古田线、罗源—古田线、闽清—古田线（均由宁德牵头）；泉港—仙游线、洛江—仙游线、仙游—永春线（均由莆田牵头）；新罗—南靖线、漳平—南靖线、漳平—华安线（均由龙岩牵头）。

第二，设区市内县级界线联检计划由各设区市民政局安排，乡级界线联检计划由各县（市、区）民政局安排。

二、分类控制进度

第一，设区市间县级界线。由毗邻设区市民政局共同组织实施联检工作，3 月 31 日前毗邻设区市民政局完成联检实施方案的制订下发并报省民政厅备案；5 月 9 日前各市间县界完成联检的内业工作；8 月 29 日前各市间县界完成联检的外业工作，毗邻县（市、区）民政局共同将政府联检报告（代拟稿）报送两县（市、区）政府；9 月 28 日前毗邻设区市民政局收集县（市、区）政府联检报告、联检记录表、实拍的界桩照片等，共同验收联检成果，将两市政府联检报告（代拟稿）报送到两市政府；10 月 28 日前毗邻设区市人民政府共同将两市政府联检报告上报省人民政府并报省民政厅备案。

第二，设区市内县级界线和乡级界线。设区市内县级界线联检工作由设区市民政局组织毗邻的县（市、区）人民政府及其民政局实施，乡级界线联检工作由县（市、区）民政局指导并组织毗邻的乡（镇）人民政府实施；8 月 29 日前完成年度联检工作任务；10 月 28 日前完成市内县级界线和乡级界线联检报告逐级上报备案工作。

三、全面推进工作

第一，加强联检工作组织领导。各级政府应加强对界线联检工作的组织领导，将每年的界线联检和界线、界桩管理日常经费分级纳入省、市、县财政预算，如期报送联检报告，确保各年度界线联检任务按时完成。各级民政部门要进一步完善界线联检工作领导机制，界线毗邻双方加强沟通联系，通过联席会议等方式，及时解决联检工作中发现的问题，采取有效措施巩固勘界、联检工作成果。

第二，确保联检工作取得实效。各级政府、各有关部门要严格有关规定，认真做好各项联检工作。各级民政部门要在当地政府的领导下，切实履行职责，精心安排部署，确保 2016 年各项联检任务按时保质保量完成。要通过联检积极宣传行政区域界线管理工作有关政策法规，加强对界线及其界桩的管理维护，进一步维护好边界地区社会稳定。要实地察看界桩的变化和维护情况以及其他标志物的变化情况。要检查跨界生产、建设、开发等活动中依法履行审批手续、遵守行政区域界线审批文件和行政区域界线协议书的执行情况。对检查中发现的问题，应当现场纠正或共同商定处置办法及时纠正。

第三，做好联检档案管理工作。联检牵头方承担实施方案的起草与报送备案、各项联检安排、联检报告的起草与报送备案、联检成果档案资料立卷归档及上报、三交点联检的牵头等工作，有关各方要积极支持、密切配合牵头方的工作并完成相应任务。同时要加强与当地政府有关部门的沟通联系，充分发挥职能部门作用，加快做好政府联检报告的起草与报送备案工作。各级民政部门要认真按照《行政区域界线档案管理办法》有关规定，及时做好联检成果资料收集整理、妥善保管、立卷归档工作，采用新版案卷封面装订 2015 年度联检成果档案资料，并于 2016 年 3 月底前报送到省民政厅备案。同时要收集整理、妥善保管乡界联检成果资料，以县（市、区）为单位及时立卷归档，并报送省民政厅备案。

第四，共同推进基层平安边界建设。各地要结合联检工作实际，按照省委、省政府、民政部关于加强平安建设、加强社会管理、维护社会稳定的总体部署，扎实推进平安边界建设。要做好 2016 年度设区市间、市内县界平安边界共建协议签订工作，确保全面完成。要深入开展多种形式的基层平安边界创建活动，夯实基层基础工作，组织毗邻乡镇、村签订平安边界共建协议。通过不断深化平安边界建设工作，从源头上预防、减少新的边界纠纷，实现界线附近地区长期和谐稳定。

广西壮族自治区、云南省

召开桂滇线省界第三轮联检工作会议

3月29日,桂滇线省界第三轮联检工作会议在百色召开。会议主要任务是动员、部署第三轮桂滇省界联检,研究深入开展桂滇线平安边界创建活动措施和办法,明确联检工作的目标任务和具体要求,确保高标准完成桂滇线第三轮联检任务,高质量推进桂滇线平安边界创建活动。云南省民政厅副厅长熊梅、广西壮族自治区民政厅副厅长张光廷出席会议并讲话。会上,两省区民政厅举行了《深入开展桂滇线平安边界共建活动协议书》签字仪式。

重庆市

发布《关于做好 2016 年度县级行政区域界线联合检查工作的通知》

近期,根据国务院《行政区域界线管理条例》和《重庆市民政局关于做好第三轮县级行政区域界线联合检查工作的通知》要求,重庆市民政局发布县级行政区域界线联合检查的工作通知,请各地认真做好 2016 年度县级行政区域界线联合检查工作。

重庆市、贵州省

全面启动行政区域界线第三轮联检工作

2016 年 3 月 24 日,重庆贵州行政区域界线第三轮联合检查第一次联席会议在贵州省贵阳市召开,标志着全长 1031.88 千米的渝黔线第三轮联检工作全面启动。会上,重庆贵州两省市签订了《深入开展渝黔线平安边界创建活动协议书》,成立了渝黔线平安边界创建工作领导小组。

新时期政区命名对策研究

牛汝辰

行政区划名称的命名是否科学合理，反映了一个国家行政管理水平和科技发展水平，其称呼和书写是否正确统一，关系到国家主权和国防建设，关系到民族团结和经济发展。一个时期以来，我国现行的行政区划命名存在许多不尽如人意的地方。要解决这个问题，最根本的办法就是尽快建立我国行政区划通名的科学体系，使之科学化、系列化和规范化。

一、问题的提出

新中国成立后，党和政府对行政区划专名的命名十分重视。早在新中国成立初期，中央就发布了一系列有关行政区划专名的指示，对行政区划专名进行了清理整顿。1951年5月16日，政务院发布了《关于处理带有歧视或侮辱少数民族性质的称谓、地名、碑碣、匾联的指示》，同年12月19日，政务院又发布了《关于更改地名的指示》，对行政区划专名的整顿、更改作了原则性的规定，明确了更改的目的和任务。1952年11月8日，政务院颁布了《关于处理行政区划变更事项的规定》，进一步明确了行政区划专名的审批权限、报批程序和变更原则。1964年12月17日，内务部根据周恩来总理的指示，向各省、自治区、直辖市下发了《关于请对县以上地名等审查提出更名意见的函》，要求各地对县以上地名进行全面审查，并规定了审查更改范围。根据上述要求和规定，各地对有关的行政区划专名进行了全面的清理、整顿，作了必要的更改，取得了较大的成就：①更改了带有大汉族主义和封建主义、有歧视或污辱少数民族意思的行政区划专名。②更改了带有大国沙文主义、不利于邻国友好和带有帝国主义侵略色彩的行政区划专名。③更改了容易引起混淆的市县重名的行政区划专名。④更改了用人名命名的行政区划专名（保留了少数为纪念革命烈士而命名的专名）。⑤更改了用字生僻、难认难读难写的行政区划专名。

自 20 世纪 80 年代中后期开始，我国进行了广大范围的行政区划地名研究，取得了许多研究成果，但很多问题仍没有得到真正解决。

近期，我国已经开展了全国第二次地名普查，为了更好地提高地名普查成果的质量，规范政区名称，理顺行政区划命名体系，就需要加大力气进行系统研究，以高效推动我国政区名称命名的科学化、系列化和规范化步伐。

二、当前行政区划命名中存在的问题

1. 市的多义和变义

作为行政区划的单位或通名，要求它有专一性，例如按《中华人民共和国宪法》的规定：省是地方的（第）一级行政区划单位或通名，县是地方的（第）二级行政区划单位或通名。而"市"缺乏单一性，在我国有直辖市、县级市，还有地级市、计划单列市、省辖市等，我国现有的建制市至少可分出四五个级次。

2. 区的多义

包括省级的自治区，地级的地区和直辖市所辖区，县级的林区等，加上计划单列市所辖的区和地级市下辖区，我国现有的建制区至少可分出五六个级次。

3. 县级行政区划名称混乱

据统计，有县、自治县、旗、自治旗、林区，以及地级市辖区、县级市等，名称之多不下于八九种。

4. 省、地级行政区划单位也偏多

省级有省、自治区、直辖市名称；地级有地区、地级市、直辖市的区、自治州和盟等名称。

5. 镇的变义

镇是城市系统行政区划单位中最基层的单位，或说是最小的单位。建制镇往往是建制市的前身和雏形，因此在我国"七五"计划中明明白白提出："1990 年，我国设市城市发展到 400 多个，建制镇发展到 1 万多个。"很清楚，镇也应该是"点"状的。然而，在我国许多省市，自 1985 年以后实行了镇区合一的体制，把"区"（县政府的派出机构）一个虚的机构与"镇"的实体机构合一，有的地方是实行"两块牌子（镇政府区公所）一套班子"。这样，实行镇管乡制，把"镇"面状化，更有甚者还实行镇管镇制。

6. 省县、市县专名同名

如吉林省/吉林市；上海市/上海县；河北省的邯郸市/邯郸县，邢台市/邢台县，承德市/承德县；山西省的大同市/大同县，长治市/长治县；辽宁省的抚顺市/抚顺县，本溪市/本溪满族自治县，营口市/营口县，阜新市/阜新蒙古族自治县，辽阳市/辽阳县，铁岭市/铁岭县，朝阳市/朝阳县；吉林省的通化市/通化县；江苏省的淮阴市/淮阴县，南通市/南通县，无锡市/无锡县；浙江省的绍兴市/绍兴县，金华市/金华县；安徽省的芜湖市/芜湖县；江西省的南昌市/南昌县，九江市/九江县，上饶市/上饶县，吉安市/吉安县；福建省的莆田市/莆田县；河南省的新乡市/新乡县，安阳市/安阳县，商丘市/商丘县，许昌市/许昌县；湖北省的武汉市辖武昌区/武昌县，宜昌市/宜昌县；湖南省的长沙市/长沙县，株洲市/株洲县，湘潭市/湘潭县，衡阳市/衡阳县，邵阳市/邵阳县，岳阳市/岳阳县，益阳市/益阳县；四川省的宜宾市/宜宾县；贵州省的遵义市/遵义县；甘肃省的临夏市/临夏县；新疆维吾尔自治区的乌鲁木齐市/乌鲁木齐县，和田市/和田县，伊宁市/伊宁县；等等。

7. 民族地方行政区划名称不统一，且字数较多

在自治区、自治县名中，有的加"族"字，有的不加；有的县名最多达15个字之多，如"积石山保安族东乡族撒拉族自治县"，作为政区地名，这不仅给地图注记造成困难，在日常生活工作中也难于记忆和交流。

三、中华命名观

命名问题自古以来就是哲学家和语言学家关注的重要问题。关于命名观，在我国春秋战国时期，曾对名与实的问题有过热烈的讨论。名与实的关系问题，就是概念与事物的关系问题。春秋战国时期以惠施和公孙龙为代表的名家认为，概念应该真实地反映客观事物，提出要"审其名实，慎其所谓"（《公孙龙子·名实论》），即要根据新的"实"来慎重地重新命名。公孙龙认为，在名实关系中，实是第一性的，名必须符合实际。他提出："名，实谓也。""天地与其所产焉，物也。物以物其所物而不过焉，实也。"（《公孙龙子·名实论》）这一思想与荀子（约前313—前238）提出的"制名指实"观点基本相同。对名实关系问题作过深入研究的后期墨家也提出了"实"为第一性，"名"为第二性，"名"，须符"实"的思想。他们认为："所以谓，名也；所

谓，实也；名实藕，合也。"（《墨子·经说上》）以上各家都认为"名"应当与"实"相符，即"名"要能够反映事物的特性，所谓"名副其实"与"实"相符的"名"，就是正确的；反之，就是不正确的。

孔子"正名论"中的"名不正，则言不顺"的观点，主要是从社会伦理的角度提出的，旨在规范社会成员的等级身份。老子的"道可道，非常道。名可名，非常名。无名，天地之始。有名，万物之母。"主要是站在哲学的高度，从宏观面上来谈对世界的认识，世界是从无到有的。其后，庄子的观点中涉及名实关系的有："有名有实，是物之居；无名无实，在物之虚。""道行之而成，物谓之而然。"可见，庄子认为客观具体的事物是有名称和实体的，是可称说的；而抽象无形的事物，即道德规律，则是没有名称和实体的，只能靠践行。公孙龙的"白马非马"论，虽然认识到名称词语对事物的指称和区别作用，但是又过于机械偏激了，认为"白马"和"马"由于名称的不同，就是完全不同的事物。实质上是公孙龙还没有更深入地了解到事物和名称进一步的内部层级对应关系。

春秋墨子之后的儒家荀子不仅阐明了名的实质和名的形成过程，提出了名的形成乃是人们社会交往和约定的产物："名无固宜，约之以命，约定俗成谓之宜，异于约则谓之不宜。名无固实，约之以命实，约定俗成谓之实名。"名实关系是人们以一种大家都能够理解的方式为事物命名，所得的名一旦被大家接受，便形成习惯，对该事物的名实关系也就固定了。

1. 汉语命名的基本特征

中国政区命名，必须符合汉语的特点和汉语的命名规律，这样的命名才会得到社会认可、生命长久、避免歧义。汉语地名命名包括三个要素：语言要素、社会（市场）要素和法律要素。在汉语专名的命名中，语言的作用格外关键，这是因为汉语的命名比较严格地遵循汉语的语言规则。

如果要理解中国的地名结构，我们首先必须对汉语的构词有一定的了解。在现代汉语中，构词的主要途径是合成法，也就是把两个或者两个以上的词组合起来，比如说，"主—席""北—京"。汉语语言学家把这种词称为双语素合成词。在语言学的定义中，词是语言中能够自由运用的最小单位，语素则是语言中最小的、有语义的单位，两者唯一的区别就是词是否能够在句子中自由出现，而语素却不一定。汉语中约有 9400 个语素，而常用的只有 3500 个语素。在古汉语中，所有的语素都是自由语素，因而可以单独使用。

但是，现代汉语中的语素大多数都是不能单独使用的非自由语素，因而要想成为词的话，就必须经过合成。汉语语素的另一个特征是单音节性，所谓的单音节性指的是一个语素就是一个音节，一个汉字代表一个语素或音节，一个双语素合成，组词就写成两个汉字。如"上海"，"上"和"海"都是黏附语素，当二者结合在一起的时候，就构成了一个非常有名的词——"上海"，这个词由两个语素组成，有两个音节。现代汉语中超过 70% 的词都是这种双音节合成词，地名的双音节化比例更高，所以语言学家把汉语称为双音节语言。我们在这里之所以强调汉语的语素和音节特征，是因为汉语对词的节律有特殊的要求，说现代汉语的人对韵律词（双音节词）有强烈的偏爱。了解上述汉语构词的语言特征是非常重要的，因为汉语名称的构成和构词是一致的。汉语中的名称，不管是地名、人名还是品名，大都是通过合成 3500 个常用语素而形成的，并且绝大多数的名称都是双音节。所有的双语素名称都由两个汉字表示，由此我们可以得出汉语命名的三个显著特征：

第一，绝大多数的名字是有意义的，因为命名的语素本身就是有意义的语素。在这里理应强调的是，当人们从词典中选词构名，必须慎重考虑词的各种含义。

第二，汉语取名不可能像英文命名那样随意，汉语名字必须受到下面因素的制约：①选名的范围一般局限于 3500 个常用语素。②命名必须符合构词法。③在地名的命名中，大多以偏正结构组成。

第三，影响汉语命名的重要语言特征就是声调，而命名者往往忽略了这一特点。汉语是声调语言，普通话有四种不同的声调：阴平（第一声）、阳平（第二声）、上声（第三声）和去声（第四声）。我们通常采用汉语语言学家赵元任先生的"五度标调法"，把声调中音调的高低分为五度，用 1、2、3、4、5 来表示，1 表示最低的音高，3 表示中音高，5 表示最高的音高。第一声（声调为 5 - 5）和第二声（声调为 3 - 5）有一个共同的特征，即都是以高音结尾，于是我们把它们列为高声调（H）。第三声（声调为 2 - 1 - 5）比较复杂，它有一个先下降后上升的过程，但是，这样一个完整的过程只有在单独读词时才表现出来，通常在连读的情况下，这种声调只读一半，即 2 - 1，因此一般而言，我们把第三声和第四声都看作低声调（L）。在对汉语人名命名的研究发现，说汉语的人在取名时对高声调有强烈的偏好，说普通话的人取名时用高声的第一声和第二声的词素远远高于低声的第三声和第四声的词素。有学者对中国香港人的姓名所做的研究也得出了相似的结论，人们倾向用广东话中的高声调词素取名。很明显，从偏好的角度出发，声调在汉语的命名中被分成了不同的等级，高声调获得了更大的偏好。

2. 汉语地名命名的基本原则

（1）汉语地名多是双音节合成词。地名的专名绝大部分是双语素/双音节的合成词，由于地名中的"双音节主义"反映出汉语对双音节的强烈偏好。因此，在分析的时候，我们将用音节来代替语素的说法。汉语言学家们发现，双音节是节律构词中的基准节奏，说汉语的人对双音节词有强烈的偏向，因此，在地名方面，对说汉语的人而言，双音节地名更容易辨识、发音和记忆。

（2）合成地名的第二个音节多为高声调。研究表明，在分析的这些品牌当中，X–H型的声调组合（H表示高声调，X则可以代表所有的声调）占73%左右。我们不难看出，第二个高声调的音节在获得响亮的发音效果方面扮演了显著的角色，响亮的名字进而又使得名称听起来比较悦耳和动听。

（3）命名遵循"修饰语＋名词中心语"的偏正模式。在商业命名中有约78%的名称具有"修饰语＋名词中心语"的合成结构，即名字的后一部分是一个名词，是中心语，前一个语素则是该名词的修饰成分。举品牌"白猫"为例，"猫"是中心词，"白"是修饰词。在汉语中，"修饰语＋名词中心语"是最普遍的合成模式，这样的词容易理解，这正好符合品牌名称简洁易懂的标准。

（4）命名追求音意俱佳。避凶趋吉是中国人的命名特点，因此大多名字吉利吉祥。如选择那些中国人喜爱的动物、植物的名称或者其他在中国文化中寓意吉祥的名称来赋予品牌一个积极的、正面的含义。地名也是如此。

3. 汉语地名命名的五忌

（1）忌用字冷僻。要让别人记住一个地名或者你的名字，首先要让别人认识这些名称。如果别人都不认识，怎么会记住这些名称呢？以冷僻字、多笔画字或不规范字取名，正是影响名字传播的主要原因之一。

（2）忌雷同重名。名称是相互区别的特定标志，而遗憾的是，我国目前名称雷同现象越来越多。名称的雷同给社会交往带来了很大的不便和误导。

（3）忌用多音字。命名用多音字，就像使用冷僻字一样会给人们的称呼带来很大的不便。以多音字命名，名字有两个或更多的发音时就更容易让人感到无所适从。

（4）忌字义不吉。含义不吉利是取名字的一大忌，因为它不但让人对名称的主体产生不好的联想，更重要的是它会影响到别人对名称主体的接受。

（5）忌谐音不佳。地名命名中如果谐音不佳，会给人们带来不佳的联想。人们都有趋吉避害的心理，如果这个地方的名称不吉利还会影响到这个地方的经济发展。

四、行政区划命名更名的原则

根据以上汉语命名观及其汉语命名原则和规律，制定以下政区命名原则。

1. 逐一摸底探源，加强对行政区划名称的系统研究

对现有的行政区划名称逐一搞清它们的语源、词义和演变过程，为制订区划名称命名更名方案提供科学依据。

2. 制订更名方案，以稳妥为原则

在深入调查研究的基础上，制订若干方案，进行可行性研究和比较研究，并充分预计可能出现的各种问题，研究具体的解决方法。在制订更名方案时，需要注意的是：①能通过其他办法变通解决的，尽量不变或少变行政区划名称。②对可改可不改的，不随意变更，例如吉林省和吉林市，专名重名而又不驻一地，但人们对它们比较熟悉，因此就不必变更，否则反而会引起新的混乱。③对一时拿不准的，不盲目列入变更方案。④对非改不可的，要尽量在现行法规规定的范围内进行。

3. 依轻重缓急、先易后难原则，有计划分步骤地实施改革方案

一是要利用各种机会和渠道，广泛宣传实施改革的必要性和可行性，增强群众的心理承受能力，保证改革的顺利进行；二是对已经看准，涉及面不大或当前非改不可的，要下决心花大力气尽可能在较短的时间内完成，以免久拖不决；三是对难度较大，涉及面较广，紧迫性不强，特别是需要更改现行法规的，不能操之过急，应将其纳入总体改革范畴，分步落实。

4. 逐步消除县级政区名称的同音问题

要把行政区划名称的语音、词义、起源等作为行政区划变更报告的重要内容之一。近年来在行政区划变动方面已做了大量同名的更名工作。要防止在行政区划调整过程中出现新的重名及异字同音等问题。例如1983年山西省撤销忻县，设立忻州市，忻县地区更名为忻州地区，结果和湖北省新洲县（今为新洲区）同音。

5. 通名的同级专用

行政区划通名要明确代表该区划的性质和级别，不要使其多义，同一级别的通名尽量统一。如县级行政区划应都称县，不宜用林区等通名，以免级别概念的混淆。省级行政区域，原则上都应称省，自治区可改为自治省。我国古代实行的二、三级行政区划制，各级都用不同的通名区分，用字是十分清楚的。如秦时的郡、县制；魏晋南北朝时期的州、郡、县制；唐宋时期的道（路）、州、县制等。宋以后就有点乱了，不太符合通名的同级专用原则。历史的经验教训是值得研究和吸取的。

6. 通名要明确简洁

行政区划通名作为地名的一个组成部分应该十分简洁，一般应为一个字，特殊的可两三个字。通名过长，读写均很累赘。此外，在人们口语中，多音节地名，往往只读双音节，而省略了后面的通名。如口语只讲"顺义""昌平"，省略区字是不会发生歧义的。但"黄山市"，就不能省略通名了。如果省略了通名，就会造成误会，误解为黄山。所以，除了通名要简洁专用外，专名中尽量避免出现通名用字。

7. 通名系列化

行政区域通名的系列化就是要建立一个符合当前行政区划建制的通名科学体系。新中国成立后，逐步形成了一个符合我国实际情况的三大行政区划管理体系，即农村行政区划管理体系、城市行政区划管理体系、民族地区行政区划管理体系。这三大体系是对古代单一农村行政区划管理体系的重大发展，是我国政治、经济发展的正确反映，是符合我国国情的。根据这三大系列，调整和改革现行行政区划通名系列，建立科学的、规范的行政区划通名系列是十分必要的。摒弃一些混乱的叠加通名，在现有通名基础上，使用简洁的通名用字，略加调整，即可得到满意的效果。孙关龙先生提出的调整改革方案（见《中国地名》1992 年第 2 期《我国行政区划通名的科学体系》一文）的建议是很好的，他把农村型行政区划通名系列归纳为省、县、乡；城市型行政区划通名系列归纳为都、市、镇、区、坊；民族型行政区划通名系列归纳为自治省、自治县、自治乡，整个系统共 11 个通名。

五、政区名称的命名构想

1. 专名

（1）如果行政区划未变，但两级行政区划专名相同，政府机构又不驻一地者，往往给人们的工作、交通、生活、邮电都带来不少困难，这种情况应择其一更改其专名。

（2）用字生僻的或不符合正音、正字的行政区划专名，可结合行政区划调整逐步变更，其中不符合正音、正字的，也可以通过正音、正字的办法加以解决。

（3）对于通名重叠的问题，用现有行政区划通名作为专名的，其中用"国"字的不变更；用"市""县"字的要尽快更名；用"镇""乡"字的可逐步变更；用自然聚落通名作专名的，不必更名，如确有必要，可在调整行政区划时一并解决；用历史上行政区划通名作为专名的，不必更改，但在今后的行政区划工作中应注意这类问题。名山大川在人们心目中具有特定的空间形象，而且名声很大，国内外皆知，又多为风景旅游区，应当维护其特定空间形象，避免专名的泛指。况且县级、地级市的名气与国内外著名的名山大川之名也不相匹配，没必要以名山大川来更改其原有名称。深圳、浦东不是以名山大川命名，经济发展很快，而屯溪市改为黄山市，崇安县改为武夷山市，也不一定会因为更为山名经济才有明显发展，相反给交通、邮电、人们交往带来更多困难。"祁红屯绿"是很有名的，改为黄山市，屯溪绿茶也被埋没了。地名一改，原来这些信息内容都要重新在国内外认定，这就需要时间。

（4）民族自治地区行政区划名称统一由专名、族名、通名构成，除三个自治区暂不变更外，其他不带"族"字的必须加"族"字，没有通名的必须加通名，各族自治县改为某某族某某族某某族等族自治县，撤销民族市辖区和民族镇，改为市辖区和镇。

（5）全国市辖区（县级）名不得重名。

（6）行政区划建制变动而所辖区域未作较大调整的，一般只更改通名。

2. 通名

在现阶段的县改市过程中，可采用改通名不改专名的办法。随着社会经济的发展，农村行政区划管理体系中一部分地区转入城市行政区划管理体系，这也是符合社会发展规律的。如只是行政区划体系改变，区域范围未作变更，那么原有名称的专名也不宜更改，只变动通名即可。在我国县级名称中有不少其专名是单音节的，随着语言的演化，人们喜欢用双音节的专名。于是四川的达县，改市时就改为达州市了。关键"县"是当今行政区划通名，州是古代行政区域通名，自治州又是当今通名，通名重叠，一旦口语中脱落了通名，地名的含义就改变了，自然会造成混乱。区划通名的改革可分两步走。

（1）第一步，在现行法规规定的范围内进行，撤销旗、自治旗和盟、苏木，相应地改为市、县、自治县和地区、乡，初步理顺行政区划通名体系的横向结构，一律撤销县辖区，基本理顺"区"这个通名，这样行政区划通名体系为：省级（省、自治区、直辖市）、地级（地区、自治州、地级市）、县级（县、自治县、县级市、市辖区）、乡级（乡、民族乡、镇、街道），可以分为三个子系统：①普通型行政区划通名体系：省、地区、县、乡。②民族自治地区行政区划通名体系：自治区、自治州、自治县、民族乡。③城市地区行政区划通名体系：直辖市、地级市、县级市和市辖区、镇和街道。

（2）第二步，结合实施行政区划宏观战略，彻底理顺行政区划通名系统；适当划小省区，将自治区改为自治省，撤销地区和自治州，原由自治州管辖的县，改为相应的自治县，市的法律地位一律平等，不分地级和县级，亦不再领导县，由省、自治区、直辖市直接管辖县、自治县、市，为便于管理和分类指导，市、县、自治县根据人口、面积、经济社会发展水平分为若干等，特等市在必要时可下设若干个管理署，作为市政府的派出机构，街道由虚变实，改为一级政权实体。按照上述改革方案，我国的行政区划通名系统简化为：省级（省、自治省、直辖市）、县级（县、自治县、市、市辖区）、乡级（乡、民族乡、镇、街道）。三个子系统相应改为：①省、县、乡。②自治省、自治县、民族乡。③直辖市、市和市辖区、镇和街道。

3. 政区名称表示方式

（1）直辖市、地级市、县级市、市表示方式：为了解决点面不分、一词多义的问题，我们将直辖市、地级市分为全市、市区和中心聚落三种不同的表示方式，分别用某某市地区、某某市市区和某某（行政区专名）来表示。县级市和行政区划通名改革第二步完成以后的市分为市区和中心聚落两种表示方式，为了区别直辖市和地级市对市区的表示方式，用某某市表示县级市和市的市区，也即全市范围。

（2）行政区驻地表示方式：在用文字表达时，统一用中心聚落名称。例如，中华人民共和国首都——北京，河北省省会——石家庄，内蒙古自治区首府——呼和浩特，凉山彝族自治州首府——西昌等。

（3）地图表示方式：在大比例尺地图上，用散列式注出各行政区全名，用聚落符号标明其行政机关所在的位置，并在驻地符号旁边标出驻地聚落名称。在小比例尺地图上，当某一级政区无法标出行政区界限时，在驻地符号旁边优先表示驻地聚落名称，在可能的情况下，标出专名与驻地名称不同的政区全名，并括注驻地聚落名称。

六、总结

行政区划的改革主要是区划通名的改革。区划通名的改革可分两步走：第一步，在现行法规规定的范围内进行，撤销林区、旗、自治旗和盟、苏木，相应地改为市、县、自治县和地区、乡。行政区划通名体系为：省级（省、自治区、直辖市）、地级（地区、自治州、地级市）、县级（县、自治县、县级市、市辖区）、乡级（乡、民族乡、镇、街道），可以分为三个子系统：①普通型行政区划通名体系：省、地区、县、乡。②民族自治地区行政区划通名体系：自治区、自治州、自治县、民族乡。③城市地区行政区划通名体系：直辖市、地级市、县级市和市辖区、镇和街道。第二步，彻底理顺行政区划通名系统，我国的行政区划通名系统可简化为：省级（省、自治省、直辖市）、县级（县、自治县、市、市辖区）、乡级（乡、民族乡、镇、街道）。三个子系统相应改为：①省、县、乡。②自治省、自治县、民族乡。③直辖市、市和市辖区、镇和街道。

（作者单位：中国测绘科学研究院）

传承文化与方便群众相结合
妥善处理地名重名现象

张清华

地名重名，即异地同名，或称一名多地，是指一定范围内的不同地理实体使用了完全相同的名称，就地名用字而言是读音和书写形式完全相同。对重名现象进行标准化处理，是这次保护地名文化和清理整治不规范地名工作的重要内容之一。现结合地名重名现象的历史、成因和影响，以城区内部道路为重点分析如何妥善处理地名重名问题。

一、不同层次的重名现象

地名重名是我国历史上一种常见现象。据华林甫先生统计，我国历史上针对重名现象，进行过六次大规模的更名，其中 1914 年的更名规模最大。当时的《政府公报》称："二县同名者七十四，三县同名者十有二，四县同名者四，五县同名者三，六县同名者一。"全国有 4 个"东安县"、5 个"太平县"、6 个"新城县"。通过更改 126 处地名，实现全国范围内县级政区基本不重名。

古代重视的重名问题主要是针对县级政区地名而言。随着社会发展，人们对地名信息准确度的要求也极大提高，现在的重名问题已不囿于县级政区地名。1996 年颁布的《地名管理条例实施细则》第八条作出规定："一个县（市、区）内的乡、镇、街道办事处名称，一个乡镇内的自然村名称，一个城镇内的街、巷、居民区名称，不应重名。"强调在一定区域内同类同级地名不得重名。

目前全国范围内县级以下政区地名中，如果不分通名，只计专名相同的地名，重名率是很高的。以 2014 年重庆的乡级政区地名为例，通名、专名、读音及书写形式都相同的"三同"地名共有 37 组 76 个。比如，兴隆镇就有 4

个，分别在渝北区、南川区、奉节县、酉阳土家族苗族自治县；仅专名、读音及书写形式完全相同的"二同"地名有 74 组 167 个。比如，有 1 个双龙乡，4 个双龙镇，分别在彭水苗族土家族自治县，长寿区、丰都县、云阳县和巫山县。从全国范围来看，2014 年专名为"太平"的乡级政区有 76 个，分布于四川、广东、云南等省；专名为"新城"的乡级政区有 57 个，分布于甘肃、河南等省。

与政区名称相比，城区内部道路重名更为普遍。2015 年深圳市规划国土委统计，查明的重名道路有 700 多条，同富路多达 12 条，建设路共有 10 条，公园路有 10 条，人民路有 9 条，创业路 7 条。上海全市范围内有 155 条道路重名，其中车站路有 5 条，育才路有 7 条。温州市区有 211 条道路"重名"或"一路多名"。绍兴市区重名的道路有 32 条，其中越城区和上虞区道路重名的最多，达 21 条。

以上重名现象说明指代地域越小的地名重名现象越多。随着社会交往日趋频繁，数据信息交换不断加快，与人们日常生活密切相关的道路名称等"小"地名重名的副作用日益显现，逐渐成为地名标准化工作的重点和难点。

二、重名现象成因及其影响

地名重名的产生，经历了一个历史过程。历史上受经济社会发展水平的限制，地名产生的速度较低，出现重名的概率也相对较低。在相对独立的两个或两个以上地域范围内产生的一些读音、书写相同的地名，是当地群众约定俗成的，在一定时期内和不同地域范围保持各自稳定。这种重名现象在信息不发达、社会交往活动不频繁的条件下，影响力和影响范围都很有限。当今社会，经济快速发展和城镇化建设迅猛推进带来了更多的重名现象。一方面，随着大规模城市建设，大量建筑物名称涌现。近 30 年来，我国城乡面貌发生了巨大变化，城市数量由 356 个增加到 656 个，城市建成区面积由不到 1 万平方千米增长到 4.6 万平方千米，每年新产生的地名数以万计，极大地增加了地名重名的概率。另一方面，因为区划调整等原因，原本不属于重名范围的地名出现重名现象。如南昌市新建县撤县设区之后，10 条道路与城区其他道路重名。地名管理法规滞后、措施缺乏、手段单一也在客观上增加了地名重名的可能性。

地名重名给日常生活和地名标准化带来了负面影响，使地名失去了区别性、唯一性。地名指位的混乱导致社会基础信息不准确，给通信、邮电、交通、户籍、急救、消防等带来了困扰，影响了正常的商业活动和人际交往，带来诸多社会治理方面的问题。随着经济全球化和现代科学技术的飞速发展，对地名标准化的要求越来越迫切，地名重名极大地制约了地名标准化进程。解决地名重名问题既是现实需要也是地名标准化的内在要求。

三、妥善处理地名重名

妥善处理地名重名，需要时间和过程，不可急于求成，要本着既传承文化又方便群众使用的原则，在进行充分论证评估的基础上，有步骤、分阶段、抓重点地进行。从总体上来看，应重点做好三方面的工作：

1. 搞好地名普查，掌握存量地名信息

准确把握存量地名信息，是解决地名重名问题的必要前提。要抓住全国地名普查之机，查清地名及相关属性信息，建立、完善各级国家地名和区划数据库，解决目前地名数据不新、不全、不准的问题。在此基础上，建立政府相关部门互联互通、实时更新、实时查询的地名地址数据库及地名管理系统。在地名命名申报、备案时，相关单位和个人利用地名地址数据库的大数据作为支撑，对已有地名和拟命名地名进行严格查重处理，以技术手段避免地名重名现象。

2. 实施地名规划，避免新的重名

地名规划是对一定时空范围内的命名更名、地名文化等各项地名工作作出整体部署和设计，对于增强地名管理的前瞻性和科学性，推进地名标准化具有重要作用。通过地名规划进一步增强专名序列化和通名层次化，实现规范通名和优化专名相统一，有效推动地名体系不断完善。要适应新型城镇化快速发展的现实要求，通过地名规划对大量新的地理实体进行合理命名，及时向社会发布准确的标准地名，从源头上管好"增量地名"，减少重名现象。

3. 多种措施并举，清理已有重名

对于已出现的重名地名，需要分层次、抓重点处理。对确需更名、调整的，要坚持《地名管理条例》"地名要保持相对稳定"的原则统筹考虑，结合地名的知名度、使用时间、调整成本等因素提出处理方案，并按照法定程序进行更名。具体措施主要有：

一是保持通名不变，通过启用"别名""曾用名"或新命名等方式解决重

名问题。如苏州市吴江区人民路更名为开平路。2012 年 8 月，经国务院批准，吴江市撤市设区，随之而来的是吴江区的人民路与苏州老城区人民路出现重名。根据相关规定，吴江区提出将吴江区人民路改为开平路的更名方案。"开平"是五代中后梁的年号。开平三年（909），吴越王钱镠奏请后梁同意，割吴县南地、嘉兴北境，置吴江县，属苏州，吴江自此立县。将原吴江县的人民路更名为开平路，可以很好地体现吴江历史，有利于文化传承。

二是原专名、通名均保留不变，通过添加区域限制词或方位词（如东西南北、前后、上下、左右等）或修饰词（如大、新）等方式解决重名问题。如北京有多个叫"黄庄"的地名。"黄庄"本称"皇庄"，源于明洪武年间，即皇室直接经营的庄田。"皇庄"作为地名一直流传到清代。辛亥革命取消帝制，以"皇"字相称的地名被"黄"字代替，"皇庄"改称"黄庄"。修建地铁时，有关部门将 10 号线上的黄庄一站命名为"海淀黄庄站"，通过增加区域限定词，既传承了历史文脉，又增强了地名指位性。如北京西城区有两个"玉带胡同"，后通过增加方位词，分别改为"北玉带胡同""南玉带胡同"。

三是保持专名不变，依据地名相应等级，通过更换通名的方式来解决重名问题。如"轩辕路"重名，将等级较高的道路更名为"轩辕大道"等。需要特别说明的是，这种处理方法，一般用在专名难以更改且等级相差较大的道路上，是一种特殊的处理方法。

（作者单位：民政部地名研究所）

改"鄂"为"楚"？何必折腾

胡阿祥

近来，湖北省的简称改"鄂"为"楚"的议论颇是热闹，以当地的部分专家学者、工商界人士乃至政府官员为主的正方，摆出的理据是这样的：首先，"鄂"不可不废，因为其音同"恶"，其形望文生义也是大不吉利，两"口"表示两人之间发生了口角，一"阝"意味着领导偏听偏信，一"亏"则代表了如此这般的结果，大家都吃了亏；其次，"楚"不可不用，由词句而成习语的"极目楚天舒"意境甚佳，不仅反映了视力极好，而且表达了心胸广阔，至于"楚文化"云云，更是博大精深，令人向往乃至神往。那么身份、成分复杂的反方理据又何在呢？大体归纳如下：清代湖北省会武昌是隋朝以降的鄂州治所，有历史渊源；习惯成自然了，改了会不习惯；"鄂"为湖北一省独享、"楚"属多省共有资源。

正方反方，理据都显得充足，而如此一来，事情也就麻烦了：改"鄂"为"楚"，还是仍"鄂"不变，实在纠结得很！

我忝列末议，不妨先表明一言以蔽之的态度：何必折腾！

一、国人的名号情结

为什么我的态度是何必折腾呢？担心此例一开，伊于胡底！这话怎么说？按照上述贬"鄂"褒"楚"的逻辑推衍开来，大概会有无数的地名要改。

众所周知，中国人特别是中国的主体民族汉族人，有意识无意识地都具有浓厚的名号情结，这名号包括人名、地名以及其他种种专有名称。其中的原因当然很多，而非常重要的一点在于方块汉字。依据象形、指事、会意、形声等原则造出的汉字，不同于拼音文字，拼音文字只是一堆字母的组合，我们往往看不出多少的奥妙（也有例外，比如日本殖民朝鲜半岛期间，改 Corea 为 Korea，如此 Japan 就排在 Corea 前面了）；汉字就不一样了，它的音、形、义纷繁复杂、变化不定，不仅可以"望文生义"，如果以细密的工夫进行分析的话，那有时简直就是个无底洞。所以殚精竭虑地取名定号，就成为古往今来中国文化的一大特色，甚至一门传统学问。只是虽然如此，还是有许多的名号经不起"分析"。

举些例子。前两天在某处高速公路休息区，看到大大的"昌记粽子"广告，同行的老教授干笑了几声，我明白他笑的是这"昌记"的谐音太不文雅。南京有片区域叫"南湖"，由于历史的原因，社会治安方面的确存在"难糊"的问题，导致的结果是，南湖所属的建邺区为新城大量命名道路名称时，强烈排拒"湖"字，弄出了一批毫不相干的"山"来，说是蕴含了积极向上、勇攀高峰的意思。我家附近，有龙阳大酒店、月月红小吃，文化水平高些与生活经验多些的人，看到这样的店名，大概都不敢光顾吧。

再扯远些，三国时的蜀汉，开国皇帝是刘备，继承刘备做皇帝的是他的儿子刘禅，就是那个"扶不起的阿斗"，刘禅后来投降了曹魏。蜀汉为什么二世而亡？当时的大学者谯周说是名字出了问题，备是准备，禅是禅让，这不明摆着准备好了禅让给人家吗？不过谯周可能忘记了刘备还有个养子叫刘封，封+禅就是"封禅"，那可是皇帝才能主持的拜祭天地的仪式啊。又同样是做名称的文章，秦始皇建立的秦朝，"秦"在拆字先生那里，是取"春"字的字头、"秋"字的偏旁合成的，寓意春秋循环、传之万年，不过秦朝也是二世而亡，这又怎么解释呢？再如"支那"，从前日本人喜欢称我们为"支那"，我们很不喜欢这个称呼，为什么？字面意思就很不好啊，"支那"，支解那里，所以我们反戈一击，按照英语 Japan 的发音，选了"假扮"这两个字称呼日本。

诸如此类的"说文解字"，"水平"不可谓不高，道理当然也是有的，但是，我们又能怎样？都改吗？那就改不胜改了！

二、"鄂"与"楚"的较量

简单交代了肯定与"鄂楚公案"关联的历史文化或者心理暗示的背景之后，我们顺着这样的思路，来看"说文解字"里的鄂与楚，到底孰优孰劣。

"鄂"字不细说了，必欲除之而后快的正方已有"周详"的贬斥。只是这种种的贬斥，多属浅薄的附会。按照字义的正解，鄂是形声字，其声读作咢，

"咢"是徒手击鼓的意思，其形旁"阝"就是"邑"，邑是城市的意思，如此组合起来，鄂的意思其实蛮好的。那么正方力挺的"楚"又怎么说呢？我国第一部系统分析字形和考究字义的字书、东汉许慎所著的《说文解字》是这样解释的："楚，丛木。一名荆也。从林，疋声。"楚就是疋于丛木之中，直白些讲，就是行走在森林中（疋，足也，脚也），或者换言之，披荆斩棘吧。比较一下：击鼓传声的城市的"鄂"与披荆斩棘地行走的"楚"，孰优孰劣？说不清楚，差不多吧。

再看鄂、楚二字的使用情况。鄂主要是作为地名使用的。最为人熟知的鄂，早期有西周时楚的封国鄂（在今湖北鄂州市）、战国时屈原《楚辞·九章·涉江》里的"乘鄂渚而反顾兮"的鄂渚（在今武汉市黄鹄山上游不远处的长江中），晚些的鄂，有鄂县（秦始置，在今鄂州市境内）、鄂州（隋始置，在今武汉市境内）等，现在则是湖北省简称的鄂。鄂当然也有其他的引申义、假借义，如边际、花托（咢通萼）、惊愕（咢通愕）、直言（咢通谔）等。楚呢？作为地名使用的楚，比鄂的指称空间要大得多，如果说历史上鄂主要是点状地名的话，那么楚就是面状地名了，而且是个变动很大的面状地名，这又联系着作为国家概念的楚。最有名的楚国，当然是先秦的楚国，西周时起初立国于荆山（今湖北南漳县西）一带，其疆域屡有伸缩，论其伸展，春秋时西北到武关（今陕西丹凤县东南）、东南到昭关（今安徽含山县北）、北到今河南南阳、南到洞庭湖以南，战国时更有扩大，东北到今山东南部、西南到今广西东北角，攻灭越国以后，又扩大到今江苏与浙江；次有名的楚国，是五代十国时马殷据今湖南、建都长沙、经历六主、凡56年的楚国；当然还有其他次次有名的楚国，这里就不说了。

值得强调的是，楚在地名义以外，其他的意思也使用得相当广泛，比如痛苦、刑杖、丛莽、华美、伧俗、鄙拙、整齐等，这其中，褒义与贬义参半，连带着组成的词汇，则既有楚天、楚材、楚腰、楚辞、楚骚等褒词，却更多诸如楚切（凄苦）、楚囚（处境窘迫之人）、楚凤（赝品、伪物）、楚氛（俗恶之气）、楚毒（古代炮烙之刑）、楚掠（拷打）、楚挞（拷打）、楚恻（悲伤）、楚梦（好梦不长）、楚楚可怜、四面楚歌等贬词或者不那么吉利、开心之词。而这样比较下来，还真不明白是"鄂"优，抑或"楚"好。

也许，单就字形的望文生义言，鄂劣楚优，鄂又是吵架、又是偏听偏信、又是吃亏，楚有双木，写照着自然环境的良好；只是这样拆字，我们姑且不盖"封建迷信"的大帽子，也显得太没文化了吧！如何地没文化呢？比如我们常当笑话讲的一些汉字瞎解：婺源的女子文武双全，婺就是女＋矛＋文啊；无锡意味着天下太平，因为那儿的锡山神奇着呢，有锡兵、无锡宁；江苏自古鱼米之乡，苏就是直接的反映；又晚清的私塾先生回答童生"何谓伽利略义大利人"的提问道："伽利略的意思就是赚大钱的人"；而同样的水平，当李鸿章的儿子要去担任驻葡萄牙公使时，李讶异地问："怎么葡萄也有牙？"而说句不怕得罪人的话：把"鄂"拆解为吵架、吃亏云云，岂非冬烘的私塾先生与糊涂的李鸿章大臣的同类？甚至有过之而无不及！毕竟，现在是科学昌明、文化繁荣的新时代啊！

退一万步讲，借用某些网友对"鄂"字的最新"考证"，上古三代时，鳄鱼也就是鳄鱼大量分布在长江流域，形成了以捕鳄为生的民族，也就是湖北的先民，变迁下来，湖北也就简称鄂了。果真这样的话，象征珍稀动物的"鄂"与标志苍茫丛林的"楚"，又有了难分胜负的对决了：树木绿化与动物保护，都重要啊；而且比较言之，窃以为"鄂"对于追求可持续发展、注重天地生人协调的湖北，还显得尤其紧迫：鳄离不开水，素有"千湖之省"美誉的湖北当下的环境问题，正在于水面的消失。提供两个令人惊心的数据吧：20 世纪 50 年代，湖北省有天然湖泊 1052 个，2000 年时仅存 83 个；同样的两个时间点上，江汉平原湖沼面积原有 3 万多平方公里，然而已有 80% 的湖沼面积消失。

三、算几笔账

收缩下话题，板起些面孔，具体来说现在热议中的、上文没有 PK 出优劣结果的、作为湖北省简称的鄂与楚问题。

首先，既然无所谓优劣，改鄂为楚也就失去了冠冕堂皇的文化理由。而且，说得严重一些，莫名其妙或者缺乏充分理由地改鄂为楚，还违反了中华人民共和国国务院发布的《地名管理条例》、民政部发布的《地名管理条例实施细则》、湖北省人民政府颁布的《湖北省地名管理办法》等诸多的法规。条例、细则、办法文繁不录，建议要求改鄂为楚的正方人士学习学习，这里不嫌啰唆地提醒一声：按照这些法规的规定，"可改可不改的和当地群众不同意改的地名，不要更改"；而按照这些法规的精神，即便要改的话，也绝非湖北一省说了算，上达国务院、下及全国人民，有着审批权或发言权，所以麻烦着呢。这是政治账。

其次，诚如反方的意见，这楚也不是湖北一家独享啊，博大精深的楚文化，大家都有历史的与现实的贡献。《史记·货殖列传》中有所谓西、南、东"三楚"的说法。"西楚"约当今淮河以北，泗水、沂水以西，相当于今河南中部及东部、安徽北部和江苏西北部；"南楚"北起淮、汉，南包江南，涵盖今安徽中南部、江西全境、湖南湘资流域及湖北东部地区；"东楚"跨江逾淮，东至于海，包括今江苏大部、安徽东南部及浙江北部地区。虽然时至今日，河南以中原文化为荣，江苏、浙江的江南部分喜欢打吴越文化牌；然而，湖南之为楚地，既为湘省珍视，江苏的若干地域文化中，楚汉文化也占有相当重的分量，又徐州既津津乐道为西楚霸王项羽之都，江西北部、安徽南部以及南京等地，也都喜欢自称"吴头楚尾"之地。简而言之，这与楚相关的各省各地各市，大概不会愿意出让"楚"的版权给湖北——尽管这是先秦楚国的起源地与中心区独享的。可以想见的是，假如湖北的简称改鄂为楚了，势必引起其他各方对失去的"文化"的追念与追索之情，相应地，也就拉开了与湖北的距离，或者疏远了与湖北的感情。这应该不是危言耸听吧！这是感情账。

再次，就湖北本省而言，改鄂为楚的动议，肯定也不是万众一心、全民拥护、举省同庆。道理很简单：真要改简称，起码荆、汉二字不比楚字理由少、底气弱。如荆，既是古代楚国的别称，用以纪念楚立国于荆山的历史，荆州又是传说中著名的三代九州之一，以及后来的州、府、路等名称，而"九曲回肠"的荆江，也是名气甚大；又如汉，汉江、江汉平原、武汉、汉口、汉阳，如此等等，"汉"在湖北省的使用场合与使用频率，与"楚"大体仿佛，而省会武汉的简称之一也叫汉，这就显得更有分量了。行文至此，笔者不禁杞人忧天起来：改鄂为楚，不会造成湖北内部鄂派、楚派、荆派、汉派之间的矛盾吧？鄂派、荆派、汉派完全可以拿出坚强的历史、地理依据啊！这是历史账、地理账，或者统称为文化账吧。

最后再算一笔算不清楚的经济账。早在 1991 年，我在大学讲义《地名学概论》中写过这么一段："地名的社会性要求地名具有一定的稳定性。更改一个县名，不仅影响邮电、交通，而且涉及本县各行政机关、企事业单位的公章、牌匾、信笺、票据、合同以及其他文件中名称的变更，还涉及他县、他省以及各个部门对该县地名的引用，牵连面极大。"这是陈年旧话了，但现在的情况更是可怕：时代已经进入信息时代，而与地名有关的信息一旦混乱，其损失将是无法估量的——这还是间接损失，至于直接损失或者说经济成本，听说襄樊市改名襄阳市，仅修改当地的各种地图、公章、证件、招牌的行政成本，就达到了至少 1 亿元人民币（这肯定还是非常保守的数字），这可都是纳税人的血汗钱啊！又不独仅此，现在全国一盘棋，地球也成了地球村，一个地方一时兴起改个地名，却让各国各地跟着被动埋单，这是不是有欠厚道？所以地名还是尽量保持稳定为好。稳定的地名，既方便社会使用，又保存历史记忆，何乐而不为呢？

（作者单位：南京大学）

中国行政区划溯源

浦善新

一、原始社会的社会组织体系

行政区划并不是从来就有的，而是伴随国家的产生而逐渐形成的。在国家产生以前，维系人与人关系的是原始社会组织，人们以原始群、血缘公社、氏族、部落、部落联盟等组织为单位，进行生产、生活，没有地域区划的概念，即所谓"大道之行也，天下为公"（《礼记·礼运篇》）。

人类幼年时期最早出现的社会组织——原始群（primitive horde）是很松散的社会集团，只有母系血统起一点作用，原始群规模很小，群体内实行"杂交的男女关系"（摩尔根《古代社会》，第47页），以生产资料公有、集体生产、共同生活为社会准则。《吕氏春秋·恃君览》说："昔太古尝无君矣。其民聚生群处，知母不知父，无亲戚、兄弟、夫妻、男女之别，无上下、长幼之道。""古者未有君臣上下之别，未有夫妇妃匹之合，兽处群居，以力相征"（《管子·君臣》）。"长幼侪居，不君不臣。男女杂游，不媒不聘"（《列子·汤问》）。"古之时未有三纲六纪，民人但知其母，不知其父"（《白虎通》卷一）。原始群是当时人类存在的必要条件，也是人类脱离动物状态之后的必然发展阶段。

早期的原始群很不稳定，类似于动物群，有分有合，游荡不定。随着采集、狩猎、捕鱼经济的发展，劳动中按年龄分工的出现，促使原始人群不断分化；又由于不同年龄的男女之间生理条件的悬殊所引起的反应，以及人们思维的进步，不同年龄组的人们不再愿意发生通婚关系，逐步排除了祖先和子孙、双亲和子女相互之间互为夫妻的杂乱性交关系，终于在旧石器时代早期（大约在300万—20万年前），形成比较固定的血缘群团——血缘公社（consanguinity commune）或血缘家族。马克思指出："一俟原始群团为了生计必须分成小集团，它就不得不分成血缘家族。""血缘家庭是第一个社会组织形式"（摩尔根

《古代社会》，第 20 页）。一个血缘家族就是由一个始祖母的后裔组成的过着游猎、采集生活的血缘集团，它既是一个孤立自存的生产生活单元，又是一个内部按辈互婚的群体，"所有的祖父和祖母，都互为夫妻；他们的子女，即父亲和母亲，也如此；同样，后者的子女，构成第三个共同夫妻圈子。而他们的子女，即第一个集团的曾孙和曾孙女们，又构成第四个圈子"（恩格斯：《家庭、私有制和国家的起源》，见《马克思恩格斯选集》第 4 卷，第 31—32 页）。在集团内部，人们集体生产，共同消费。中国血缘家族的典型代表有云南元谋人、陕西蓝田人、河南南召人。

随着渔猎、采集经济的发展和人类智力的提高，必然导致生产关系的变化，男女之间开始有了比较明显的分工，血缘家族的成员日益增多，造成生产和生活的困难，于是原有的血缘家族分裂为若干个新的血缘群团，使不同血缘集团成员之间的婚配——外婚制有了可能。同时，生产力的发展要求原来孤立的集团之间保持一定的联系。另一方面，在长期的生活实践中，内、外两种婚媾产生的两种完全不同的结果，使人们逐步意识到近亲通婚对人类体质的危害，促使人类开始自觉地限制血缘集团内部通婚。"这一进步是逐渐实现的，大概先从排除同胞的（即母方的）兄弟和姊妹之间的性交开始的，……最后甚至禁止旁系兄弟和姊妹之间的结婚"（同上书第 4 卷，第 33 页）。而"自一切兄弟和姊妹间，甚至母方最远的旁系亲属间的性交关系的禁例一经确立，上述的集团便转化为氏族（Clan）了"（同上书第 4 卷，第 37 页）。

人类大约在旧石器时代晚期（大约在 5 万—1.5 万年前）进入母系氏族社会。母系氏族是以母系血缘为纽带组成的一个社会生产、生活单位，具体地说，就是由一个女始祖繁衍下来的血缘组织，一般以女祖先的几代直系血亲为限。在母系氏族社会，生产资料归氏族所有，氏族成员共同居住，共同劳动，共同消费。

母系氏族社会经历了一个十分漫长的发展过程。在早期的母系氏族中（旧石器时代晚期），婚姻制度实行族外的群婚，人们只知其母，不知其父。至新石器时代，进入母系氏族的繁荣时期，婚姻制度由群婚转入对偶婚。当时，一个母系氏族公社往往构成一个村落，如果氏族人口较多，则分居在相邻的村落。

在母系氏族社会，氏族内部大体按性别和年龄形成简单的劳动分工，妇女在生产中起主要作用，加上按母系血统计算世系，决定了妇女作为氏族管理者的地位，一般以年长的女性为族长。族长由氏族议事会选举产生，氏族议事会也有权撤换族长，氏族内的每一个成年男女都享有平等的投票权。氏族首领负责领导生产、管理生活、对外联络等一切事务，但没有特权，一切重要的事都由氏族议事会讨论决定。"昔者神农无制令而民从"（《淮南子·氾论训》）。"刑政不用而治，甲兵不起而王"（《商君书·画策》）。氏族成员有相互援助的义务和血亲复仇的习惯，有共同的基地和共同的宗教节日，实行图腾制度，即以某种动物、植物或无生物为氏族的名号、标志，并视其为自己的祖先。《汉书·律历志》云："昔者，黄帝氏以云纪，故为云师，而云名；炎帝氏以火纪，故为火师，而火名；共工氏以水纪，故为水师，而水名；太皞氏以龙纪，故为龙师，而龙名。"氏族的任何成员都不得在氏族内部通婚，财产由氏族集体继承。氏族有权给本氏族命名。有时氏族可以接纳外人为养子，养子和其他氏族成员享有同等的权利。

进入母系社会晚期，随着耜耕农业和畜牧业的发展，人们能以较小的群体为单位进行生产活动。与此同时，氏族内人口大增，氏族内部按血缘亲疏关系，产生一些分支。因此，母系氏族在不断发展的过程中，除不断分化为若干女儿氏族外，在氏族内部普遍地、大量地出现了更多更小的母系亲族集团。母系亲族不仅是氏族下的一个母系血缘单位，也是社会的一个经济细胞，是一个独立的生产和消费单元。母系亲族实行共居制，每个亲族有一个庞大的院落，死后也葬在一起，有自己的公共墓地。每个亲族有一个族长，一般由长辈妇女担任，亲族的名称，多以族长的名字而定。

从母系氏族社会晚期开始，生产力有了较大的提高，社会经济得到迅速发展。进入金属器时代，随着犁耕农业、畜牧业、手工业的发展，劳动强度增大，使男子成为生产的主要承担者，取代妇女在生产领域中的主导地位。男女经济地位的变化，必然导致彼此社会地位的变化，"它一方面使丈夫在家庭中占据比妻子更重要的地位；另一方面，又产生了利用这个增强了的地位来改变传统的继承制度使之有利于子女的意图。但是，当世系还是按母权制来确定的时候，这是不可能的"（恩格斯：《家庭、私有制和国家的起源》，见《马克思恩格斯选集》第4卷，第51页）。要改革继承制度，就必须实行家庭革命，废除带有浓厚群婚色彩的对偶婚，实行丈夫对妻子的独占同居——一夫一妻制。而"一夫一妻制的产生是由于，大量财富集中于一人之手，并且在男子之手，而且这种财富必须传给这一男子的子女，而不是传给其他任何的子女"（同上书第4卷，第71页）。这是"人类所经历过的最激进的革命之一"（同上书第4卷，第51页）。从此"妻子成为主要的家庭女仆，被排斥在社会生产之外"（同上书第4卷，第70页）。"个别人的个性开始上升于氏族之上"（摩尔根《古代社会》，第36页）。就是说，父亲开始支配子女，丈夫开始奴役妻子，主人开始压迫奴隶。这样，就废除了按女系计算世系的办法和母系的继承权，而代之以按男系计算世系的办法和父系的继承权，母权制最终过渡到父权制。

父系氏族是由父系血缘组成的社会集团，包括同一男性始祖所生的子孙及其配偶，他们共同居住在一定的地域内，实行氏族外婚制和父子联名制，共同占有和耕种一定的土地、森林，过着集体劳动、共同消费的生活，集体继承财产，有自己的公共墓地，氏族成员有相互帮助的义务。

随着生产力的进一步提高，私有财产的范围不断扩大，父系家庭的力量日益加强，氏族组织越来越松散，氏族土地公有、共同耕种、共同消费的制度慢慢地被破坏，父系氏族便逐步分裂为许多更小、血缘关系更亲近的父系家庭公社。父系家庭公社又称家长制家庭或父系大家族，是父权制社会后期的社会细胞，是一个自然经济集团，包括一父所生的几代子孙及其妻子儿女，"这种家庭的主要标志，一是把非自由人包括在家庭以内，一是父权"（恩格斯：《家庭、私有制和国家的起源》，见《马克思恩格斯选集》第4卷，第52页）。"它含有后来在社会和国家中广泛发展起来的一切对抗性的缩影"（摩尔根《古代社会》，第38页）。氏族成员之间，除了在共同节日、宗教活动及其对外战争等方面彼此还有比较密切的联系外，其他方面已经失去了原来的作用。

在原始社会，氏族之上的社会组织有胞族、部落（tribe）和部落联盟。胞族最初也是氏族，在当时生产力发展水平还很低的情况下，当人口增殖到一定数量时，就会给生产和生活带来无法克服的困难，于是原生的氏族分裂为若干个小氏族——女儿氏族，原来的氏族则成为胞族。胞族最初是一个血缘和生活单位，后来仅有宗教祭祀方面的职能。

由于氏族社会禁止内部通婚，实行氏族外婚制，许多互相通婚的氏族或胞族就组成部落。在初期，部落由两个互通婚姻的氏族组成，以后扩大到若干个氏族，胞族产生后，部落由若干个互相通婚的胞族组成。部落是原始社会最经常、最大的社会集团。部落是自卫和进攻的军事单位，也是一个独立的政治单位。每个部落有自己的中心和一定的活动范围，有共同的利益、共同的节日、共同的宗教仪式和墓地，有自己的方言，设有议事会，由各胞族、氏族的长老和族长组成，定期召开民主议事会，由部落首领（酋长）负责处理重大纠纷和其他事宜，部落首领由选举产生，但没有特权。部落实行部落内婚制，即夫妻是同部落的成员。

因战争和生产的需要，若干个部落往往形成部落联盟，他们的语言和地域比较接近，但结构比较松散，常带有临时性质。

二、行政区划的形成

随着生产力的不断发展，剩余产品日益增多，在母系氏族社会晚期，逐渐出现了私有制和阶级的萌芽。进入父权制的晚期，生产力进一步提高，私有制不断发展，阶级处在形成之中，伴随而来的是家长奴隶制，当时的基层单位——父系家庭公社逐步被私有制和战争所冲垮，个体家庭开始成为社会经济细胞，氏族制度被打开了一个缺口。随着个体家庭的成长，血缘关系有所削弱，人员的流动现象有增无减，奴隶和自由民到处杂居，于是出现了杂居村落。氏族成员在同一地区共同生活的状况被破坏，居住在同一村庄但彼此没有血缘关系的人们，为了共同的利益而结成一个统一体——毗邻公社（包括农村公社、游猎公社、畜牧公社）。这是一种带有血缘关系的地缘组织，是新型的过渡性社会组织，具有两重性，一是还在一定程度上保存公有制，二是出现了私有制，开始按地缘划分。毗邻公社是一个闭关自守的共同体，以个体家庭为单位进行单独生产，但在早期，父系家庭公社乃至父系氏族仍残存，村社管理机构已经开始脱离人民而逐渐为富有的人所把持，但仍能看到氏族民主制的残余。毗邻公社"既然是原生的社会形态的最后阶段，所以它同时也是向次生的形态过渡的阶段，即以公有制为基础的社会向以私有制为基础的社会的过渡"（马克思：《给维·伊·查苏利奇的复信草稿——三稿》，见《马克思恩格斯全集》第 19 卷，第 450 页）。概括地讲，毗邻公社开始按地缘划分，从公社角度来说血缘联系大为削弱，但仍无分区治理的含义。

私有制的进一步发展，导致掠夺战争的产生，经常性的掠夺战争，使军事首长成为一种不可缺少的社会公职，随着掠夺战争的持续进行，各氏族、部落、部落联盟相互兼并、融合，血缘关系日益削弱，取而代之的是阶级关系（富人与穷人的关系），地域不断扩大，同时军事首长及其助手们的财富和权力与日俱增，军事首长的产生由选举制逐渐变为世袭制，最终促使氏族管理机构脱离人民而转化为对内压迫、对外掠夺的国家机关，最终导致国家的形成。国家的统治者为了管理好比原来的部落大得多的国土，防止原有各集团之间的争斗和反抗，巩固其统治，就在原有各原始社会组织基础上，实行分区分级管理，从而产生了初期的行政区划。

事实上，国家与旧的氏族组织的不同之处，一是国家按地区而不按血缘划分居民，二是有了凌驾于社会之上的公共权力。行政区与原始社会集团的主要区别在于，行政区是根据一定的目的按地区人为划分的地域单位，有"特殊的公共权力"机关——地方政府等政权机构，有固定而明确的中心和地域范围，行政区之间相互关联，是一个有机整体，而原始社会集团是一种以血缘为纽带自发形成的、原生的社会组织，各自闭关自守，没有上下从属关系，没有地域概念，集团首领及其助手没有凌驾于大众之上的特殊权力。

三、中国的原始社会组织

中国是人类发展的重要地区，大约从170万年以前起，远古的人类就已经在这里劳动、生息、繁衍，云南省元谋县发现的"元谋人"就是这个时期的代表。距今50万年前的"北京人"大约几十个人结成一个原始群。根据现有的材料，华南广东韶关马坝圩的"马坝人"、华中湖北长阳钟家湾的"长阳人"、华北山西襄汾丁村的"丁村人"已进入古人阶段，脱离了原始群居的乱婚状况，进入血族群婚阶段，形成血缘群团，为向氏族制度过渡准备了条件。大约从数万年以前开始，逐渐进入母系氏族公社时期，在华南有广西柳江通天岩的"柳江人"，在西南有四川资阳黄鳝溪的"资阳人"，在华北有北京周口店龙骨山的"山顶洞人"，在内蒙古和宁夏的河套地区有"河套人"。大约从5000多年前起，黄河和长江流域的一些氏族部落先后进入了父系氏族公社时期，比较有代表性的如青莲岗文化、屈家岭文化、大汶口文化、龙山文化、良渚文化、齐家文化等。部落之间的联盟这时已开始形成并发展起来，而国家就是由这种部落联盟的机构蜕变而来的。

从中国古代传说中可以看出，早在4000—4500年之前，从黄河流域到长江流域，居住着许多氏族和部落。传说最早的代表人物有"有巢氏""燧人氏""伏羲氏""炎帝"和"黄帝""蚩尤"等。相传"有巢氏""构木为巢"，反映了原始社会特别是旧石器时代的人类居住状况。"燧人氏"由"钻木取火"而得名，反映人类生活发生了一次巨大的飞跃，进入"新人"阶段，社会由原始人群进到初期的氏族公社。

传说中的"炎帝"，号"神农氏"，姜姓，生于姜水（今陕西岐山东面，是渭河的一支流），其部落是主要从事农业的氏族部落，后沿渭河东下，再顺黄河向东，进入河南西南部，最后到达山东南部。炎帝后裔有四支，可能是古羌人的四个氏族部落：一支称烈山氏，其子名柱，被奉为稷神，分布在今湖北。第二支为共工部落，其子后土治水成功被奉社神，他们长期活动在今河南西部伊水、洛水流域，古代称为"九州"，可能来源于共工氏的9个氏族。第三支四狱为共工从孙，分布在今豫西一带到陕西东部的山区。四狱的始祖为伯夷，姜姓，是祭山官，称山神，后来发展为许、齐、吕、申4个分支。许的始祖许由，居颍水之阳（今河南登封），后来的许国发源之地。吕、申居住在今河南南阳地区，具有近亲关系，后发展为两个国家。第四支分布在汾水流域，后来残存的有沈、姒、蓐、黄4部。此外，古羌人有一部分曾东下山东，更多的散居在今陕、甘、青、宁、川、藏，称氐羌或羌戎。

传说中的"黄帝"，号"轩辕氏"，也叫"有熊氏"，姬姓，其发祥地在陕西北部，后向东迁徙，沿北洛水南下到陕西大荔，东渡黄河后，顺中条山和太行山朝东北，到达山西南部黄河之滨，最后定居在河北涿鹿附近。

传说中的"蚩尤"是九黎族的领袖，九黎族原是居住在中国东部的夷人部落，其活动范围，大约北自山东南部，极盛时可能达山东北部，西至河南东部，西南到河南南部，南达安徽中部，东抵大海。

九黎族最早进入中国中部地区，当炎帝族向中部推进时，与九黎族相遇，双方发生冲突，经过长期的争斗，九黎族战胜了炎帝族，炎帝族被迫逃往涿鹿。后炎帝族联合黄帝族与九黎族对抗，在"涿鹿之战"中，蚩尤被杀，九黎族逐渐寡不敌众，一部分加入炎、黄两族，一部分南下和南方的土著苗蛮集团所属的部落居住在一起。炎、黄两族共同击败九黎族后，双方在坂泉（今河北省怀来）接连发生 3 次大战，史称"坂泉之战"，最后黄帝族战胜了炎帝族。

传说中的"伏羲氏"又称"庖牺氏"，由"养牺牲以供庖厨"而得名，反映了原始畜牧业的发生。"伏羲氏"风姓，名太皞，比炎帝稍晚，活动在山东曲阜一带的任、宿、须句、颛臾和活动在黄河下游到江淮流域的"九夷"（畎、于、方、黄、白、赤、玄、风、阳）都奉太皞为祖。同太皞相关的是少皞，可能是从太皞氏分出来的，少皞氏以"鸟名官"，有凤鸟氏、玄鸟氏、伯赵氏、青鸟氏、丹鸟氏、祝鸠氏、鸤鸠氏、鹘鸠氏、爽鸠氏、鹘鸠氏和"五雉""九扈"，共 24 个氏族，其中有的为女儿氏族，如从凤鸟氏到丹鸟氏就是一个胞族。

大约在 4000 年前，中国进入原始社会晚期，黄帝、炎帝、夷人（九黎族）3 个部落为了争夺生存空间，进行了一系列的战争，最后结成强大的部落联盟，传说中的尧、舜、禹就是这个部落联盟的首领。相传尧年老的时候，曾有人推荐共工为继承人，尧虽不同意，还是让他担任工师之职，以考验其才能，结果不行，大家又推举舜，于是舜协助尧 20 年，又代尧摄政 8 年。尧死后，舜让位给尧子丹朱，但各部落不听丹朱的领导，有事还是去找舜，丹朱只得还位于舜。尧、舜在位时一个重要的问题是洪水为患。尧曾用鲧治水，鲧用堵塞的办法，治了 9 年，愈治愈坏。舜继位后，把鲧流放到羽山，选择鲧的儿子禹继续治水，禹总结了鲧治水失败的经验和教训，改用疏导的办法，经过十几年的努力，终于使江河畅通，水归大海。舜年老时，禹因治水和发展生产受到各部落首领和人民的拥戴，被推举为继承人，代舜处理部落联盟事务，17 年后舜死，禹让位给舜子商均，各部落都不同意，禹即位。大禹治水成功的传说，反映出人民战胜自然能力的提高，相传禹曾铸九鼎，表明金属工具的出现，而禹将全国分为"九州"的传说，反映了氏族血缘纽带的松弛，加上鲧筑城、皋陶立法、伯益凿井、奚仲造车、仪狄酿酒等一系列传说，表明禹在位时，生产力有了很大发展，部落首领的权力越来越大，拥有越来越多的财富，奴隶也开始成为私有财富，私有财产的产生，瓦解了原始社会的氏族制度，象征着国家即将产生。相传禹在位时，先推举皋陶为继承人，不几年皋陶先禹而死，后又以伯益为继承人，但禹不给伯益重要的事情做，使其得不到锻炼，从而在各部落中缺乏威望。另一方面，禹在不断对外发动掠夺战争中，加强自身的统治地位，经过长期的激烈战争，打败了南方的"三苗"，很多俘虏成为部落首领和父系大家长的奴隶，部落首领和父系大家长逐渐成为奴隶主贵族。为了进一步显示其威严，禹不断到各地巡行，逐步成为"夏后"（即夏王），在阳城（今河南省登封）建都，后又迁都阳翟（今河南省禹州）。同时，禹在暗中培植其子启的势力，禹死后伯益效法尧、舜让位给启时，启不再还位于伯益，各部落首领不敢反抗，伯益不服起而相争，结果被杀，启的同姓部落有扈氏起兵反对，被启打败，整个部落被降为奴隶，"禅让制"被"传子制"所替代，中国奴隶制社会的第一个国家——夏王朝就这样诞生了。

四、中国行政区划的形成

中国是世界上最古老的文明古国之一，有几千年光辉灿烂的文明史，行政区划的历史也十分悠久，其萌芽始于原始社会向奴隶社会过渡的夏朝。《礼记·礼运篇》曰："今（夏启）大道既隐（原始氏族制度解体），天下为家（私有制开始出现）……礼义以为纪（制定规范、法律）……以设制度（有了社会制度，表明国家初步形成），以立田里（分区划界，开行政区划先河）……"夏代，在原始公社部落基础上形成的"方国"或"小邦"，在客观上行使了奴隶制国家的地方行政管理权，成为中国行政区划的萌芽。商代和西周，王朝对地方的管理实行以血缘关系为基础、按地域划分的分封制，地域区划的意识已比较明显。所不同的是，在西周王朝所分封的诸侯国内，各诸侯国国君进行第二次分封，形成国、邑两级区域划分。

总的来说，先秦是中国国家形成时期，也是行政区划的萌芽时期，其中夏、商、西周是地方行政制度和行政区划的萌发阶段，行政区域的划分尚未从根本上冲破氏族制度遗留下来的血缘联系，春秋战国是行政区划初步形成阶段，春秋时期，先后产生了县制和郡制，在一个诸侯国内有了现代意义的行政区划，第一次实现了对人民的管理主要按地域、而不是按血缘来划分，战国时期初步奠定了郡—县制的基础，在一个诸侯国内确立了君主官僚制时代行政区划的雏形。公元前221年，秦始皇统一中国，全面推行郡县制。至此，在全国范围内确立了体系完整、结构严密、层次分明的行政区划。

五、夏代的行政区划

夏王朝建立于公元前22世纪末至前21世纪初，是中国原始社会向奴隶制社会过渡时期，也是行政区划的萌芽阶段。作为中国在部落联盟基础上发展起来的第一个奴隶制早期国家，夏还保留着很多部落联盟的特征，国家机器简单，管理范围狭小且不稳定，王朝及国王的权力相当有限，氏族制度的残余十分浓厚。因此，当时没有也不可能建立地方行政制度，更不可能在主观上对整个国家进行全面的政区划分。但是，在原始公社部落基础上形成的方国和小邦，在客观上行使了奴隶制国家的地方行政管理权，起到了地方行政区的某些作用，与夏王朝之间已经从部落联盟关系转变为松散的从属关系，初步具备中央与地方关系的基本性质——统治与被统治关系或者说隶属关系，这种隶属关系主要体现在贡赋制度上。《史记·夏本纪》称："自虞夏时，贡赋备矣。"贡赋制度作为夏代中央统治地方的主要手段，对各地贵族具有普遍的约束作用。夏王朝及其附属方国、部落、部落联盟主要分布在中原地区，中央政府和地方政权之间是一种松散的联合，既有中央管辖地方的成分，也保留着原始部落联盟血缘联系的因素。夏代的行政管理体制模式参见下图。

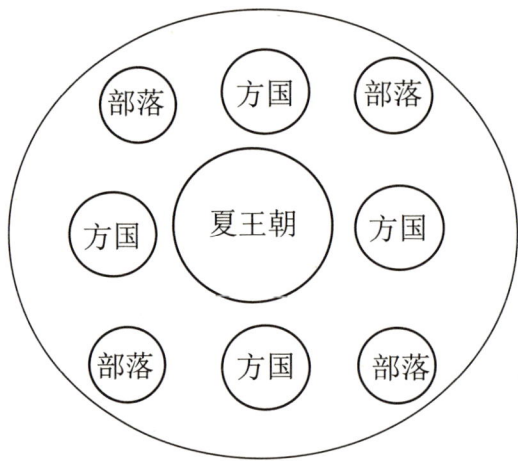

夏代行政管理体制示意图

夏代主要的方国有：昆吾（今河南省濮阳市南）、韦（今河南省滑县东南）、顾（今山东省鄄城东）、三朡（同"鬷"，今山东省定陶北）、葛（今河南省宁陵东北）、商（今河南省商丘）、薛（今山东省滕州南）、缯（今山东省苍山西北）、寒（今山东省潍坊市东）、过（今山东省莱州西北）。

此外，在夏王朝中央政府的统治下，还有许多部落，这些部落有与夏王同族的，也有不同族被夏王武力征服的，如东夷的一些部落。夏代的主要部落有：有扈氏（中心扈，今陕西省户县西北）、斟鄩氏（中心斟鄩，今山东省潍坊市西南）、有虞氏（中心虞，今河南省虞城东北）、有缗氏（中心缗，今山东省金乡）、有莘氏（中心莘，今山东省定陶南）、有仍氏（中心仍，今山东省济宁市东南）、斟灌氏（中心斟灌，今河南省濮阳市东北）、有穷氏（中心穷，今山东省平原北）、有鬲氏（中心鬲，今山东省德州市南）、有易氏（中心易，今河北省易县附近）。另有一些部落联盟，如羌族、周族、商族等。这些部落或部落联盟与夏王朝之间关系很松散，还没有建立起确定的君臣关系，实际上是一种具有部落联盟性质的附庸关系，带有相当浓厚的血缘氏族色彩。

六、商代的行政区划

商族是一个古老的部族，一直臣服于夏。大约在公元前17世纪初，商族首领汤乘夏衰落之际，灭夏桀推翻夏朝，建立商朝。商是中国第一个正式形成国家机构，并有文字可考的朝代。商族在灭夏过程中，大大拓宽了统治区域，也大大提高了君主的权威。商王朝的统治范围，从夏代的中原地区扩展到黄河下游流域和渭河流域。商朝的统治区域分为"内服""外服"两部分。内服即商王直接统治区，在商朝后期，内服以王都殷为中心，区域范围相当于今河南省北部、河北省南部、山东省西部，这一地区称为"商"，由以商王为首的中央政府直接统辖，商王在此设"百姓"负责管理氏族事务，设"里君"负责管理基层行政。在商王朝直接统治区的外围，是广大的分封区，在分封区之间及分封区的外围，还有众多的方国、部落、部落联盟。这些分封区和方国、部落地区统称"外服"。在外服，商王以分封的形式进行统治。《尚书·酒诰》曰："越在外服，侯、甸、男、卫、邦、伯。"《史记·殷本纪》记载："商子孙分封，以国为姓"，同时封异姓功臣或臣服的方国、部落首领为侯、伯。上述氏、侯、伯是商王派到外服的奴隶制贵族，尽管他们有商王赐给的世袭土地和奴隶，有自己的统治机构和地方武装，在人事、军事、财政、宗教等方面有很大的独立性和自主权，但是，他们毕竟受封于商王朝，是商王统治地方的代理人，接受商王朝中央的统治，与商王朝有比较明显的从属关系，受命统辖一定的区域，对商王朝承担地方政府的义务：包括戍边、出征、勤王、纳贡、服役、朝觐、祭祀等。有人将商代中央和地方的关系称为"相对分立模式"，认为这种模式具有两个基本特征："邦联性质"和"分封制性质"（辛向阳：《大国诸侯》，中国社会出版社，1996 年第 2 版）。总之，商代中央与地方的关系，比夏代更具政治意义，按地域统辖人民的国家特征更加明显，以血缘为纽带的氏族制度的残余进一步削弱。商代行政管理体制模式参见下图。

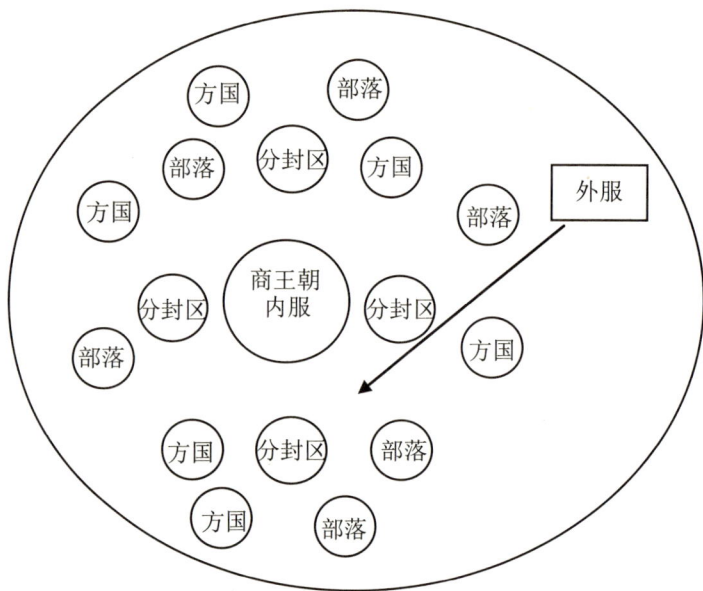

商代行政管理体制示意图

商代的主要方国有：孤竹（今河北省卢龙南）、箕（今山西省太谷东北）、苏（今河北省邢台市西南）、薄姑（今山东省桓台东北）、逢（今山东省青州市）、诸稽（今山东省诸城市西南）、缯（今山东省苍山县西北）、仍（今山东省济宁市东南）、薛（今山东省微山县西北）、黎（今山东省郓城西南）、顾（今山东省鄄城县东北）、姚（今山东省曹县西北）、历（今河南省鹿邑东南）、大彭（今江苏省徐州市）、巢（今安徽省巢湖西南）、耆（今山西省长治市西南)、鄂（今河南省沁阳北）、霍（今河南省临汝西南）、应（今河南省鲁山东）、畴（今河南省鲁山东南）、唐（今山西省翼城县西北）、虞（今山西省平陆北）、莘（今陕西省合阳东南）、芮（今陕西省潼关北）、归（今湖北省秭归）、崇（今陕西省西安市西南）、毕（今陕西省咸阳市附近）、程（今陕西省咸阳市东北）、邰（今陕西省武功西）、周（今陕西省岐山东北）、密（今甘肃省灵台西南）、共（今甘肃省泾川）。

此外，卜辞记载的方国有：曩（今山东省潍坊市西，有人认为曩同杞）、画（今山东省淄博市东北）、兒（今山东省滕州东北）、杞（今河南省杞县）等。

七、西周的行政区划

商代后期，政治日益腐败，各种社会矛盾激化，长期的掠夺战争，使社会生产遭到严重的破坏。特别是商纣王一意孤行，暴虐无道，使得人心思变，民怨载道，"如蜩如螗，如沸如羹"（《诗经·大雅·荡》），"纣有亿兆夷人，亦有离得"（《左传·昭公二十四年》），人民的反抗情绪不断滋长，"小民方兴，相为敌仇"（《尚书·微子》）。大约在公元前11世纪，长期受商王朝压迫的周族，在武王的率领下，联合友邦，推翻了商王朝，建立周朝，建都镐京（今陕西省西安市西），并以洛邑（今河南省洛阳市）为陪都。周族在灭商过程中，得到了众多方国、部落的支持。《左传·襄公四年》载："文王率殷之叛国以事纣，四十余国。"同时，周征服了99个商王朝的方国，向周臣服的方国则还有553个。周朝初年，沿袭商制，以血缘关系为基础实行分封，整族整族地封给周的某一宗族和功臣，属国数以百计。公元前1025年，周武王去世，其子成王继位，武王弟周公旦掌权，武王弟管、蔡等对此不满，商纣王之子武庚乘机勾结管、蔡，并联合东方的徐、熊、奄、盈、薄姑等方国、部落，发动复国战争，周公率大军经3年苦战，平定叛乱。为了有效地统治东征征服的辽阔地区，周公采取的最重要的措施之一就是"封邦建国""封土建君"，简称"封建"，其目的是"封建亲戚，以蕃屏周"，即通过分封的方式建立统治奴隶的城堡式军事据点，由周王朝宗亲国戚、异姓功臣统领，并以此为中心控制周围地区，起到拱卫周王朝的作用。当时分封的规模很大，周王子弟和主要异姓贵族都得到了封地。荀子称，周公"兼制天下，立七十一国，姬姓独居五十三人"。

周代分封制的具体做法是，周王称为天子，直接管辖京都附近的一部分地区，称为王畿或京畿，其余的外围地区分封给宗亲国戚、功臣，因有监视敌国、守卫疆土的义务，所以各封国统称诸侯国。在诸侯国内，诸侯（国君）也留下一部分直接统辖，其余的再分封给其子弟亲属，称为邑，由卿大夫管辖。这样，西周地方行政体制实行诸侯国、邑两级制。诸侯国国都皆筑有城，邑为居民点，卿大夫的宗庙所在地称"都"。在周王朝京畿和诸侯国国都，都城及其近郊称为国，郊外的农村是"野人"——农奴居住区，称为野。据《周礼·大司徒》记载，国划分为若干乡，大的诸侯国设 3 乡，乡之下设州、党、族、闾、比，以 5 家为比，5 比为闾，4 闾为族，5 族为党，5 党为州，5 州为乡，各设长官，乡为贵族居住区，基本上按血缘关系划分，是军政合一的组织。野划分为若干遂，大诸侯国设 3 遂，遂之下设县、鄙、酂、里、邻，各有长官。《周礼·地官·遂人》记载："遂人掌邦之野，5 家为邻，5 邻为里，4 里为酂，5 酂为鄙，5 鄙为县，5 县为遂。"综上所述，西周的行政区划为 3 轨制，参见下图。

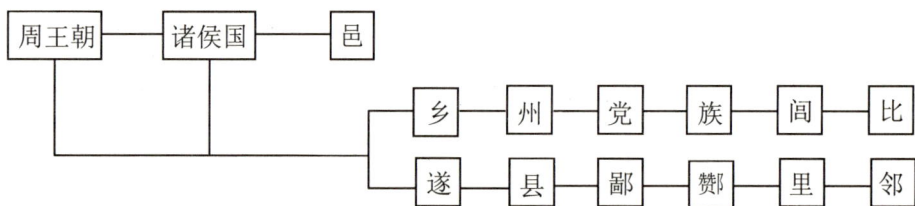

西周行政区划体系结构图

周王朝以宗法分封模式统治地方，王朝与诸侯国之间存在血缘宗法关系，中央政府以血缘为纽带治理地方，诸侯国是王朝的延伸，对所辖的区域而言，是小中央，有很大的自主权。这种模式与商代那种宗主式的"相对分立模式"体制相比，中央对地方的控制更加严密。《周礼》说："惟王建国，辨方正位，体国经野，设官分职，以为民报。"周天子为全国最高的土地所有者、人民统治者和王畿之地的实际拥有者，既是周族的首领，又是各诸侯国的共主。即所谓"溥天之下，莫非王土；率土之滨，莫非王臣"（《诗经·小雅·北山》）。

凡国家大事，无论是行政、军事、司法、宗教、经济，都由周天子决定，即"礼乐征伐自天子出"。诸侯对周王朝起屏藩作用，对中央政府承担戍边、出征、勤王、纳贡、服役、述职、朝聘、朝觐、祭祀、吊丧、庆贺等义务。在诸侯国内，诸侯命官建制，也必须遵循周王朝统一的制度。《辞海》说：西周时"分封的各国国君，规定要服从王命，定期朝贡述职，同时有出军赋予服役的义务，按礼其所属上卿应由天子任命。但在其封疆内，世代掌握统治大权。"

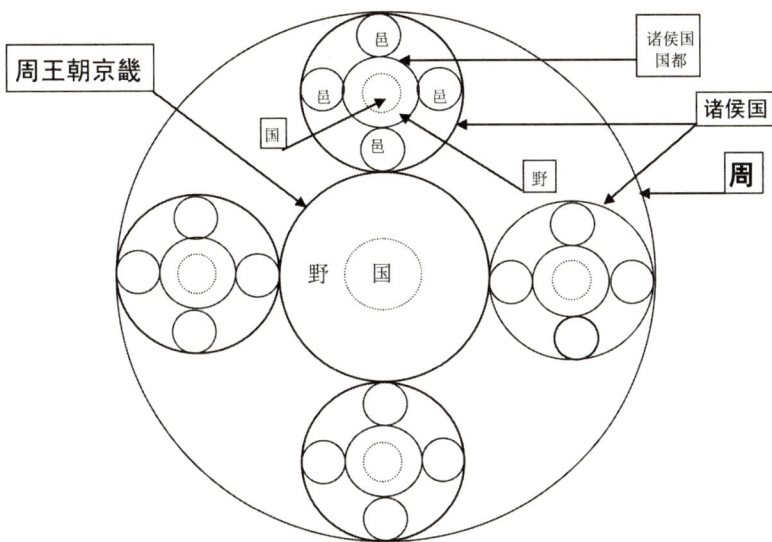

西周行政管理体制示意图

西周诸侯国在国君下面设有"卿"、司徒、司马、司空、司寇、行人、太史、太宰等官员。卿又称正卿、政卿，执掌一国的军政大权；司徒又称司土，负责管理公田、山林及征发役徒；司马负责征收军赋，并管理军马及军事行政；司空又称司工，掌握工程营建；行人负责外交事务；太史掌管历法，起草文件，记载一国的大事；太宰主管国君的家务。邑由大夫统领，下设宰总管家务和管理私邑，马正掌军赋，工师掌工匠，御驺掌驾车，祝宗掌祭祀。

西周时期分封的诸侯国主要分布在渭河流域、黄河下游流域、淮河流域和汉水流域。当时大诸侯国有：燕（都蓟，今北京市西南）、齐（都营丘，今山东省淄博市东北）、鲁（都曲阜，今山东省曲阜市）、宋（都商丘，今河南省商丘市东南）、卫（都朝歌，今河南省淇县）、晋（都绛，今山西省新绛县东北）、楚（都今湖北省荆州西北）。小诸侯国主要有：孤竹（都今河北省卢龙县南）、莱（都今山东省龙口市东南）、夷（都今山东省胶州市东北）、莒（都介根，今山东省胶州市西南）、州（都今山东省潍坊市东南）、纪（都今山东省寿光东南）、向（都今山东省莒南东北）、鲜牟（都今山东省莒南西北）、阳（都今山东省沂南西南）、鄑（都今山东省临沂市东北）、郯（都今山东省郯城西北）、鄫（都今山东省枣庄市东北）、薛（都今山东省枣庄市西南）、滕（都今山东省滕州西南）、兒（都今山东省滕州东北）、任（都今山东省济宁市东南）、邾（都今山东省曲阜市东南）、郕（都今山东省宁阳北）、牟（都今山东省莱芜市东南）、谭（都今山东省章丘西南）、遂（都今山东省宁阳西北）、鄣（都今山东省东平附近）、宿（都今山东省东平西南）、须句（都今山东省东平西北）、茅（都今山东省金乡西南）、郜（都今山东省成武东南）、曹（都今山东省定陶西北）、邗（都今江苏省扬州市东南）、吴（都今江苏省苏州市）、巢（都今安徽省巢湖西南）、六（都今安徽省六安市东北）、胡（都今安徽省阜阳市）、邢（都今河北省邢台市）、洛（都今山西省和顺东北）、蒲（都今山西省隰县西北）、霍（都今山西省洪洞西北）、潞（都今山西省潞城）、黎（都今山西省长治市西南）、耿（都今山西省新绛西南）、郇（都今山西省临猗西南）、魏（都今山西省芮城西北）、虞（都今山西省平陆北）、焦（都今河南省三门峡市西南）、原（都今河南省济源西北）、邘（也作"于"，都今河南省沁阳西北）、雍（都今河南省沁阳东北）、苏（都今河南省孟州东南）、东虢（都今河南省荥阳）、南燕（都今河南省汲县东）、胙（都今河南省汲县附近）、管（都今河南省郑州市）、华（都今河南省郑州市东南）、戎（都今河南省兰考东北）、杞（都雍丘，今河南省杞县）、鄢（都今河南省鄢陵西北）、许（都今河南省许昌市东）、郐（都今河南省新郑县西北）、康（都今河南省禹州西北）、应（都今河南省鲁山县东南）、陈（都今河南省淮阳县）、聃（都今河南省平舆县西北）、蔡（都今河南省上蔡县西南）、房（都今河南省遂平县）、申（都今河南省南阳市北）、吕（都今河南省南阳市西）、飂（都今河南省唐河县西南）、江（都今河南省正阳东南）、息（都今河南省息县西南）、黄（都今河南省潢川西南）、蒋（都今河南省淮滨县东南）、蓼（都今河南省固始县东北）、随（都今湖北省随州市）、鄀（都今湖北省宜城东南）、卢（都今湖北省襄樊市西南)、邓(都今湖北省襄樊市西北)、唐(都今湖北省枣阳市东南)、谷(都今湖北省谷城县西南)、庸(都今湖北省竹溪县东南)、夔(都今湖北省秭归县)、权(都今湖北省当阳南)、巴(都今重庆市东北)、蜀(都今四川省成都市)、褒(都今陕西省褒城县)、酆(都今陕西省山阳县)、肜(都今陕西省蓝田东北)、郑(都今陕西省华县附近)、芮(都今陕西省潼关县附近)、程(都今陕西省西安市西北)、毕(都程国西南,今陕西省西安市西北)、邰(都今陕西省周至县西北)、毛(都今陕西省眉县东北)、西虢(都今陕西省宝鸡市)、梁(都今陕西省韩城市西南)、密(都今甘肃省灵台县西南)、秦(都今甘肃省张家川东南)。

八、春秋战国的行政区划

西周末年,周室衰微,诸侯势力日益强大,王室对诸侯的控制渐渐失去约束力,周天子基本上依靠信誉、信用维持对诸侯的统治。公元前782年周幽王继位后,因"烽火戏诸侯",将仅有的一点信用也丧失殆尽。公元前771年,周幽王被犬戎所杀,西周亡。诸侯立平王,公元前770年迁都洛邑,后改名王城(今河南省洛阳市),是为东周。从此,诸侯们挟各自的实力,以王室腐败为由,开始从行政上、后又从道德上摆脱周王朝的控制,诸侯国逐步在领土和国事上独立。周王朝与诸侯国的关系演变为"割据模式"(参见下图),诸侯已实际上脱离周王朝的统治,实行分治,周王朝对诸侯国连形式上的制约都已不复存在,周朝实际上只能统治原来的京畿地区,其统治区域日益缩小,实力和地位不断下降,终于在公元前256年被秦所灭。从公元前770年周平王迁都到公元前221年秦始皇统一中国,统称春秋战国时代,以公元前481年为分界,以前为春秋,以后为战国。

春秋时期,周王名义上还是诸侯的共主,实际上徒有虚名,其势力和威望不断下降,王畿逐渐缩小,实力地位和一个小国的君主差不多,已不可能再对诸侯发号施令,"礼乐征伐自天子出"的局面一去不复返,诸侯普遍僭越,公开抗拒周王的命令,常常"挟天子以令诸侯",甚至反过来号令天子,即所谓"礼乐征伐自诸侯出""自卿大夫出",甚至"陪臣执国命"。周天子的命官制度逐渐被废弃,一些强大的诸侯,兼并小国,对其他诸侯发号施令,小诸侯国之间相互征战而同归于尽,诸侯国内部也是内乱不止,有人认为春秋时期有上百个诸侯国之间或内部进行了成千上万次的战争，最多的认为参与争霸的诸侯国就达 209 个。《史记·太史公自序》曰："春秋弑君三十六，亡国五十二"，逐渐形成了几十个半独立的国家。楚国在春秋初年就称王，至末年，大国相继称王。

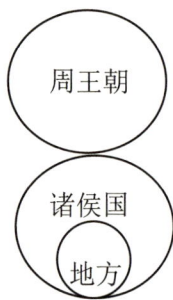

东周行政管理体制示意图

春秋时期的大国有：燕（都蓟，今北京市西南）、齐（都临淄，今山东省淄博市东北）、鲁（都曲阜，今山东省曲阜市）、吴（都今江苏省苏州市）、越（都会稽，今浙江省绍兴市）、楚（都郢，今湖北省荆州市西北）、巴（都今重庆市东北）、蜀（都今四川省成都市）、宋（都商丘，今河南省商丘市西南）、晋（都新田，今山西省绛县附近）、秦（都雍，今陕西省宝鸡市东北）。这些诸侯国在相互征战血与火的洗礼中，逐步认识到分封制的弊端，为了打破封邦建国旧制度的束缚，确立国君的集权统治地位，同时也为了有效地管理好战争中新开拓的疆土和满足军事上抗御邻国的需要，相继在新开拓的疆土或边远地区废除分封制，由诸侯国国君任命官吏管辖一定的区域，郡县就在这样的历史条件下应运而生，使原来的世袭采邑变为诸侯直接管辖的行政区，地方行政管理体制由贵族世袭制逐步过渡到官僚制。郡县主要官吏由国君直接任免，只领俸禄不享有封地、采邑，重大事项必须报奏国王，无权擅自决定。从而打破了贵族制下的血缘联系，排除了旧贵族对地方政权的世袭把持，第一次对人民的管理主要按地域划分，氏族制残余受到进一步的清除，在一个诸侯国内，有了现实意义的行政区划，实现了行政区划史上一次质的飞跃。

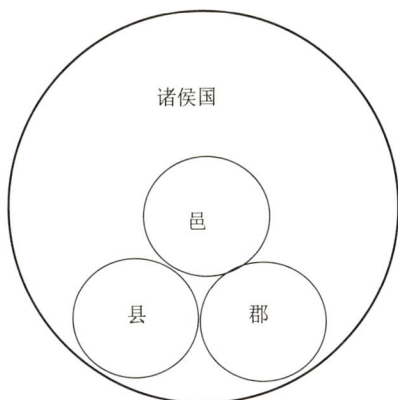

春秋时期诸侯国行政管理体制示意图

经过春秋近 300 年的兼并战争，至战国初年，只剩下秦、楚、齐、韩、赵、魏、燕 7 个大诸侯国和十几个二等诸侯国。大诸侯国之间的兼并战争更加剧烈，七雄争战，遍地烽火。随着生产力的进一步发展，分封制进一步崩溃，新兴官僚制与世袭贵族制在实践中的优劣日益明显，郡县的设置与日俱增。随着郡、县设置的普遍，郡、县与国都之间，不再有远近之分。大约在战国中期，逐渐形成郡、县两级制，至战国后期，郡县制被多数诸侯国所采用，为秦代的行政区划奠定了基础。

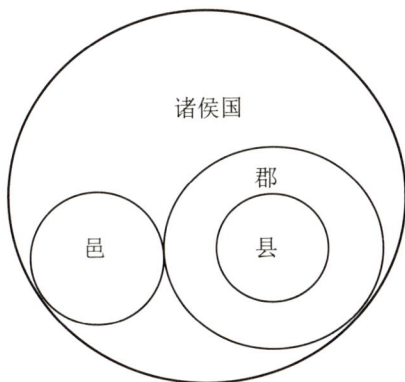

战国时期诸侯国行政管理体制示意图

九、先秦州制问题研究

州原意为水中高出水面的地方，即小岛，与洲同意。《说文》："水中可居曰州。"因古代人们为防止洪水侵袭，选择地势较高的地方居住而名州。后引申为聚居,《国语·齐》:"令士夫群萃而州处。"西周以 5 党(2500 户)为 1 州,25 户为 1 里,为基层民户组织单位。后州与里组词泛指乡里、本土,《论语·卫灵公》:"言忠信,行笃敬,虽蛮貊之邦行矣;言不忠信,行不笃敬,虽州里行哉?"又转化为同乡之意,《汉书·刘向传》"(周)堪非独不可于朝廷,自州里亦不可也。"在相当长的时期,人们将州作为尧、舜、禹、夏、商、周的行政区划单位,典型的有九州制、十二州制,其中九州制影响最为深远。

1. 九州制

九州又名九有、九囿、九域、九服、九原、九野等,原本指九方,即东、南、西、北"四正"和东北、西北、东南、西南"四隅"及"中央",泛指广阔的地域。早在西周,古人就有空泛的"九州"概念。《诗经·商颂·玄鸟》:"奄有九有。"《诗经·商颂·长发》曰:"帝命式于九围。"马瑞辰在《毛诗结笺通释》中说:"围、域、有,皆一声之转,声同则义同。"《毛传》:"九有,九州也",泛指全国。《通鉴外纪·包牺以来纪》:"(人皇氏)依山川土地之势,财(裁)度为九州,谓之九囿。"《说文解字》段注:"凡分别区域曰囿。常道将引《洛书》曰:'人皇氏出,分理九州为九囿。'九囿即《毛诗》之九有,《韩诗》之九域也。"最早使用"九州"一词的是春秋时期的左丘明,《左传》:"四岳、三涂、阳城、大室、荆山、中南,九州之险也。"此"九州"意为广阔的区域。其后类似的"九州"多次出现:"咸有九州,处禹之堵"(《齐侯钟铭》);"九州之外,谓之蕃国"(《周礼·秋官》);"谢西之九州"(《国语》),等等。

"九州"被后人认定为大禹时代和夏、商、周的行政区划缘于《尚书·禹贡》等古籍。最早将国土按九州划分,并列出具体州名的是《尚书·禹贡》,其后不少书籍提到九州,至西汉以前,主要有 4 种不同的提法:(1)《尚书·禹贡》记载为:冀、兖、青、徐、扬、荆、豫、梁、雍;(2)《周礼·职方》作:幽、冀、兖、青、扬、荆、豫、并、雍,与《尚书·禹贡》相比,多幽州、并州,少徐州、梁州;(3)《尔雅·释地》曰:幽、冀、兖、营、徐、扬、荆、豫、雍,与《尚书·禹贡》相比,多幽州、营州,少青州、梁州;(4)《吕氏春秋·有始览》为:幽、冀、兖、青、徐、扬、荆、豫、雍,与《尚书·禹贡》相比,多幽州,少梁州(参见下表)。

九州名称比较表

书名	州名
《尚书·禹贡》	冀 兖 青 徐 扬 荆 豫 梁 雍
《周礼·职方》	冀 兖 青 扬 荆 豫 雍 幽 并
《尔雅·释地》	冀 兖 徐 扬 荆 豫 雍 幽 营
《吕氏春秋·有始览》	冀 兖 青 徐 扬 荆 豫 雍 幽

上述 4 种说法不仅州名各不相同，同名州的地域范围也不尽相同。如泰山以东北地区，《禹贡》属青州，《职方》属幽州，而《职方》之青州则相当于《禹贡》徐州大部分和豫州一部分。西汉及其以前，人们都将《尚书·禹贡》九州认作大禹治水后所划的行政区划，代表夏代的行政区划制度。司马迁在《史记·河渠书》中称："夏书曰：禹抑洪水，十三年过家不入门，陆行载车，水行载舟，泥行蹈毳，山行即桥，以别九州，随山浚川，任土作贡。"东汉班固的《汉书·地理志》以《周礼·职方》九州为周代行政区划制度。三国时期，魏国孙炎在注释《尔雅》时，将《尔雅·释地》九州作为殷（商）行政区划制度。以后的经学家对上述论述加以条理化、系统化，将《禹贡》九州称为夏制，《尔雅》九州为商制，《职方》九州为周制，而《吕氏春秋》因不是"经"，经学家始终没有为其"九州"立说。

2. 十二州制

十二州制是后人加于尧、舜时代的行政区划制度。最早出自《尚书·尧典》的"肇十有二州"。西汉谷永对此解释为："尧遭洪水之灾，天下分绝为十二州"（《汉书·谷永传》）。班固跟从谷永之说，并进一步解释称，黄帝时就已有州制，尧因洪水为害，进而划分天下为十二州，用大禹治水，大禹完成治水后将十二州改划为九州，又将全国分为五服（《汉书·地理志》序："昔在黄帝……方制万里，画野分州……尧遭洪水……天下分绝为十二州，使禹治之。水土既平，更制九州，列五服"）。同为东汉时期的马融则认为："禹平水土，置九州。舜以冀州之北广大，分置并州。燕、齐辽远，分燕置幽州，分齐置营州。于是为十二州也。"（司马迁：《史记·五帝本纪·集解（裴骃）》；裴骃：《史记集解》），中华书局，1982 年第 2 版）马融的弟子、东汉经学家郑玄对马融的说法又作了修正，指出："舜以青州越海而分齐为营州"，"分卫为并州"。

3. 州制辨伪

在 20 世纪以前，人们普遍认为尧、舜、禹、夏、商、周就已形成州制，并按"十二州""九州"划分行政区域。州制最早源于先秦古籍，《尚书·禹贡》《尚书·尧典》分别有"九州""十二州"的记载。《尚书》是中国目前最古老的典籍，经孔子编订。汉武帝《罢黜百家，独尊儒术》，《尚书》被列为"六经"之首，2000 年来一直被奉为圭臬。加之历代经学家对州制说的不断解释、补充和系统化。又由于州制说对后世行政区划产生过很大的影响，如西汉的 13 州刺史部，有很多不仅与"九州""十二州"名称相同，而且管辖范围也大体一致。因此，古人对"九州""十二州"为上古行政区划制度的说法深信不疑，逐渐成为经典之说，一直延续到清代。

清末，随着人们思想的解放，以及西方文化的传入，儒家学说唯我独尊的地位开始动摇，经学逐步丧失在学术界、思想界的主导地位，学术界对州制说的质疑纷起。经各方面专家、学者的反复考证，并借助殷墟甲骨文等重大考古发现，认定《尚书·禹贡》和《尚书·尧典》分别为战国和汉代作品，后被补入《尚书》，从而一举推翻了已流行 2000 年的州制是中国古代行政区划制度的观点。

从现已掌握的史料看，"九州"是战国时期学者对东周领土所作的理论上的、理想化的地理区域划分，并没有在当时见诸实践，更不是大禹和夏、商、西周时代的行政区划。春秋战国时期，天下大乱，群雄争霸，各大诸侯国不断兼并小诸侯国，领土日益扩张，学者们随着地域概念的扩大、地理知识的增长，逐步认识到地域的差异性，出现了多种地理区划方案，九州说是其典型代表，是一个含有大一统思想的理想或臆测，反映了当时人们要求统一、取消分裂的一种愿望。将"九州"说成是大禹到西周的行政区划，是站不住脚的，也是超时代、超现实的：第一，从当时生产力发展水平分析，现有的考古发掘表明，大禹时代生产力的发展水平远没有达到《禹贡》所描写的那样高度发达、分工细致的程度，在禹这样一个从大同到小康的演变时期，人们还不可能有如此广阔的地域概念，即使在西周也不可能从全国范围进行统一、完整的区域划分，而且至今也没有发现有关九州行政统治者的记载。第二，从地域范围比较，夏王朝统治区域在中原地区，商代扩展到黄河下游流域和渭河流域，西周进一步拓展到江淮，而《尚书·禹贡》等描述的九州疆域远大于上述上古三代王朝统治区域。《尔雅·释地》："两河间曰冀州，河南曰豫州，河西曰雍州，汉南曰荆州，江南曰扬州，济河间曰兖州，济东曰徐州，燕曰幽州，齐曰营州。"《吕氏春秋》："河汉之间为豫州，周也；两河之间为冀州，晋也；河济之间为兖州，卫也；东方为青州，齐也；泗上为徐州，鲁也；东南为扬州，越也；南方为荆州，楚也；西方为雍州，秦也；北方为幽州，燕也。"明显远远超出上古三代的地域范围，基本上与春秋战国时代的疆域轮廓吻合。第三，从有关记载的时间顺序看，《禹贡》中的梁州相当于今陕西、四川等地，实为战国秦所开辟，《吕氏春秋》称幽州为燕地，而燕国在春秋时代尚不与中原诸侯国相来往，直至战国才与列国逐鹿。

至于"十二州"说，是汉代及以后学者尤其是经学家强加于尧、舜时代的伪说，尧、舜时代尚处在氏族社会，国家还没有形成，作为国家为有效统治地方和人民而产生的行政区划根本就不可能存在。顾颉刚在20世纪30年代，经严密考证，以确凿的证据，证明《尚书·尧典》为汉代作品，被补入《尚书》，并指出："十二州"说因汉代学者为印证汉武帝所设置的十三州刺史部而起，马融所列的十二州名只是调和了《尚书·禹贡》《周礼·职方》《尔雅·释地》等书"九州"之名矛盾所形成的混合物（顾颉刚：《从地理上论证今本尧典为汉人作》，《禹贡》第2卷第5期，1934年11月；顾颉刚：《州与岳的演变》，《史学年报》（燕京大学）第1卷第5期，1933年8月）。事实上，汉代学者关于十二州的论述本身就相互矛盾，漏洞百出。例如，谷永说因洪水尧分天下为十二州，班固称黄帝时就有州制，尧因洪水分为十二州，大禹完成治水后改为九州，马融则认为大禹完成治水后设九州，舜因冀、燕、齐三地面积大而分为十二州。又如对州名的论述，谷永、班固没有叙列，马融则将《尚书·禹贡》《周礼·职方》《尔雅·释地》三书中所涉及的全部不同州名作为十二州名称，青州和营州并列，而先秦时代上述二州为一地多名，同指今山东半岛，因此郑玄将营州解释为与山东半岛隔渤海湾相望的今辽宁、朝鲜一带，但营州之名出自营丘（今山东省淄博市临淄），将其移到辽宁、朝鲜明显有误。

十、畿服问题研究

"畿服"同"州制"一样，也曾被认为是先秦时代的行政区划制度，当然其影响远不如"州制"。"畿"即古代王都所在的千里地域。《诗经·商颂·玄鸟》曰："邦畿千里，维民所止。""邦畿"即古代天子直接统辖的地区。后多指京城管辖的地区，如京畿、畿辅。"服"即古代王都以外的地区，为各级诸侯和外族居住区域。"服"有服事于王之意。周代有"内服""外服"之称（参见本文第四节）。先秦时代的"畿服"说包括"三服""五服""六服""九服（九畿）"几种说法，其中最流行是"五服"说。

1. "三服"说

《逸周书·王会》记载，方千里之内为比服，方二千里之内为要服，方三千里之内为荒服。"比"意为亲附，"比服"指亲附王朝的部落所在地区；"要"意为约束，"要服"指少数民族中愿意接受王朝礼教约束者所在地区；"荒"意为荒远，"荒服"指居住在荒芜边远的少数民族愿意向王朝朝觐者所在地区。《史记·秦始皇本纪》曰："昔者五帝地方千里，其外侯服、夷服，诸侯或朝或否。"

2. "五服"说

"五服"说在"畿服"说中既最为流行，也最早出现。《国语·周语》称："夫先王之制，邦内甸服，邦外侯服，侯卫宾服，夷蛮要服，戎狄荒服。""甸"即田，"甸服"指为王室管理耕地者所在区域，"侯服"指负责以武力保卫王室者所在区域，"宾服"指归服王室、王室以宾礼相待者所在区域，要服、荒服含义同上述"三服"说。《尚书·禹贡》则曰："五百里甸服……五百里侯服……五百里绥服……五百里要服……五百里荒服。"将《国语·周语》中的"宾服"改为"绥服"，并规定了距离。"绥"意为安，"绥服"指安心服从于王室政教者所在区域，与"宾服"含义一致。《尚书·益稷》所载《五服》与《尚书·禹贡》相同。《尚书·康诰》中所述的周代五服为：侯、甸、男、采、卫，把《国语·周语》《尚书·禹贡》《尚书·益稷》中的"甸、侯"排列顺序颠倒为"侯、甸"。"男"古代通任,"男服"指担任王室事务者所在区域,"采"意为事,"采服"指为王室服事者所在区域,"卫"意为保卫,"卫服"指保卫王室者所在区域。

3. "六服"说

《周礼·大行人》记载说,九州之内为邦畿和侯、甸、男、采、卫、要六服,九州之外为藩国,所述六服中前五服与《尚书·康诰》相同,增加第六服为要服。《尚书·周官》中的六服为:侯、甸、男、采、卫、蛮,将《周礼·大行人》中第六服"要服"改为"蛮服"。

4. "九服(九畿)"说

《周礼·职方氏》称:"方千里曰王畿,其外方五百里曰侯服,又其外方五百里曰甸服,又其外方五百里曰男服,又其外方五百里曰采服,又其外方五百里曰卫服,又其外方五百里曰蛮服,又其外方五百里曰夷服,又其外方五百里曰镇服,又其外方五百里曰藩服。"《逸周书·职方》中的九服与此完全一致,两者前六服与《尚书·周官》中的六服相同。《周礼·大司马》则将"服"改为"畿",即侯畿、甸畿、男畿、采畿、卫畿、蛮畿、夷畿、镇畿、藩畿,名称与《周礼·职方氏》相同。

5. "畿服"说分析

以上仅仅列举了"畿服"说中的4种主要说法,每一种说法对服名又有不同的论述,各畿服说对服在距离上的记载也不完全相同,有的没有具体的距离,有的每服按500里计,有的按1000里计。对各服所承担的职贡,《国语·周语》曰:"甸服者祭,侯服者祀,宾服者享,要服者贡,荒服者王。"即甸服每日向天子供给祭物,侯服每月向天子提供祀祖之物,宾服每季向天子供给祭祖物品,要服每年向天子朝贡一次,荒服每代向天子朝拜一次。《禹贡》所载"五服",只说甸服要交纳谷物赋税。《大行人》则称,侯、甸、男、采、卫、要六服和藩国应分别每一、二、三、四、五、六年和一世朝拜天子一次,分别向王朝贡纳祀物、嫔物、器物、服物、材物、货物和宝物〔王树民:《畿服说成变考》,《史学论丛》(北京大学)第一册〕。总之,各种古籍上记载的畿服制在服数、距离、职贡等方面各不相同,十分混乱,实际上是先秦学者对王都以外的地区,按其与王朝的关系、离都城的远近而划为等距离环状地带的一种理想化的区划方案，显然不符合当时的实际情况，并不是先秦时代的行政区划制度。

十一、中国行政区划产生年代探讨

一方面由于年代久远、史料记载不详；另一方面，有关先秦的行政区划资料纷繁，而各个时期对先秦行政区划的记载、论述多有矛盾，更由于对行政区划定义认识的不一致，直至今日学术界在行政区划产生年代问题上的看法仍存在相当的差距。

20世纪以前，大家普遍的看法是在夏代以前的尧舜时代就已产生行政区划，即上面提到的"州制""畿服制"，现在学术界对此已有一致的认识，"州制""畿服制"作为行政区划在先秦不成立，但其影响尚未完全消除。当前学术界关于行政区划起源的分歧在于，夏商周有没有行政区划？一种观点认为，夏商周不存在行政区划，中国的行政区划始于春秋时期的县制；另一种观点则认为，夏代已形成行政区划萌芽。

认为夏、商、周不存在行政区划的学者以孙关龙为代表，孙先生指出："整个殷商、西周王朝没有任何行政区划"，同时又指出："在中国夏、商、西周三代，约1400年左右的时间并没有形成整套的行政区划制度"，"也不可能对整个国家进行系统的行政区划"。其主要理由是：（1）"夏代是中国国家史的黎明时期，裂疆分土迄今不甚明了"；（2）"殷商、西周已有确切材料证明，实行了分封制，即分封诸侯的制度"，公、侯、伯等"爵位是政治权力的标志，但不具备行政职能，更不是行政区划"；（3）"各诸侯国王对所封国内的一切领土、山水、居民等都归其个人和家族所有，而且这种统治权又是世袭的，实际上完全是一个独立王国"，"与地方一级行政机构的性质、责职和组成都截然不同"，"各诸侯国除了国都是明确的外，其地域范围全是难以较确切地给予划定的，更谈不上'四至八到'的疆域范围"（孙关龙：《分分合合三千年》，广东教育出版社，1995年）。

笔者认为，在探索行政区划起源时，不能照搬现代行政区划的概念，对于早期国家的行政区划，应从中央与地方关系、是否分地域统治等最关键的问题入手。夏、商、西周三代确实没有形成整套的行政区划制度，在主观上也不可能对整个国家进行系统的行政区划，但夏代在原始公社部落基础上形成的"方国"或"小邦"，在客观上行使了奴隶制国家的地方行政管理权，起到了地方行政区的某些作用，成为中国行政区划的萌芽。因此，中国的行政区划萌发于夏代。辛向阳在《大国诸侯》一书中指出："在中国五千年辉煌的文明历史中，从夏朝开始初步形成了比较集中的中央政权和中央政府统辖下的地方政权"。商代"形成了以王都'大邑商'为中心，并划分'四方'的行政区划和行政组织"。

我们之所以持上述观点，最根本的一条就是，方国、诸侯国等与夏、商、西周三代王朝之间存在上下从属关系，也就是地方和中央的关系，如果说这种关系在夏代还比较松散的话，进入商代已相当明显。当然夏、商、西周的行政区划制度是很不完善的，对照现在对行政区划和行政区的定义，夏代的方国等不是夏王朝主动划分的行政区域，对诸侯国商、西周也没有进行地理上的划分，方国、诸侯国等不具备现代行政区必备的行政区域边界，地域范围相当模糊，血缘氏族色彩还没有完全消失。但是，我们不能因其不完善而否定其行政区划萌芽的性质。事实上行政区划制度是逐步完善的，直到今天仍然有其不完善之处。例如分封制不仅西汉存在，清代也没有灭绝，世袭制直到清代的土司仍在实行，至于说明确的行政区域边界，春秋战国时期郡、县的边界也不清楚，中国省、县两级陆地边界直到21世纪才基本勘定。从另一个角度看，如果诸侯国因没有明确的边界所以作为行政区不成立，按此推理，夏、商、西周没有明确的国界，其作为国家也不能成立，这显然是错误的。

十二、先秦行政区划评述

先秦是中国行政区划的萌芽时期。其中夏、商、西周上古三代是地方行政制度和行政区划的萌发阶段，各政区之间尚无明确的行政区域界线，有的甚至连驻地和政区名称都不十分清楚，而且以分封制的形式划分政区，世卿世禄，没有从根本上破除氏族公社遗留下来的血缘联系。

春秋战国是中国行政区划初步形成阶段，确立了君主官僚制时代行政区划的雏形，先后开创了县制、郡制、郡县制。但尚无全国范围统一的政区划分，即使在诸侯国内也没有彻底打破氏族社会的血缘纽带。战国时期，郡县设置已相当普遍，但分封制仍然存在，还有相当的势力，诸侯国在设置郡县的同时，还保留分封给卿大夫的邑，有的诸侯国如魏、鲁没有郡的建制，还有的诸侯国如齐国不仅没有设置郡，也不设县，而是全部实行分封制。因此，有的学者认为郡县制在春秋战国始终是分封制的附庸而已。笔者认为，就总体而言，春秋以分封制为主，在部分诸侯国开始产生县制、郡制；战国郡县制与分封制并行，在部分诸侯国郡县制已逐步占据主导地位，少数诸侯国仍全部实行分封制。

春秋战国时期郡制、县制还不完善。以县制为例，由于各诸侯国所处的位置不同，所设的县差距很大，当时的县与秦汉以后的县相比，具有以下特点：一是春秋时期的县还保存某些分封制的残痕，如国君可以把县赐给臣子，县大夫可以世袭等；二是各诸侯国所设的县规模悬殊，大的如楚、秦以一小国为一县，甚至灭了陈、蔡这样的中等诸侯国也仅设一县，小的如齐国一乡置一县，《齐侯钟铭》说齐侯赐叔夷"其县三百"，可见齐国县之小，晋国等则以一邑设一县；三是各诸侯国设官不统一，从史料记载看，战国时县的长官，秦、赵为县令，晋称大夫，卫曰宰，楚设公，还有的置尹；四是春秋时期的县地位比较高，楚、秦的县不仅规模大，而且直属诸侯国国君，地位高于当时的郡，晋、吴等国的县多为卿大夫的封邑。

十三、先秦中央与地方关系

就总体而言，先秦中央与地方之间的关系，由简单到复杂，血缘氏族的影响从强到弱。中央对地方的控制，从夏至西周由松散趋于严密，从东周开始，中央（周王朝）对诸侯的控制又由严密走向衰弱，但在诸侯国内部，中央（国君）对地方的控制随着郡、县的出现比上古三代王朝对诸侯（方国）的控制更加严密，并逐步从世袭分封制过渡到中央集权官僚制。

夏代氏族制度的残余十分浓厚，中央（夏王朝）与地方（附属方国、部落、部落联盟）之间是一种松散的联合，既有中央管辖地方的成分，也保留着原始部落联盟血缘联系的因素，边远部落或部落联盟与夏王朝之间还没有建立起确定的君臣关系，实际上是一种具有部落联盟性质的附庸关系，带有相当浓厚的血缘氏族色彩。

商代"内服"由以商王为首的中央政府直接统辖，并以分封的形式统治"外服"，开创了中国数千年分封制先河，对中央与地方关系的影响一直延续至今。商代中央与地方的关系，比夏代更具政治意义，按地域统辖人民的国家特征更加明显，以血缘为纽带的氏族制度的残余进一步削弱。在外服受封的奴隶制贵族接受商王朝中央的统治，受命统辖一定的区域，对商王朝承担地方政府的义务，与商王朝有比较明显的从属关系。但由于中央和地方是"相对分立"的政治实体，中央对地方的统治取决于中央王朝与地方实力的相对强弱，地方势力的强大必然导致王朝的覆灭，正是商朝的方国周的强大和反叛，推翻了商王朝。

周代实行宗法分封制，周天子直接管辖京畿，其余地区分封给宗亲国戚、功臣为诸侯国；在诸侯国内，诸侯（国君）直接统辖国都，其余的再分封给其子弟亲属为邑，形成诸侯国、邑两级制。周王朝与诸侯国、诸侯国与邑之间存在血缘宗法关系，中央政府以血缘为纽带治理地方。与商代宗主式的"相对分立模式"体制相比，中央对地方的控制更加严密。但每个诸侯国都自成一体，诸侯世袭罔替，拥有很大的自主权，随着时间的推移，周天子与诸侯的血缘关系日渐疏远，一旦王室衰弱，或诸侯势力强盛，中央政府以血缘为纽带治理地方的体制就会崩溃，必然形成诸侯割据的局面。

春秋战国时期，周王朝名存实亡，诸侯普遍僭越，逐步从行政上、道德上摆脱中央王朝的控制，在领土和国事上完全独立，自立为王，并从"挟天子以令诸侯"发展到"礼乐征伐自诸侯出"。其结果中央（周王朝）与地方（诸侯国）的关系本末倒置，中央被地方挟制、利用，甚至成为地方的傀儡。具有讽刺意义的是，正是在对抗中央、分裂割据、造成整个国家无政府状态的诸侯国内部，孕育了中央集权的萌芽，先后产生了县制、郡制、郡县制，打破了"封邦建国"旧制度的束缚，确立国君在诸侯国内的集权统治地位，地方行政管理体制由贵族世袭制逐步过渡到封建官僚制，在诸侯国内大大加强了中央（国君）对地方的控制，为最终消灭诸侯割据、统一中国在制度上奠定了坚实的基础。

十四、先秦行政体制变革

夏商周政治与宗教不分，实行政教合一体制。但天命渺茫，事在人为，因此聪明的先贤将天人合而为一，变政教合一为天人合一。《蔡仲之命第十九》曰："皇天无亲，惟德是辅；民心无常，惟善之怀。为善不同，同归于治；为恶不同，同归于乱。"《太甲中第六》："天作孽，犹可为；自作孽，不可逭。"

　　春秋战国，群雄并起，各国都注重人才的争夺、任用及制度的改革。齐桓公用管仲为相，管仲在制度方面的改革，一是经济方面的盐铁公卖政策，二是政治军事方面的"作内政寄军令"。《国语》："作内政而寄军令焉。……于是制国：五家为轨，轨为之长。十轨为里，里有司。四里为连，连为之长。十连为乡，乡有良人焉。以为军令：五家为轨，故五人为伍，轨长率之。十轨为里，故五十人为小戎，里有司率之。四里为连，故二百人为率，连长率之。十连为乡，故二千人为旅，乡良人帅之。五乡为师，故万人为一军，五乡之帅帅之。"管仲在经济方面的改革实现了富国的目标，而在政治军事方面的改革，即政治制度和军事制度的紧密配合，实行军民合一体制，达到了强兵的目的，结果数年间齐国即称霸诸侯。

　　在制度改革方面最彻底、最成功的是秦国的商鞅变法。公元前359年进行第一次变法，其主要内容一是"令民为伍什，而相收司连坐"，二是奖励耕战。前350年实行第二次改革，将全国的城邑、村落归并为31县，统一度量衡，废井田，开阡陌，确立土地私有制。商鞅变法的核心是建立事权统一、讲求效率的制度，中央确立丞相制度，地方实行郡县制，使秦国最终一统天下。

（作者单位：中国社会出版社）

论清末民初政区剧变及其现实意义

华林甫　高茂兵　卢祥亮

一、引言

从清末新政到民初袁世凯去世，中国政区经历了巨大的变迁。先是简化政区层级，然后大量更改政区名称（包括通名和专名），导致许多沿用了上千年的政区通名退出历史舞台。这在中国政区发展史上是十分引人注目的。

民国初年以来的政区制度，一直徘徊于两级制、三级制之间。北洋政府之初、南京政府前期，均实行省直管县的体制；但是，1914 年在省与县之间插入了道一级，20 世纪 30 年代之后在省与县之间又产生了专区，均向三级制靠拢；从新中国成立到改革开放之前，内地政区的普通制度一般是省管县两级制，专区、地区仅仅是省的派出机构；改革开放以来，大量的地、市合并使得地级市坐实为政区，从而形成了以省、地级市、县三级制为主的政区制度。但是，目前的地级市制度已经走向没落，不消说市辖市的不合理，就是中西部广阔地区的市管县体制也是市吃县、市刮县、市卡县，没有完全达到当初以市带县共同发展的美好愿景。所以，当今的三级制政区何去何从，值得不同学科的各个专业来共同思考。

目前，学术界关于清末、民初政区的研究已取得了一些成果，主要关注于以下两方面：一是清季官制改革，如侯宜杰、刘伟、王家俭、关晓红的相关论著，涉及有地方行政层级的改革。二是民国时期地方行政区划研究，其成果大体梳理了民国初年行政区划沿革的情况和事实，也有部分成果体现了民国初年行政体制的变化情况，如王家俭先生探究了民初关于督抚制度到都督体制、军民分治与省制的争论以及民国二年后的地方行政制度改革；关晓红认为辛亥各省光复政区乃至民初政府的省制多在清末外官改制和各省独立自治的基础上加以变通；冀满红、张远刚从制度史的角度探讨了民国初年地方行政制度的调整。而将清末至民国初期行政区划作为一个整体来探讨的，则较为少见。

二、政区制度变革

一个政权、尤其是全国性政权的建立，须经历一个或长或短的时间过程，划妥地域、任用贤人为两大要务，于中央而言要建设统领机构并建立各个部门、行业的治理机构，于地方而言要理顺各级政区的关系，建立完善、稳固、有效的政区体系。

清代政区主体为省管辖府（含与府平级的直隶厅、直隶州）、府管辖县（含与县平级的散厅、散州）的三级制，但其职官体系却是：总督、巡抚节制布政使，布政使、按察使节制道员，道员节制知府、直隶州知州、直隶厅同知或通判，知府等官节制散州知州、散厅同知或通判、知县，两者并不匹配。清末新政时，裁撤了同城督抚和同城府县，但并未根本动摇这一官僚体系。清末民初时期，则大刀阔斧地改革了政区。

民国初年以来历史仅有百年，政区发展的趋势、方向不易把握。如果把时间尺度放大到自政区产生以来两千多年，也许会看得更清楚一些。中国历代政区的变迁大势，若以县为基层单位，总的发展趋势是向两级制发展。

春秋时代产生了县和郡，战国时代逐渐形成以郡统县的两级制，秦始皇分天下为三十六郡，此后秦汉时期的郡县制即为以郡辖县的两级制；尽管东汉末年州由虚入实，政区演变为州郡县三级制，但隋开皇三年废天下诸郡之举，使得政区制度恢复到两级制状态；开皇九年平陈后，州县两级制推广到全国。如果从"郡县"首次连称的《国语（晋语二）》"公子夷吾出见使者曰：……'君实有郡县'"之言（前650）算起，到隋开皇九年全国回复到两级制，历时1239年。

隋炀帝改州为郡，唐初改郡为州，天宝、至德间又改州为郡，"更相为名，其实一也"，政区一直实行的是两级制（或为州县、或为郡县）。安史之乱以后，脱胎于监察区的"道"逐渐凌驾于州之上，于是从中晚唐开始形成了道（藩镇）、州、县三级制。宋代的政区创新是人为地开创了复式路制，路为高层政区，府州军监为统县政区，县为基层政区，仍为三级制。元代政区以三级、四级居多，甚至有多至五级的，达到政区层级的最高峰。明初大刀阔斧地改革政区，目标是朝着三级制方向努力，所以到了万历年间，主体形成省、府州、县三级制。清代前期改革"属州"制度之后，全国政区完全形成了省、府、县三级制，其中与府平级的有直隶厅、直隶州，与县平级的有散厅、散州。中华民国成立之初，废府、厅、州，实行了省直管县的两级制。所以，从隋开皇九年平陈后在全国实行州县两级制开始，到1912年恢复到两级制，历时1323年。

因此，从春秋到民国元年之初的两千五百多年间，中国政区的变迁其实经历了两次大循环，终点都是两级制。第一个循环是从春秋到隋初，政区从两级制产生开始，以回到两级制告终；第二个循环是从隋代到民国初，惊人地重复了从两级制开始、历经各朝各代无数细节变化而回到了两级制。

因此，探讨清末民初政区层级的变化，不仅仅是近代史的问题。那么，它到底经历了怎样的变化呢？下面展开详细分析。

民国初年政区体系的形成也经历了设计、探索、实践和完善的过程，而这个过程是肇始于清末地方官制的改革。

清末，郑观应就曾指出州县官"上官则有府、有道，有按察、有布政，复有督、抚以临莅之，层累而上有六、七级。其所以有事于县者，为善、为恶未易达之朝廷也。故不必专心于所治，而必屈意于所事。欲救其弊，非以一县之职分数官治之不可"。他认为要消除这种弊病就必须改革地方行政体制，"谓宜分每省为数道，每道不过四、五郡。知府以上仅有道员，道员之权比于今之巡抚，得专达于朝廷，而凡督、抚、藩、臬之职一概裁革"。康有为也认为州县官"凡有事须先上府，又府乃上司、道，由司、道上督、抚，自非告变不能逾越，逾越者罪之。道路不通，省地阔大，多有经月不能至省会者。知县卑而众多，督、抚亦几忘之，凡百之权，皆收之于上。故隔绝疏远，一切民事，皆败于成案文书数千里经月之程"。他主张"知府悉裁去，俾无层级之隔碍"。无论是郑观应裁革省级大员之主张，还是康有为裁撤知府之建议，其目的都是为了裁汰冗员，简化层级，提高地方行政效率。

光绪三十二年七月初六日（1906年8月25日），出洋考察政治大臣戴鸿慈等呈递了《奏请改定全国官制以为立宪预备折》，认为中国现在各省官制有三大弊端：一是官署阶级太多，二是缺少地方佐治官，三是没有地方自治。结合他们所考察的法国、普鲁士、英国和日本等国，建议朝廷变通地方行政制度，以求内外贯注。具体方法是："除盐、粮、关、河诸道各有专责，不必议裁外，宜将守道及知府、直辖州两级悉行裁去，而以州县直辖于督抚，……将现在各州县因地之广狭、民之多少，区为三等，大县进为府，中县为州，小县为县。……不相统属，而同受监督于督抚"。七月二十八日（9月6日），出使德国大臣杨晟在《条陈官制大纲折》中提出"以府为上级，县为下级，废厅、州等名，一律改合两级之制"。戴鸿慈与杨晟关于地方官制改革的主要区别是：戴鸿慈等主张裁撤道、府（直隶州、直隶厅），府、州、县为平等的同级，不相统属，并辖属于省，形成省辖府（州、县）两级制；杨晟主张督抚为"国家行政官"，省为"中央政府之分体"，并废除中间层级厅、州，地方行政改为府管县两级制。

同年九月十九日（11月5日），编译局以厘定官制大臣的名义将地方行政改革方案致各省督抚征求意见。其方案为"今拟仿汉、唐县分数级之制，分地方为三等，甲等曰府，乙等曰州，丙等曰县。令现设知府解所属州县，专治附郭县事，仍称知府，从四品，其原设首县即行裁撤。直隶州知州、直隶厅抚民同知均不管属县，与散州知州统称知州，正五品；直隶厅抚民通判及知县统称知县，从五品"。据此可知，此次地方行政改革与戴鸿慈的官制改革相当，大体是主张府、州、县属同一层级，但以不同的等第来做区分。府为甲等，不再管辖州县，直辖原附郭县地；州为乙等，直隶州、直隶厅均不管辖县，并与散州统称为州。

光绪三十三年正月初五（1907年2月17日）前，除直隶总督袁世凯、两江总督端方外，各省督抚先后复电表达了各自态度。对于"分地方为三等，府州县不相统属"问题，各督抚的态度如下表所示：

表1　各督抚对"分地方为三等，府州县不相统属"的态度

态度	人次	代表
赞成	6	吉林将军达桂、新疆巡抚联魁、云贵总督丁振铎、岑春煊（丁的继任者）、湖南巡抚岑春蓂、盛京将军赵尔巽
赞成但须进一步修正意见（缓办）	4	调任贵州巡抚庞鸿书、闽浙总督福州将军崇善、浙江巡抚张曾敭、江西巡抚吴重熹
反对	6	江苏巡抚陈夔龙、广西巡抚林绍年、四川总督锡良、山西巡抚恩寿、山东巡抚杨士骧、湖广总督张之洞
不明确	7	陕甘总督升允、河南巡抚张人骏、陕西巡抚曹鸿勋、署贵州巡抚兴禄、黑龙江将军程德全、两广总督周馥、安徽巡抚恩铭

资料来源：该表据侯宜杰整理的《清末督抚答复厘定地方官制电稿》（《近代史资料》第76辑）制定。

据上表可知，赞成的有 6 人次，占总人次的 26.1%；赞成但须进一步修正意见或须缓办的有 4 人次，占总人次的 17.4%；反对的有 6 人次，占 26.1%；态度不明确的有 7 人次，占总人次的 30.4%。其中明确赞成和反对的人次旗鼓相当。

直隶总督袁世凯认为，"裁撤各省巡道；留知府、直隶州及外县知县；所有知府、直隶州、外县知县遇事可通禀督抚、将军，受直接之训条，不必沿用向例由藩臬司道转详"。袁世凯赞成府州县不相统属，直辖于省。反对者以张之洞的观点最具有代表性，他认为称大县为府不妥，因为"各县距省遥远，极远者至二三千里，赖有知府，犹可分寄耳目，民冤可审理，灾荒可复勘，盗匪可觉察饬缉。若尽归省城，考察岂能遍及？待该县禀报至省，祸乱已成，控告到院司，民命已毙矣。故裁去知府一说，万分为碍，势有难行"。

综观各省督抚意见，光绪三十三年五月二十七日（1907 年 7 月 7 日），总司核定官制大臣奕劻等上奏续订各直省官制情形，并附有《谨拟各省官制通则缮具清单》。其中有关地方行政体制规定的有："第二十条，各省所属地方得因区划广狭，治理繁简，分为三种：曰府，曰直隶州，曰直隶厅"；"第二十三条，各省原设之直隶厅有属县者，一律改为直隶州。其无属县者，仍设同知一员，承该管督抚之命，并就各司道主管事务，承该长官之命，处理所治境内各项行政"；"第二十四条，各府所属地方分为二种如左：曰州（散州），曰县"；"第二十五条，各直隶州所属地方曰县。"

根据《谨拟各省官制通则缮具清单》，各省所属地方因行政区域广狭，治理繁简分为府、直隶州和直隶厅三种。其中规定府对所属州县起监督指挥作用。直隶厅变化也较大，原有属县的直隶厅一律改为直隶州；无属县的直隶厅不变。府辖州、县，直隶州辖县，直隶厅不辖县。

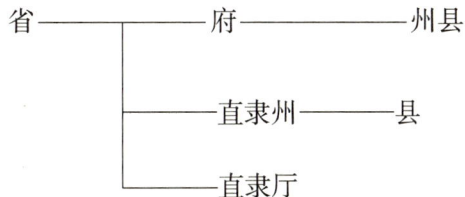

```
省————————府————————州县
      |
      |————直隶州————县
      |
      |————直隶厅
```

图 1　清朝地方行政体系

同日，发布上谕："著由东三省先行试办……直隶、江苏两省风气渐开，亦应择地先为试办。俟著有成效逐渐推广，其余各省均由该督抚体察情形，分年分地请旨办理，统限十五年一律通行。"

但早在此前的四月十一日（5 月 22 日），东三省总督徐世昌在《拟定东三省职司官制及督抚办事纲要折》中附《东三省职司官制章程》，就曾议改各属官制：

（1）东三省民官情形，新设知府皆无首县，其府、厅各官，自新设东边道、哈尔滨道外，大率迳归将军及驻省道员管辖，承转本较内地为少。各属幅员宽广，于治理不便，多须析置。

（2）江省边城率无民官，增置更不容缓，且动系通商地方，民官体制自须略为加崇。拟多置府、厅，合州为三级，增设道监督之。知府拟仿国初云南各省军民府之制，不设属县，兼辖旗民，与厅、州皆隶于道，以期与东省时势相宜。

（3）三省原设知县，本兼有理事通判衔，拟均升为厅治。原有厅、州或酌改为府，其直隶厅有属县者亦改之，而升厅治为府，迳隶于道，以省周折。

清季东三省地方行政制度大体为新设府既无附郭县，也不领属县；兼有理事通判衔的县可以升为厅，有属县之直隶厅可升为府；道已正式成为管辖府、厅、州的完整政区。该年十二月，徐世昌上奏《吉林增设府州县员缺》，设想新设各缺"其州县亦不归府辖，以省转折"。宣统年间，徐世昌在《上监国摄政王条议》中提到，"然官多则承转太烦，辗转积压，候批请示甚无谓也。故新设之缺，府不辖县，均使直接公署。将来尚拟将府、州、县区为一等，而以道员监督之"。经徐世昌改革，奉天省法库门、营口、庄河、辉南四直隶厅无属县，吉林省的府一般都不再辖有属县，黑龙江省的大部分府、直隶厅也俱无属县。光绪三十四年八月初一日（1908 年 8 月 27 日），清廷颁布《逐年筹备事宜清单》规定第三年厘订直省官制，并明确由宪政编查馆与会议政务处同办。光绪帝和慈禧太后死后，摄政王载沣曾多次催促官制的制定，由于京师官制迟迟未能定稿，厘定外省官制之事被推迟到了宣统二年春才进行。宣统二年五月初七日（1910 年 6 月 13 日），宪政馆官员汪荣宝在其日记中记载，"（午）饭罢到宪政馆，与同人讨论外省官制，余主分省以为若干道，分道以为若干府、州、县，上县为府、中县为州、常县为县，三者并列，不相统摄，而均隶于道。每省设巡抚一员，所属有各司，略如京部之制。各司以巡抚一名行事，不得独立发动。每道设分巡一员，酌设佐治员。府州县设知府、知州、知县如故，仍各酌设佐治员。同人多赞同余说"。可知，当时宪政编查馆筹划地方行政制度为省管辖道、道管辖府州县的三级制，其中府、州、县同级但不同等，分为上、中、常三个等第，三者并列，不相统属。

后因中央和地方督抚关于是否裁撤督抚以及如何调整督抚权力进行了反复争论，致使外官制迟迟未能确定。宣统二年十二月初八日（1911 年 1 月 8 日），锡良、张人骏等十五位地方督抚将军联名上奏，提出外官制以州县直接中央，分为三级，第一级为内阁与各部，第二级为督抚，第三级为府厅州县，其中第三级各治一邑而不相统辖。宣统三年正月十六日（1911 年 2 月 14 日），宪政馆所拟新外官制草案大体是"其各道缺均议裁撤，酌设巡道数缺，亦以省治繁简为衡，至地方行政官仍照旧制，以府、厅、州、县分治，免去分属制度，直接总督管辖"。

除东三省新设府和云南、贵州、新疆少数府外，其他各省的府多辖有厅、州、县，并多有附郭县，而没有亲辖地。宣统三年二月初二日（1911 年 3 月 2 日），民政部令各省同城州县应一律裁撤，以省繁冗而免分歧，附郭县一切事宜归知府直接管理。府有了直辖地方，按"大县为府、中县为州、常县为县"原则重新划分地方区域，于是府、厅、州、县同级成为可能。6 月 12 日，政事堂议定外官制，其内容大略为：府、厅、州、县不相统辖，升州县为五品；不分直隶州与普通各州；裁撤同城州县，府亦管辖地面；一律添设佐治官，府、厅、州、县只办行政事宜，其民、刑事诉讼划归审判厅。

地方督抚职权一直未解决，外官制也久议未决，直至辛亥革命爆发前，新外官制草案预计颁行，"其大纲之组织，与现行制度无甚差异，定名为各省地方新官制，约分两级：督抚为上级，民政、交涉、度支、提学、劝业五司为附厅，司法、军政为独立，均归属督抚总其成；府厅县为下级，直接属于督抚"。公布的地方行政长官分为：知府、知州、知县，并均管地方行政事务。辛亥革命爆发后，摄政王还命令内阁将"新外官制亦迅即厘订，请旨颁布，不得耽延贻误"。其后，各地纷纷宣布独立，清廷也无暇顾及外官制的厘定、颁行了。

清末地方行政体系改革的主要目的就是要减少行政层级，裁汰冗官，提高行政效率。辛亥革命推翻了清王朝的统治，继之而设的各地军政府与南京临时政府又将如何改革地方行政制度？

武昌起义后，各省纷纷响应，宣布独立。1911 年 10 月，中华民国鄂军政府颁布《地方官职令草案》，第一条规定："地方设府县，以原有之厅州县区域定为区域，府惟设于首都，以江夏县改升，其余各厅州县一律正名为县。"湖北全省只在"首都"设府，改升江夏县为武昌府，其余原厅州县一律改为县。同月，江西省也制定了《江西暂行地方官制草案》，将地方行政划分为府、县两种形式，形成省辖府（县）两级制。草案第一条规定："各府设府知事一员，各县设县知事一员，均由省政事部选定，呈请都督委任。各首县均裁，即以首县有之辖境为各府区域，宁都州改州为府，余各厅州，一律改县，以归划一"；第二条："府知事直接于省各部承其指挥，处理本府直辖地方事务，兼有监督所属各县之权"；第三条："县知事直接于省，各部承其指挥。处理本县一切事务，受府知事之监督"。江西省的府、县同级，府直辖原来的附郭县地方，府、县不相统属，只对属县起监督作用。11 月，浙江省也制定了《浙江各府县暂定编制简章》，其内容与江西草案相仿，将全省分为府、县两种地方政区，均直接受省都督统领，府可以监督县。

江苏省都督府制定的《江苏暂行地方官制》第一条规定："凡地方旧称为州者曰州，旧称为县者曰县，旧称为厅者改曰县，所有民政事宜统于州、县民政长。从前之道、府、直隶厅均裁，知州、知县均改易名称，同城州县均裁并为一"；第二条规定："州、县民政长直隶于都督府，受都督之监督指挥处理各该州、县各项民政事宜。"江苏与江西情况略为不同，江苏同城州县较多，首县多为两县同城甚至三县同城，如裁并为一，名称是如何确定的呢？如省会苏州府有附郭县吴县、长洲、元和，三县裁撤，并除去知府、知县名目，设立苏州民政长一员驻扎苏城，营理三县民政事宜。原扬州府有江都、甘泉二附郭县，两县均裁并，改归扬州民政长直辖。随后，江苏省议会认为"不应再有州之名称，改定苏州民政长名称为吴县民政长，而以长、元两县归并办理。"同月，还公布了《江苏军政分府》，将全省划分为 5 个军政分府，受江苏都督的监督。因此，江苏省实际上执行的是省管辖军政分府、军政分府管辖州县的三级地方行政制度，州县之下还有市、乡。

广东省军政府成立后，实现了"废道、府两级旧制，以县直隶于都督，每县一县令主之"，实行省管县二级制，但在广东省临时省会选举却仍以州、县为选举区。可见，当时广东省州、厅改县并没有完全实行，有的一直延续至民国元年。云南光复后，"地方行政官厅，暂沿府、厅、州、县名称，惟府、县同城者，则裁县而以府兼摄县事……其旧附郭县佐贰悉裁去"。12月初，贵州光复后裁撤了巡抚司道等官，府县以下暂仍其旧，府不辖县，府县之长均称为知事。

表2　辛亥革命后部分光复省份地方行政体系表

省份	行政体系	职官	备注
湖北	府、县	知事	只设1府，即武昌府
江西	府、县	知事	宁都直隶州改府
浙江	府、县	知事	
江苏	州、县，县	民政长	省议会议决将州改县
广东	州、厅、县	县令	
云南	府、厅、州、县	本官名下加"长"字	
贵州	府、县	知事	
四川	府、厅、州、县	知事	

上述诸省所颁布的地方官制，如《（湖北）地方官职令草案》《江苏暂行地方官制》《浙江各府县暂定编制简章》《江西暂行地方官制草案》等大都承袭了清末地方行政改制趋势，实行省管县或省管府县两级制；有的虽仍保留了厅、州的名称，但均不相统属。

1912年1月1日，南京临时政府成立，并颁布了一系列的法规。关于地方行政制度的只有《南京府官制》《大总统令将各省行政各部改称为司》《参议院议决撤销各省军政分府》等规章制度。《南京府官制》第一条规定："民国临时政府所在地方设南京府，以原有之上元、江宁二县为区域，直隶于内务部。"南京为中华民国临时政府的首都，所以设府，与湖北省设武昌府性质相同。2月，湖北军政府颁布的《鄂省暂行府县知事任免章程》第一条也规定湖北省境内，除"首都"武昌仍称府外，其余厅、州，一律正名为县，外府名一律裁撤。同时，福建省政务院饬叙官局对地方行政体系进行了裁并改设。

表3　民国元年福建省新改设府县情况

新设府县	原名	辖域	资料来源
闽侯府	福州府	裁领原福州府附郭县	《地学杂志》第4年第3号
建瓯府	建宁府	裁领建宁府附郭县建安、瓯宁	
福宁府	福宁府	裁领附郭霞浦县	
延平府	延平府	裁领附郭县南平县	
邵武府	邵武府	裁领附郭县邵武县	
泉州府	泉州府	裁领附郭县晋江县	
永春县	永春直隶州	改州称县	
龙岩县	龙岩直隶州	改州称县	
思明府	思明县	厦门、金门并附近各岛屿	
漳州府	漳州府	裁领附郭县龙溪县	《申报》1912年6月6日第2张第6版

2月，湖南省军政府下令将从前知府、知州、知县等名称一律改为府、厅、州、县知事，直接隶属军政府，不相统辖；直隶州、厅除去"直隶"名目，府所管区域即以所并县之区域为区域，同城之县并由府管，其余佐贰缺一律裁撤。可知，湖南省当时实行的是省管府厅州县的二级制，府、厅、州、县平级。

广西也实行省、府县两级制，但其裁并模式稍有不同，将直隶厅、直隶州改为府（如玉林直隶州改为玉林府），但对没有属县的直隶厅、州则改为县（如上思直隶厅因无辖属乃改为县），旧称厅、州者改曰县，府县同城者裁县并府。

上述地方官制多为起义各省自由规定，没有统一体系。南京临时政府内务部即通电各省饬地方各设府、县知事，各厅、州一律改县，各首县均裁，即以首县原有之地方为府知事行政区域。2月14日，清帝退位后两天，袁世凯就致电北方各督抚各府州要求"在新官制未定以前，一切暂仍旧贯，所有各官署应行之公务，应司之职掌，以及公款公物均应赓续进行，切实保管，不可稍懈。"在南方各省变更地方行政制度时，北方各省基本沿袭着清代旧制。

国体变更后，地方行政体制也发生了巨大变化，尤其是辛亥革命以来，多数南方省份在地方行政体制方面进行裁并和调整。但由于缺少一个强有力的中央政府，各地在裁并清朝地方行政制度时，各自为政，模式不一。

表4　民国元年部分省府厅州裁并模式表

省份	裁并模式			备注
	府/首县	直隶州（厅）	厅州	
江苏、湖北、江西、广东、浙江、安徽、山西、河南	裁府留县	改县	改县	湖北原留一府，武昌府后改为县
湖南	裁县入府	除去直隶名称	不变	佐贰均裁
广西	裁县入府	改为府	改县	上思直隶厅因无属县，改为县。除思阳州判改县外，其余佐贰均裁
福建	裁县入府	改县	改县	思明县升为思明府

由表4可知，府和首县的裁并模式有两种情况，其一为延续清末裁撤同城州县的思路，将附郭县裁撤，一切事宜由府管理，如广西、湖南、福建；其二为裁撤知府，留有首县，如果首县有两个或两个以上则进行裁并，如原扬州府首县江都、甘泉两县裁并为江都县。直隶州、直隶厅的裁并模式有三种：第一是直接改为县，此种情况较多；第二种只是除去直隶两字，改为州、厅；第三种情况改为府。厅、州改县裁并模式有两种情况：多数为直接改县，少数厅、州不变。无论何种模式，目的都是为了简化行政机构，减少行政层级，提高行政效率。

民国肇建之始，地方行政区划各省互歧。东南诸省有的实行省管县二级制，有的实行省管府县二级制，有的实行省管府州厅县二级制（府、州、厅、县平级），袁世凯所控制的北方诸省则沿袭着清末地方行政体系。

袁世凯任临时大总统后，针对地方行政制度混乱状况，并没有立刻进行整顿，而于3月17日令北方各省总督一律改称为都督。11月26日，发布临时大总统第一号训令，将各省属各县及府、直隶厅、直隶州之有辖地方的长官官名一律按照沿江、沿海各地成例改为知事，而对于未裁道及无直辖地方的府，该道、府官名均暂仍旧，等全国地方官制公布施行后再遵照改定。由此可知，当时虽然未颁布统一的地方行政制度，但袁世凯在致力地方行政制度的统一和规范，尤其是将其控制的北方诸省地方职官与南方沿江、沿海各省相统一，以便日后地方行政制度划一。

民国元年，由于中央与各省都督关于"军民分治"与省制、省官制案争论未决，以致统一的地方行政制度一直未颁布。民国二年（1913）1月8日，乘参议院休会之际，袁世凯通令各省，并颁布了《划一现行各省地方行政官厅组织令》《划一现行各道地方行政官厅组织令》《划一现行各县地方行政官厅组织令》《划一现行顺天府属地方行政官厅组织令》等地方官制，其目的就是改变"各省同此一司而南北之名称互异，同为一长而彼此之权限各殊，至于道、府并存，府、县相辖，则尤沿袭前清之弊政，大庚改革之初心"的情况，并要求全国"按照政府计划，以民国二年三月以前为限，一律办齐"。

《划一现行各道地方行政官厅组织令》第一条规定："现设巡道各省分，该道官名均改为观察使"；第八条规定："已裁巡道省分，如该省行政长官认为地方有必要情形得就该省原设巡道地方，依以上各条之例酌设观察使。"第十条规定无直辖地方之府应即裁撤。《划一现行各县地方行政官厅组织令》规定县行政长官称为知事，"现设有直辖地方之府及直隶厅、州地方，该府、该直隶厅、州名称均改为县；现设厅、州地方，该厅、该州名称均改为县；有直辖地方之府，或直隶厅州，或厅州改称为县者，各以原管地方为其管辖区域"，并规定"与本令划一办法抵触者应即裁撤或改正之"。划一令的公布，虽然受到了多方的抗议，但标志着清末以来地方行政制度调整向规范化、统一化方向发展。

划一令公布后，基本确定了北洋政府时期的地方行政层级为省管道、道管县三级制。民国三年（1914）5月23日，颁布了《省官制》《道官制》《县官制》；6月2日，公布《各省所属道区域表》；同月29日，袁世凯批准了内务总长朱启钤呈请的《谨拟各省所属各道道尹驻在地表》，最终确定了北洋政府时期省、道、县三级制。

由于政见不统一，南方各省对于袁世凯强制推行的三级制比较抵触，早期不愿复设道；后迫于压力，相继设置了道。所以，民国初的行政区划改革使得清末以来简化和规范行政层级的理念得到部分落实，并建立起整齐的三级制政区。

道这一层级是将清代道与府的功能结合而建立起的一种介于省、县之间的新型统县政区。至民国三年，全国有 93 个道，每省一般设立 3 至 5 个道，每道所辖县数一般有二三十个。道的行政长官为道尹，人选由巡按使（省长）呈国务总理呈请简任，各省首道必须驻扎省城，以辅助巡按使。各道划分为繁要缺、边要缺、繁缺、边缺、要缺、简缺 6 类，第一、二类为一等，第三、四、五类为二等，第六类为三等，以此作为日常发放行政经费的标准。

民国的道作为统县政区，其幅员和辖县数远超明、清，从制度设计的角度而言，其职责本当比明清道、府的分量要重，而事实却并非如此。由于地方都督和镇守使的强势与干预，道尹的许多职责实际难以履行，驻省首道所受限制更多，因都督、巡按使、财政厅长等要员均在省城，首道更难施展权力，若无其他兼职，反不如地方道尹权重。

不过，湖南、广东、贵州等省于民国九年始相继裁撤各道。国民党坚持省、县二级制的方案，随着北伐军的推进和国民政府对全国统治的确立，各省于民国十六年至十八年间陆续废除道制。道作为一种存在两千多年的政区通名，自此彻底退出了中国历史舞台。

不论道在民国施政中发挥了多大作用，道终究是插入省与县之间的又一级政区实体，道制的废除使得民国政区制度又从三级制回复到二级制。而如果从笔者的两千年五百年两循环之假说来衡量，道的消亡又属必然趋势。

三、政区专名更改

如果说上述政区制度改革最终体现在了政区通名上，那么清末民初政区专名的更改也是跌宕起伏，经历的变化虽不算复杂，却也够令人目眩的。

清末民初的政区变迁，尽管省级政区非常稳定，但省级以下政区的变化巨大。此处仅就政区名称的专名问题展开分析。

（一）大起大落的道名更改

辛亥革命后，除直隶、黑龙江、山东、山西、河南、甘肃、新疆等省仍设有部分道缺外，其余各省均予以废止。1912 年仍保留下来的道，基本沿用清代旧称，唯黑龙江因办公经费奇缺，申请裁撤兴东道、呼伦道二缺，而以瑷珲道原辖区置黑河道（以旧府专名命名）。

1913 年 1 月，《划一现行各道地方行政官厅组织令》颁布后，全国各省陆续设置道缺（各道命名方式详见表 5）。截至 1914 年 2 月，全国计有 73 道，其中，因方位得名有 50 个，占 68.5%；以旧府、直隶州、直隶厅名称首字相加而成有 6 个，占 8.2%；因水（包括海）命名有 4 个；以驻地得名、以旧府专名命名和以"旧府（州）专名 + 南"组合而成各有 3 个（其中镇南道为"旧府专名首字 + 南"，略有差异）；以古地望命名有 2 个；因山得名和因关隘得名各 1 个。由于各地都在裁并府、直隶厅、直隶州，而清代大部分道的命名方式是以府级政区名称首字连缀而成，所以新设道缺大多不再袭用清代旧名，但仍有 21 个道使用清代曾出现的道名，占 28.8%。新设立道制在名称方面可谓十分单调，以方位命名的道竟然超过总数的三分之二，东路道、西路道、南路道、北路道、中路道之名遍布全国，既无创意、也无该地地域特征，有的道若不冠省名，极易混淆。

1914 年年初，内务部对全国重复县名进行了大刀阔斧的改革，说明政府已经意识到地名工作对于施政的重要性。道作为行政区域的一级，既然存在重名的弊端，自然也需要重新调整。于是 1914 年 6 月，政府对全国的道制也进行了大规模的变革，没有设置道缺的省份一律要求设置，并划定各省道区和驻所，对道的名称也进行全面调整（各道命名方式详见表 5）。

表 5　北洋政府时期全国各道命名方式一览

省（区）	时间	道名	命名方式	备注
直隶	1913 年	渤海道	因水（海）得名	
		范阳道	以古地望命名	
		冀南道	因方位得名	
		口北道	因方位得名	沿袭清代旧道名
	1914 年	津海道	以"驻地简称 + 海"命名	驻地为天津县
		保定道	以旧府专名命名	保定府
		大名道	因驻地得名	大名县，沿袭清代旧道名
		口北道	因方位得名	沿袭清代旧道名

省（区）	时间	道名	命名方式	备注
奉天	1913年	中路道	因方位得名	
		东路道	因方位得名	
		南路道	因方位得名	
		西路道	因方位得名	
		北路道	因方位得名	
	1914年	辽沈道	重要政区名首字相加	辽阳＋沈阳
		东边道	因方位得名	沿袭清代旧道名
		洮昌道	重要政区名首字相加	洮南县＋昌图县 沿袭清代旧道名
吉林	1913年	西南路道	因方位得名	沿袭清代旧道名
		西北路道	因方位得名	沿袭清代旧道名
		东南路道	因方位得名	沿袭清代旧道名
		东北路道	因方位得名	沿袭清代旧道名
	1914年	吉长道	重要政区名首字相加	吉林县＋长春县
		滨江道	因驻地得名	滨江县 沿袭清代旧道名
		延吉道	因驻地得名	延吉县
		依兰道	因驻地得名	依兰县
黑龙江	1913年	黑河道	以旧府专名命名	黑河府
	1914年	龙江道	因驻地得名	龙江县
		绥兰道	重要政区名单字相加	绥化县＋呼兰县
		黑河道	以旧府专名命名	黑河府
	1925年	呼伦道	因驻地得名	呼伦县
山东	1913年	岱北道	因方位得名	
		岱南道	因方位得名	
		济西道	因方位得名	
		胶东道	因方位得名	
	1914年	济南道	以旧府专名命名	济南府
		济宁道	因驻地得名	济宁县
		东临道	旧府、直隶厅名首字相加	东昌府＋临清直隶州
		胶东道	因方位得名	

省（区）	时间	道名	命名方式	备注
山东	1925年	济南道	以驻地旧府专名命名	济南府
		东昌道	以驻地旧府专名命名	东昌府
		泰安道	因驻地得名	泰安县
		武定道	以驻地旧府专名命名	武定府
		德临道	重要政区名首字相加	德县＋临清县
		淄青道	旧府、县名首字相加	淄川县＋青州府 唐代方镇道名
		莱胶道	旧府、直隶州名首字相加	莱州府＋胶州直隶州
		兖济道	旧府、直隶州名首字相加	兖州府＋济宁直隶州
		曹濮道	旧府、州名首字相加	曹州府＋濮州 沿袭清代旧道名
		东海道	因水（海）得名	
		琅玡道	以古地望命名	
河南	1913年	豫东道	因方位得名	
		豫北道	因方位得名	
		豫西道	因方位得名	
		豫南道	因方位得名	
	1914年	开封道	因驻地得名	开封县
		河北道	因方位得名	沿袭清代旧道名
		河洛道	因水得名	黄河＋洛水
		汝阳道	旧府名单字相加	汝南府＋南阳府
山西	1913年	中路道	因方位得名	
		北路道	因方位得名	
		河东道	因方位得名	沿袭清代旧道名
		归绥道	旧直隶厅名首字相加	归化城厅＋绥远城厅 沿袭清代旧道名
	1914年	冀宁道	美愿地名	沿袭清代旧道名
		河东道	因方位得名	沿袭清代旧道名
		雁门道	以古地望命名	

续表

省（区）	时间	道名	命名方式	备注
陕西	1913 年	陕西中道	因方位得名	
		陕西南道	因方位得名	
		陕西北道	因方位得名	
		陕西东道	因方位得名	
		陕西西道	因方位得名	
	1914 年	关中道	因方位得名	
		汉中道	以旧府专名命名	汉中府
		榆林道	因驻地得名	榆林县
甘肃	1913 年	兰山道	因山得名	皋兰山
		陇南道	因方位得名	
		陇东道	因方位得名	
		朔方道	以古地望命名	
		海东道	因方位得名	
		河西道	因方位得名	沿袭清代旧道名
		边关道	因关隘得名	嘉峪关
	1914 年	兰山道	因山得名	皋兰山
		渭川道	因水得名	渭水
		宁夏道	因驻地得名	沿袭清代旧道名
		泾原道	重要政区名单字相加	泾县＋固原县 唐代方镇道名
		西宁道	因驻地得名	沿袭清代旧道名
		甘凉道	旧府名首字相加	甘州府＋凉州府 沿袭清代旧道名
		安肃道	旧直隶州名首字相加	安西＋肃州 沿袭清代旧道名

续表

省（区）	时间	道名	命名方式	备注
新疆	1913年	镇迪道	旧府、直隶厅名首字相加	沿袭清代旧道名
		伊犁道	以旧府专名命名	伊犁府
		阿克苏道	因驻地得名	阿克苏城 沿袭清代旧道名
		喀什噶尔道	因驻地得名	喀什噶尔城 沿袭清代旧道名
	1914年	迪化道	因驻地得名	迪化县
		伊犁道	以旧府专名命名	伊犁府
		阿克苏道	因驻地得名	阿克苏城 沿袭清代旧道名
		喀什噶尔道	因驻地得名	喀什噶尔城 沿袭清代旧道名
	1916年	塔城道	因驻地得名	塔城县
	1919年	焉耆道	因驻地得名	焉耆县
	1920年	和阗道	因驻地得名	和阗县
		阿山道	因山得名	阿尔泰山
江苏	1913年	淮扬道	旧府名首字相加	淮安府＋扬州府 沿袭清代旧道名
		徐州道	以旧府专名得名	徐州府
	1914年	上海道	因驻地得名	1914年1月置，驻上海县，6月改置沪海道
		沪海道	以"驻地简称＋海"命名	驻地为上海县
		金陵道	因驻地雅称得名	江宁县
		苏常道	旧府名首字相加	苏州府＋常州府
		淮扬道	旧府名首字相加	淮安府＋扬州府 沿袭清代旧道名
		徐海道	旧府、直隶厅名首字相加	徐州府＋海州直隶州 沿袭清代旧道名
安徽	1913年	皖北道	因方位得名	沿袭清代旧道名
	1914年	安庆道	以旧府专名命名	安庆府
		芜湖道	因驻地得名	芜湖县
		淮泗道	以水命名	淮水＋泗水

续表

省（区）	时间	道名	命名方式	备注
江西	1913 年	赣北道	因方位得名	
		赣南道	因方位得名	沿袭清代旧道名
	1914 年	豫章道	以古地望命名	
		庐陵道	以古地望命名	
		浔阳道	以古地望命名	
		赣南道	因方位得名	沿袭清代旧道名
福建	1913 年	东路道	因方位得名	
		南路道	因方位得名	
		西路道	因方位得名	
		北路道	因方位得名	
	1914 年	闽海道	以"驻地简称＋海"命名	驻地为闽侯县
		厦门道	以旧厅专名命名	厦门厅
		汀漳道	旧府名首字相加	汀州府＋漳州府
		建安道	美愿地名	
浙江	1914 年	钱塘道	因水得名	钱塘江
		会稽道	以古地望命名	
		金华道	以旧府名命名	金华府
		瓯海道	以"驻地简称＋海"命名	驻地为永嘉县
湖北	1913 年	鄂东道	因方位得名	
		鄂北道	因方位得名	
		鄂西道	因方位得名	
	1914 年	江汉道	因水得名	长江＋汉水
		襄阳道	因驻地得名	襄阳县
		荆南道	因方位得名	沿袭清代旧道名
	1921 年	荆宜道	旧府名首字相加	荆州府＋宜昌府 沿袭清代旧道名
		施鹤道	旧府、直隶厅名首字相加	施南府＋鹤峰直隶厅 沿袭清代旧道名

省（区）	时间	道名	命名方式	备注
湖南	1913年	衡永郴桂道	旧府、直隶州名首字相加	沿袭清代旧道名
		辰沅永靖道	旧府、直隶州名首字相加	沿袭清代旧道名
	1914年	湘江道	因水得名	湘江
		衡阳道	因驻地得名	衡阳县
		武陵道	以古地望命名	旧置武陵郡
		辰沅道	旧府名首字相加	辰州府 + 沅州府
广东	1914年	粤海道	以"省名简称 + 海"命名	
		岭南道	因方位得名	因袭清代旧名
		潮循道	旧府、直隶州名首字相加	潮州府 + 循州
		高雷道	旧府名首字相加	高州府 + 雷州府
		琼崖道	旧府、直隶州首字相加	琼州府 + 崖州直隶州 沿袭清代旧道名
		钦廉道	旧府、直隶州首字相加	钦州直隶州 + 廉州府
广西	1913年	邕南道	旧州专名 + 南	旧置邕州
		田南道	旧州专名 + 南	旧置田州
		镇南道	旧府专名首字 + 南	旧置镇安府
		郁江道	因水得名	
		漓江道	因水得名	
		柳江道	因水得名	
	1914年	南宁道	以旧府名命名	南宁府
		田南道	旧州名 + 南	旧置田州
		镇南道	旧府专名首字 + 南	旧置镇安府
		柳江道	因水得名	
		苍梧道	因驻地得名	苍梧县
		桂林道	因驻地得名	桂林县

续表

省（区）	时间	道名	命名方式	备注
四川	1913 年	川西道	因方位得名	沿袭清代旧道名
		川东道	因方位得名	沿袭清代旧道名
		上川南道	因方位得名	沿袭清代旧道名
		下川南道	因方位得名	沿袭清代旧道名
		川北道	因方位得名	沿袭清代旧道名
		边东道	因方位得名	
		边西道	因方位得名	
	1914 年	西川道	因方位得名	唐代方镇道名
		东川道	因方位得名	唐代方镇道名
		建昌道	以旧卫专名命名	建昌卫 沿袭清代旧道名
		永宁道	以旧卫专名命名	永宁卫 沿袭清代旧道名
		嘉陵道	因水得名	嘉陵江
云南	1913 年	滇中道	因方位得名	
		滇南道	因方位得名	
		滇西道	因方位得名	
		临开广道	旧府名首字相加	临安府＋开化府 ＋广南府
	1914 年	滇中道	因方位得名	
		蒙自道	因驻地得名	蒙自县
		普洱道	以旧府专名命名	普洱府
		腾越道	以旧厅专名命名	腾越厅
贵州	1913 年	黔中道	因方位得名	唐朝有黔中道
		黔西道	因方位得名	
		黔东道	因方位得名	
	1914 年	黔中道	因方位得名	唐朝有黔中道
		贵西道	因方位得名	
		镇远道	因驻地得名	镇远县
热河	1914 年	热河道	因水得名	沿袭清代旧道名
绥远	1914 年	绥远道	因驻地得名	绥远城
察哈尔	1914 年	兴和道	以旧路专名命名	旧置兴和路

续表

省（区）	时间	道名	命名方式	备注
（西康川边）	1916 年	川边道	因方位得名	
	1925 年	康东道	因方位得名	驻理化县
		康北道	因方位得名	驻甘孜县

资料来源：郑宝恒《民国时期政区沿革》，湖北教育出版社，2000 年。

1914 年 8 月时，全国计有 93 道。其中，因驻地得名之数跃居第一，共 22 道，占 23.7%；因方位得名的道 14 个，占 15%，数量和比例较之 1913 年均有大幅减少，原本单调的东、西、南、北、中路道名全部消失；以旧路、府、厅、卫名命名有 14 道，占 15%；以旧府、直隶州、直隶厅名称首字相加得名的方式仿自清代，有 12 道，占 12.9%；因水得名有 9 道，占 9.7%；以古地望命名有 6 道，占 6.5%；以"驻地简称 + 海"命名有 4 道，以"省名简称 + 海"命名一道，两类命名有一定关联，合计 5 道，占 5.4%；重要政区首字相加有 3 道，占 3.2%，重要政区单字相加有 2 道，占 2.2%，这两种方式也是脱胎于清代府级政区名称首（单）字相加的命名方式，略有变通；以"旧府（州）专名 + 南"组合而成和美愿地名各有 2 道；旧府名单字相加和因山得名各有 1 道。不过，沿袭清代旧名的仍有 23 道，占 24.7%，可见清代道名对民国道名仍有着相当大的影响。

若以 1913 年至 1914 年两年间的道名为出发点，可以发现 73 道当中至 1914 年 8 月道名专名没有变更的仅 15 个，占 20.5%，可见当时道名专名更改的频率之高。

对比 1913 年和 1914 年两年道的命名方式可以发现，1914 年道名命名更加成熟，命名方式更多样化，增加至 12 类，各类之间比例也比 1913 年更为协调，而且绝大多数道名都带有明显的地域特征。如此，道名才得以统一和规范化，并通过凸显地域特征而增强了生命力。此后，道名基本保持稳定。1916 年至 1925 年陆续新设了一些道，其命名方式大致不出上述 12 类范畴。例外的是山东省，山东督办兼省长张宗昌于 1925 年 10 月裁撤原有 4 道，改置济南等 11 道，道辖区范围几乎缩小到清代府的规模，直至 1927 年北京政府才正式承认山东的做法，其中淄青道和曹濮道是以"旧府、州（县）名首字相加"的形式进行组合，极有可能是直接挪用唐代方镇道名和清代兵备道名。除此之外，全国道名自1914年后基本保持稳定，直至道制消亡。

（二）府、厅、州改县

清末民初共有府229个，其中清朝的府有222个，民国时期新设的府7个。按是否有附郭县的标准，可以分为两种：一种是有附郭县之府，有179个，占总府数的78.2%；一种是无附郭县之府，有50个，占总府数的21.7%。有附郭县的府根据附郭县多少又可分为：单附郭县的府159个，占总府数69.4%，占有附郭县府数的88.8%；双附郭县的府19个，占总府数8.3%，占有附郭县府数的10.6%；三个附郭县的府，全国仅有苏州府1个。可知，有附郭县的府占绝大多数，其中有单个附郭县的府最多。所以，在府改县过程中，因其有无附郭县，附郭县之多少，必然会影响到改县模式。

根据划一令的规定，已裁并首县而有亲辖地的府或者是清末新设的有亲辖地的府在改县时，只要将通名"府"改为"县"即可；有附郭县而无亲辖地的府应裁府留县，而直隶厅（州）则直接将通名改为县。在实际操作改称过程中，因各省的情况不一，存在不同的方式。

根据直隶省民政长冯国璋的呈报，当时设有附郭县的仅有保定、永平、顺德、广平等府，改称则采取裁府留县的方式，如改保定府为清苑县，永平府为卢龙县，顺德府为邢台县，广平府为永年县。民国元年五月，河南省裁撤首县，各府均有直接地方。划一令颁布后，河南各府、直隶厅（州）的改称情况见表6。

下表府改县中，9个府中有5个沿用了首县名称，占55.6%；4个改用其他县名，但也都是历史上曾经用过的名称。6个直隶厅（州）改名中有3个看似直接将通名"直隶厅（州）"改为"县"，但都承袭了历史旧名；其他3个改为其他名称如许州直隶州改为许昌县，汝州直隶州改为临汝县也均沿用历史旧名，而光州直隶州按划一令规定应改为光县，但为了避免与光山县相似，就用河流名称来命名，改为潢川县。根据河南省府改名的情况，可以从中归纳出一些改名的方式或规律：府改县中，沿用首县名称为多，改用其他名称也多采用历史旧名；直隶厅（州）改名也多采用历史旧名，并注意避免地名重复和相似的现象，而用山川来重新命名。

表6 河南省府、直隶厅（州）改县

类别	旧名	首县	拟改新名	原因
府	开封府	祥符县	开封县	开封府汉时有开封县，今改府为县应仍汉制
	归德府	商丘县	商邱县	应仍旧名
	陈州府	淮宁县	淮阳县	陈州府汉时置陈县，属淮阳国，今改府为县应循其意
	彰德府	安阳县	安阳县	应仍旧名
	怀庆府	河内县	沁阳县	现时黄河东趋名实已不相符。查沁水在郡城西北县境旧有沁阳城，今改府为县，应循其意改称沁阳县
	卫辉府	汲县	汲县	应仍旧名
	河南府	洛阳县	洛阳县	应仍旧名
	南阳府	南阳县	南阳县	应仍旧名
	汝宁府	汝阳县	汝南县	汝宁府周时沈、蔡二国地，秦置颍川郡，汉置汝南郡，今改府为县应循其意，改称汝南县
直隶州、直隶厅	许州直隶州	（均无）	许昌县	许州魏时为许昌县，今改州为县，应即改称许昌县
	郑州直隶州		郑县	郑州周管叔鲜封此，后为郑国，后周置郑州，今改州为县，即为古郑国地，应即改称郑县
	陕州直隶州		陕县	陕州即周、召分陕界，汉置陕县，宋置陕州，今改州为县，应仍汉制改称陕县
	汝州直隶州		临汝县	汝州隋置伊州，后改曰汝州。唐置临汝郡，今改州为县，取其意义较飐，改称为临汝县
	光州直隶州		潢川县	光州本可改称光县，嫌与邻封光山县凌夺。查黄水自湖北麻城县界东流至州西北名目潢河，应即称潢川县
	淅川直隶厅		淅川县	应仍旧名

即使将通名直接改县，也会出现一些特例，如吉林省十一府改称为县时，宾州府按《划一令》规定应改称为宾州县，"州""县"同为政区通名，未免会造成误解，且与山东之滨州同音，所以吉林省将宾州府改为宾县。

因府、直隶厅（州）名称相沿已久，府、厅、州改县时，以便人民易于知晓，行政公文投递亦不至错误。四川民政长胡景伊与各官员参考"各属志书，溯其命名所自"，拟议改称的原则：废除有亲辖地的府名，拟即仍复附郭之原有县名，毋庸另行更改；其州、厅原名有二字者，则仍其旧名，只去州、厅字样，改名为县；原名止一字者，如察其原名，可不必增改，则惟易以县名，如原名因只一字者不甚妥惬，则或就古有之名称，或就其名字本出于山水，拟为酌增一字，庶于因革损益之中，仍不失就地命名之旨，且于习惯之名称，亦不致大相悬殊。至于四川西部懋功、松潘、马边、峨边、理番、雷波、越巂七厅，因系民族杂处，原设七厅为控制边陲，有抚夷性质，且历久较久，当地少数民族也认为厅官制较崇，"若一旦更名为县，诚恐蠢尔蛮夷不识治体，以为官小权微，启其轻视叛离之心。时复出巢多事有扰治安，转失设官驭夷之本，皆于边防安危不无关系"。拟请将七厅名称照旧，不必改名为县，但其行政层级仍与县同。北京政府国务院回复"作为边地特别办法暂仍旧制，以资控驭"。可见，在划一令限期"一律办齐"的要求下，也有地方因民族原因而出现的特例。

《划一现行顺天府属地方行政官厅组织令》第一条规定："顺天府依现行法规之例设府尹一人，为该府行政长官，由内务总长经国务总理呈请简任。"顺天府如果无直辖地方，势必依令要被裁撤，如裁撤就无法体现其作为都城首善之区的重要性。要有直辖地方，按其他地方的方式需要裁废首县，将其管辖地域并入顺天府。但早在民初，就有建议将顺天府首县大兴、宛平两县分别移驻城外。因当时省官制及北京府官制均未颁定及顺天府或裁或留也未决议，所以袁世凯令暂缓移驻。划一令颁行后，国务会议议决将大兴、宛平两县分别移驻黄村和卢沟桥。

贵州省地域辽阔，控、治为难，在府改县时，贵州省部分府与首县裁并也采取同样方式，斟酌情势，择地移治。将贵阳府首县贵筑移治札佐，安顺府普定县移治定南，都匀府首县都匀县移治平舟并改称平舟县，黎平府首县开泰县移治锦屏并改称锦屏县。而贵阳府直辖地方改为贵阳县，安顺府直辖地方改为安顺县，都匀府直辖地方改为都匀县，黎平府直辖地方改为黎平县。

表7 贵州省移治各县名称表

县名称	旧名称	原治地方	现治地方
贵筑县	贵筑县	旧治与贵阳府同城旋归并府治	今拟移治扎佐
普定县	普定县	旧治与安顺府同城旋归并府治	今拟移治定南
锦屏县	开泰县	旧治与黎平府同城旋归并府治	今拟移治锦屏乡县丞地
平舟县	都匀县	旧治与都匀府同城旋归并府治设弹压委员于平舟地方	今拟移治平舟弹压委员地

府在改县过程中，虽然各地均有不同的方式，但是也有一些共同点。根据

原府府名的构成的不同，其改县的模式也不一样。府名构成均为3个字，其形式有"专名（双字）+通名（府）"和"专名（单字）+次通名（州）+主通名（府）"两种。前者有161个，如保定府，占总数七成多；后者有63个，如苏州府。

无附郭县的48个府中，以"专名（双字）+通名（府）"形式命名的府有45个，其中有41个改名的模式是将"专名（双字）+通名（府）"中的通名"府"直接改为"县"。其余4个，有3个是将"专名"与"通名"一起改，如新疆温宿府改为阿克苏县，四川登科府改为邓柯县，贵州兴义府改为南笼县。而黑龙江黑河府于1912年11月裁府并入瑷珲直隶厅。"专名（单字）+次通名（州）+主通名（府）"构成的府有3个，其中两个改名的模式是将"专名（单字）+次通名（州）+主通名（府）"改为"专名（单字）+县"，如吉林宾州府改为宾县，贵州思州府改为思县。而广西龙州府则是直接改为龙州县。

设单个附郭县的156个府中，有89个府在划一令之前就实行了裁撤首县并入府辖。在府改县时，这89个府有55个府沿用了原来的首县名称，30个府用了府的专名，并将通名"府"改为"县"，其余4个府将专名和通名一起改（奉天府改为沈阳县，陈州府改为淮阳县，怀庆府改为沁阳县，衢州府改为衢县）。其余67个府，有65个府实行裁府留县，即裁撤无直辖地方的府、留首县的形式；1个府实行裁府留县并改名（广东省惠州府首县为归善县，裁府后改为惠阳县）；1个府实行裁府留县，并将府的专名改用县名（湖北省宜昌府首县为东湖县，裁府留县后，并将东湖县改为宜昌县）。

双附郭县的19个府中，江苏4个府与河北大名府实行的是裁府并县的方式，如江宁府有江宁县和上元县两个附郭县，1912年将江宁府裁撤，同时将上元县并入江宁县。浙江4个府实行的是裁府并县后改名，如杭州府两附郭县分别为仁和县和钱塘县，裁府后将两县合并后改为杭县。陕西西安府与甘肃宁夏府实行的是裁府留双附郭县。福建福州府、建宁府与湖南长沙府、衡州府在划一令之前就实行了裁并首县改府，福州府改为闽侯府，改县时直接改为闽侯县，建宁府改为建瓯府，改县时改为建瓯县，长沙府改县并取一首县长沙县命名，衡州府改县并取一首县衡阳县命名。四川成都府和江西南昌府改县前，已经将一首县并入府，如1912年8月，裁成都县并入成都府，华阳县不变，划一令后仍改成都府为成都县。广东省广州府实行的是将一附郭县南海县移治佛山，并裁府留番禺县。顺天府双附郭县移治情况参见上文。

辖有三个附郭县的，全国仅有江苏苏州府一例，在改县过程中实行的是裁府并县的方式，将苏州府裁撤，长洲、元和两县并入吴县，同时将太湖、靖湖两厅也并入吴县（吴县一直存在到1995年）。

从府改县的时段来看，辛亥革命后，东南有些省已实行了废府之制，如广东省于1911年11月废府。临时政府成立后多数省份实行裁撤首县制度，府有直辖地。1913年1月划一令颁布后，除顺天府外，其余各府均裁或改县。1914年10月4日，北京政府颁布的《京兆尹官制》第一条规定：中央政府所在地称京兆。至此，顺天府改称为京兆地方。这标志着"府"作为政区通名，从此退出了中国历史舞台。

直隶厅、直隶州共有123个，其中直隶厅有45个，直隶州有78个。45个直隶厅中除广西省百色直隶厅和上思直隶厅于1912年1月改为府、后由府改县外，其余43个直隶厅均改县。改县的方式似乎可以直接将通名"直隶厅"改为"县"，但是在实际改名中因直隶厅名称构成形式不同，改名的方式也不同。以"专名（双字）＋通名（直隶厅）"形式命名的直隶厅有39个，其改名的模式是将通名"直隶厅"直接改为"县"。以"专名（单字）＋次通名（州）＋主通名（直隶厅）"命名的直隶厅有4个，其中3个改县采用的"专名（单字）＋县"的方式，仅有黑龙江省肇州直隶厅是将通名"直隶厅"直接改为"县"，改为肇州县。

78个直隶州中，除了江西的宁都直隶州、广西的郁林直隶州和归顺直隶州改为府、后由府改县之外，余下75个直隶州的改名，按名称构成形式分以"专名（双字）＋通名（直隶州）"形式命名的直隶州有30个，其中28个将通名"直隶州"直接改为"县"，另2个直隶州采用专名、通名一起改的方式（如四川省永宁直隶州改为叙永县，广东嘉应直隶州改为梅县）。以"专名（单字）＋次通名（州）＋主通名（直隶州）"命名的直隶州有45个，其中33个改县方式是改为"专名（单字）＋县"的方式，如代州直隶州改为代县；其他12个采用不同的方式，有的采用旧名（如河南省许州直隶州改为许昌县），有的为避免与改县后重名而采取加字的方式（如山西绛州直隶州按第一种方式应改为绛县，但同省此时恰好也有绛县，就采取加一"新"字以作区别，改为新绛县）。

散厅、散州共有 248 个。依照 101 个散厅的名称组成形式，可分成如下三类：①以"专名（双字）＋通名（厅）"形式命名的厅有 91 个，其中直接将通名"厅"改为县的有 87 个，占 95.6%，包括 1914 年 6 月改县的四川省越嶲、峨边、马边和雷波 4 厅；其他 4 个厅则专名和通名均改，如直隶张家口厅改为张北县。②以"专名（单字）＋次通名（州）＋主通名（厅）"命名的有 5 个，其中 2 个采用"专名（单字）＋县"方式改县，如金州厅改为金县；1 个厅采用只将主通名"厅"改为"县"，即富州厅改为富州县；另外 2 个厅将专名与通名一起改，即甘肃洮州厅改为临潭县，贵州古州厅改为榕江县。③此外的五厅，福建厦门厅和广西龙州厅分别改为府，后再改县，江苏太湖厅和靖湖厅并入吴县，浙江石浦厅并入南田县。147 个散州中，有 133 个直接将通名"州"改为县，占 90.5%；其他 14 个州专名与通名一起改，如直隶省安州改为安新县，河南省裕州改为方城县。

府厅州改县后，新命名的县大约有 454 个，其中无附郭县的 48 个府直接改的县，有附郭县的 42 个府改县时产生了新县名，贵州省首县移治后以府改县形成的 4 个县；43 个直隶厅改的县，74 个直隶州改的县，96 个厅改县，147 个州改县。新命名的县约有九成是直接将通名"府、直隶厅、直隶州、厅、州"改为"县"，这样势必会产生众多重复县名。

（三）县名的大幅度变更

民国初年的重复县名，是宋、元、明、清历代积弊所致。笔者曾统计出 1914 年 1 月 30 日更改的重复县名多达 127 处，规模比以往任何朝代都要大、涉及面比以往要多、程度也比以往更要深，认为是我国历史上更改重复地名规模最大的一次，因而在中国地名发展史上具有重大的积极意义。民国时期地名学家金祖孟评价说："从那时起，中国就不再有重复的县名"，"自从吉林县改名永吉县、宁夏县改名贺兰县以后，省名县名也不再有相同的情形。在名义上，我们的省县名称总算已经做到'一地一名'的地步。"因此，历史上长期困扰着官民的县级及其以上地名的重名问题，从此得到了彻底的解决。

四、结语

综观中国历史上的政区变更，有缓有急，缓变是常态，两千多年间每年或多或少地在变化，是为渐变；而剧变的年份或时段虽属少见、但较为突出，像西汉郡国制中的"推恩令"之实施、东汉初年县的省并、东晋、南朝与北朝侨置州郡县、南北朝之州的徒增、隋文帝废天下诸郡与更改县名、唐天宝元年改天下县名、明初改路为府、清初改革属州制度等事件，历历可数。对前代政区做大刀阔斧更改的，则以民国初年为甚。

古人云："知古不知今，谓之陆沉"，"知今不知古，谓之盲瞽"。政区研究，应该古、今打通，进行无缝对接。今天，我们正处在政区从两级制刚刚跨到三级制的门槛阶段，门槛内外，颇费思量。假如笔者提出的政区层级在2500年内历经两次大循环之说庶可成立，那么从中国的历史长河来观察，目前我们可能正处在第二大循环的延伸时段，也可能处于第三个大循环的起始点。如果顺应历史潮流是可取的话，那么今后的政区改革方向应该是明确的。

当今政区改革的顶层设计，一定离不开学界有关清末、民初政区研究的成果。目前的政区制度对国家建设、对社会发展起到了巨大的作用，但存在的并非都是合理的，迫切需要改革。学术界主张划小省区成为共识，同时取消市管县（市管市）体制的认识也趋于一致，而政区分等是汉唐以来的传统做法，省直管县的理念在清末就已产生，市县之间平等的制度设计在民国初年也已问世，如何吸取历史政区变革中的精华，进而为当今改革服务，成为摆在当代人面前光荣而迫切的神圣使命！

（作者单位：华林甫，中国人民大学；高茂兵，广西玉林师范学院；卢祥亮，安徽大学）

美国地名工作的启示

林　辰

美国对地名工作十分重视，地名工作的法制化、标准化、信息化程度较高，并具有很强的包容性、开放性，对我国地名工作具有借鉴意义。

一、美国地名工作概况

（一）美国地名管理机构

美国的地名管理机构是成立于 1890 年、隶属于内政部的美国地名委员会，由国土安全部、国防部、内政部、农业部、中央情报局、商务部、国会图书馆、邮政总局、政府印刷局等联邦机构的代表组成，主要职责是审核地名命名申请，公布地名信息，颁布地名管理原则、规定和程序。地名委员会不会对无名地理实体进行命名，只是获得授权来处理新地名的申请。

美国各州、县均有各自的地名委员会，作为当地的地名管理机构。

（二）美国地名命名的有关规定

一是使用罗马字母，即通常采用的英文字母。二是符合地方使用习惯。三是地名法定。通过国会法案和行政命令确定，或经过相应管理部门审核的地名为正式地名。四是一个地理实体只有一个正式名称，非正式地名不允许单独使用。五是严格禁止正式地名中含有种族歧视、少数民族歧视、性别歧视、宗教歧视的词语。六是允许以去世 5 年以上的人名命名地名，且此人必须与该地理实体具有直接和长期的联系。国内或国际著名人士的名称也可用作纪念性地名，即使其与该地理实体没有直接联系。七是避免地名重名。

（三）美国地名信息化建设和公共服务

美国地名信息系统（GNIS）中的国家地名数据库包含了超过 250 万条的地名信息，包括自然地理实体名称、居民地名称、区域名称、文化设施和生产设施名称。每条记录的相关信息包括：正式地名的书写形式；特征分类信息；

位置信息以及部分地理坐标；用于定位的官方地图；海拔高度；同一地理实体的其他名称及拼写。

美国地名信息系统的产品之一是国家地名索引，该索引包含了按州分类的地名和专门地名录，包括现今地名和历史地名。另一个产品是国家数字化地名索引，即一张储存有地名信息的光盘。

二、美国地名管理工作的特点

一是地名管理的法制化程度高。首先，地名管理权限分明。各部门依法行政，各司其职，按照各自权限做好有关实体名称的管理工作。如由联邦政府出资建造的州际公路，由联邦政府命名。其次，地名法规较为完善。美国的地名管理法规可操作性强，不仅规定了普通情形，也兼顾了特殊或例外情况；不仅有原则性规定，还明确了具体的、可遵循的标准。最后，依法处理地名纠纷。一旦地名有冲突或发生重名，地名的所有者将通过司法途径而非行政途径寻求解决。

二是公众广泛参与。一方面，命名过程注重社会参与。地名委员会在开展审核评估时，十分注重听取当地地名管理部门、联邦和所在州有关部门、地方政府及公众的意见。在新地名命名过程中，要召开听证会听取相关群体意见。另一方面，地名更名注重听取社会意见。美国对地名更名非常慎重，除少数特定情况外，国内地名一般不予更名，更名申请需经过州地名委员会、联邦和州及部落有关部门、当地政府、其他机构及公众的共同评估。

三是具有很强的包容性。首先，允许以人名、外国地名命名地名。美国允许使用已去世人名，包括国内、国际人名命名本国地名。外国地名的使用也很普遍，早期移民搬用他们故土的地名来命名相关地理实体，一般在前面加上一个"新"（New）字。其次，尊重民族和地区习俗。美国尊重原住民、少数民族及当地使用习惯，具体表述不强求全国一致；同时，禁止采用带有种族、民族、性别、宗教歧视色彩的词语。最后，地名标志不排斥外国文字。其他文字的地名不能单独使用，只能作为以罗马字母形式地名的附属标志。

四是地名信息化水平和信息开放程度高。首先，美国已建立了全国统一的国家地名数据库和地名信息系统。地名委员会委托有关大学和科研机构开展地名普查工作，以搜集更多地名及相关信息，完善该数据库和信息系统。其次，信息资源共享程度高。美国地名信息系统不仅包含电子地图和有关地名要素，而且在与有关部门合作基础上，该系统具备了更多有价值信息。最后，地名信息服务注重公益性。只要出于公益或学术研究目的，均可向联邦有关部门免费索取地图等有关地名资料。

五是注重历史地名保护。首先，历史地名的涵盖范围广。美国对历史地名的认定比较宽泛，只要具有40年以上历史，就被认定为历史地名。其次，保护历史地名的意识强。对历史地名进行更名非常困难，超过40年历史的地名更名需经过州立法机构批准。最后，注重历史地名研究。联邦政府出资委托与地名有关的科研机构开展地名文化和历史地名研究，探索地名的来历含义，如对一些来源于印第安语的地名进行考证等。

六是地名标志实现城乡全覆盖。美国的地名标志较为完善，不论城市还是郊区，不论高速公路还是乡村道路，几乎每个路口都设有地名标志，实现了地名标志城乡全覆盖。

三、对我国地名工作的启示和建议

（一）进一步重视地名工作

一是恢复各级地名委员会。地名工作涉及诸多政府职能部门，为加强对地名工作的领导，加快全国地名标准化进程，建议恢复各级地名委员会，作为地名工作的协调机构。地名委员会作为非独立机构，可由外交、国防、工信、民族、公安、民政、财政、国土资源、住建、交通运输、水利、文化等部门派员组成，其日常工作可由民政部门承担。二是大力推进地名立法工作。建议国家对现行地名管理条例尽快加以修订，解决地名管理法规滞后问题，以更好地规范各地地名管理工作，提高全国地名的规范化、标准化水平。

（二）提高地名工作开放性和包容性

一是建立地名工作的社会参与机制。在地名管理工作中应引入社会参与机制，地名的命名更名，尤其是公益事业和公共服务设施的命名更名过程中，采取召开听证会、发放征求意见表、网上征求意见等形式，扩大地名工作的社会参与。二是适当放宽人名命名地名条件。为充分利用我国丰富的历史文化资源，弘扬地方历史文化特色，建议修订现行地名管理法规，放宽以人名命名地名的条件，制定可操作的具体规定。三是有条件地使用外国文字标注地名。目前，一些地方在地名标志上使用英文取代汉语拼音标注地名的现象较为普遍。建议对此行为加以正确规范引导，在地名标志上标注标准汉字及汉语拼音的前提下，允许标注英文或其他国家文字作为附属信息。

（三）促进全国地名信息资源整合

一是完成全国地名普查工作。联合国强调，获得国际标准最好的办法就是强力推进国内的标准化进程。建议国家应用最新技术，提高地名标准化、信息化水平，加快完成全国范围的第二次地名普查工作，建立覆盖全国的、统一的地名数据库和地名信息系统。二是大力推进部门间信息共享。加强地名管理各部门与其他部门间信息资源整合，更好地满足大数据时代政府和公众对信息的需求。三是加强地名信息公共服务。在地名普查和信息资源整合的基础上，积极开发形式多样的地名信息公共服务产品，如地名查询网站、电子地图、手机查询地名软件等，提高地名公共服务的信息化水平。

（四）致力历史地名保护

一是制定历史地名保护法规。加强历史地名保护是挖掘历史文化遗产和传承中华文明的内在要求。当前，随着城市大规模建设开发，历史地名大量消亡。建议国家将历史地名保护提上重要议事日程，参照文物保护办法制定历史地名保护法规和历史地名保护名录，实行分级保护。二是开展历史地名宣传。采取多种方式广泛宣传弘扬历史地名及其文化内涵，如设置历史地名保护标志，组织编制历史地名书志图册，编纂历史地名档案、地名工具书等。三是恢复使用历史地名。鼓励社会各界合理利用本地区历史地名资源，形成地缘文化特质和区域品牌特征。

（作者单位：江苏省民政厅区划地名处）

实至名归话 "襄阳"

商伟凡

分隔襄（阳）、樊（城）的汉江

2010 年 11 月 26 日，国务院批复同意湖北省襄樊市更名为"襄阳市"，襄樊市襄阳区更名为"襄阳市襄州区"。这是为什么呢？

在鄂西北，古老的汉江流贯襄阳盆地。及至 1951 年，以襄阳县的中心地带——南岸的襄阳镇（县城）、北岸的樊城镇合设"襄（阳）樊（城）市"，面积 300 多平方千米。由于市、县平级、平行且同城而治，上级又是"襄阳专（地）区"，县谓"襄阳"、市称"襄樊"方能明显区别。

时隔 32 年，国家实施地方行政制度改革。1983 年撤销襄阳地区，所辖六县划属已升格的襄樊市，使其规模骤然增至近 2 万平方千米。"小"襄樊变为"大"襄樊，"襄樊"之称能否胜任所辖地域的巨大变迁？忙碌中的人们顾不上这些"枝节"，与顺势优选"襄阳"作为新市名的良机失之交臂。

襄樊，乃两个"小地方"的统称，设市后也多为"襄阳"（地区）管"襄樊"（县级市），与周边县、市从无称谓上的纠葛。然而，当襄樊市取代襄阳地区后，周边县、市变成下属，襄阳县改为市辖襄阳区，形成"襄樊"（市）管"襄阳"（区）的格局，难免平添"辈分"颠倒、"位子"坐错之感。

也是湖北省境，三国名篇"大意失荆州"在故地重演：地（区）市合并之际，历史地位悬殊的"荆州""沙市"被合组为"荆沙市"，不伦不类几年后，觉醒的人们令其回归"荆州市"。由彼及此，如出一辙，较之更早"大意失'襄阳'"的鄂西北，对大"襄樊"的种种不适宜也有27年切肤之痛。

——悠久历史非"襄阳"不能延续。"襄阳"之称，始于西汉所设襄阳县，得名于县治地处襄水（今南渠）之北，至今已2200年。由此，故治今称"襄阳古城"，为国家历史文化名城；所在的地区，当代称作"襄阳盆地"；与这里相关联的历史事件、历史人物，无不注明发生地为"襄阳"。

襄阳曾为东汉荆州首府，今荆州街有"荆州古治"拱券门。东晋朱序坚守襄阳抗击前秦，其母韩夫人率众女修城助战，今存遗迹"夫人城"。因三国故事，襄阳更负盛名：襄阳人庞统号称"凤雏"，与"卧龙"诸葛亮齐名；"襄阳城"外，有"古隆中""刘备马跃檀溪遗址"。

——厚重文化非"襄阳"不能承载。唐代诗人孟浩然生长于此，世称"孟襄阳"，故居在涧南园；宋代书画家米芾移居此地，自号"襄阳居士"，今有"米公祠""米公路"。"襄阳"之名远播，天津有"襄阳道"，上海有"襄阳路""襄阳公园"，港、台地区乃至美国、日本也有街道冠名"襄阳"，韩国江原道还有"襄阳郡"。

以"襄阳"为背景，仅唐代便有诸多诗篇，名句如王维的"襄阳好风日，留醉与山翁"；更有诗名直称"襄阳"者：张潮《襄阳行》，苏轼《襄阳乐》，李白《襄阳歌》《襄阳曲》等。当地民谚：襄阳有金，一天三分；襄阳花红，香飘千里；鱼梁坪的萝卜脆，襄阳的鳊鱼贵……

——偌大地域非"襄阳"不能涵盖。作为一方政治、经济、文化中心，历代上一级政区冠名"襄阳"者断续绵延：东汉建安十三年（208）始设襄阳郡，延续于三国、晋、隋等；北宋宣和元年（1119）改设襄阳府；元设襄阳路；明、清设襄阳府；民国初设襄阳道；新中国设襄阳专（地）区。

其中，元代"襄阳路"大致相当于今鄂西北全境；1914年由鄂北道改称的"襄阳道",辖钟祥、京山、潜江、天门、荆门、当阳、远安、襄阳、宜城、南漳、枣阳、谷城、光化、均、郧、房、竹溪、竹山、保康、郧西 20 个县,占全省面积的 1/3,为古今"襄阳"所涵盖的最大范围。

显而易见,在饱经 2200 年风霜的"襄阳"膝下,问世不足 60 年的"襄樊"难以望其项背,勉为其难则带来无尽的窘迫:顶替襄阳充当"国家历史文化名城"自感文不对题,领率周边县、市却不具"襄阳"涵盖能力,阐述当地历史、风物总要赘加注解,国内乃至海外"襄阳人"认祖归宗困惑不已……

将颠倒的"辈分"正过来,坐错的"位子"换过来,以正本清源、各归其位"理顺地域称谓关系",是襄樊一朝更名"襄阳"的实质所在。作为当地历史长河中的一次转折,"襄樊"不再小材大用、力不从心,"襄阳"不再大材小用、无处施展,上下左右开始"名正言顺"地疏通历史脉络、传承悠久文化、促进社会长治久安。

作为市属"襄阳区"的前身,原襄阳县早于 1992 年由襄樊市区移至县境张湾镇,2001 年改县为区。依现行地名法规,一旦"襄阳"用于市名,襄阳区则须同时更名:该区并非市人民政府驻地,大、小"襄阳"同名异地的局面势必误导社会,故以古襄阳县曾为"襄州"治所而改称"襄州区",顺理成章地化解矛盾于一旦。

当越来越多的人意识到:没有谁比"襄阳"更适宜承载千年积淀的一方文化,更适宜涵盖上万平方千米的广袤疆土,更适宜充任引领当地继往开来的亮丽旗帜,魂牵梦萦的大"襄阳"终于回来了……

(作者单位:中国地名学会)

计算机在地名译写中的应用

高　钰

人类社会曾经是以相互分隔的不同地域（例如国家）为单位，各自沿着自己的方向不断发展着，这种独立性产生了不同的文化，其中包括地名表现形式的差异。后来，不同地域间的人们有了联系，在接触和沟通的过程中，自觉地将对方的地名，按照一定的方法，转换成用本地文字书写的地名，于是地名译写就在文化的碰撞和交融中逐渐发展起来。

一直以来，地名译写都是人工进行的，人们根据音译或意译翻译外语地名，当双方文字相同时，甚至直接把外语地名照搬过来。就这样，人们把一个个外语地名翻译过来，形成了许多我们熟知的既定译法。

随着全球化进程加快，信息传播的范围和速度与以前相比大大提高，曾经和我们生活不相关的大量外国地名进入人们的视野，这些涌现的地名数量庞大，人工翻译模式无法适应这种变化。例如，经过我们收集整理，存放在地名研究所外语地名数据库中、已经进行过译写的世界各国地名的数量约 30 多万条，但其中有许多地名没有标准的汉语翻译，导致使用起来十分不便。

一方面，需要翻译的地名数量增速在加快；另一方面，从事地名译写工作的人员数量不但没有增加，还有不断减少的趋势。再加上地名译写对翻译人员的基本要求较高，译写需求和译写能力之间产生巨大矛盾。社会面对这种状况，一般采取两种办法：第一种做法是，一旦碰到没有标准翻译的地名，直接把原文搬上来，这种情况在科学著作和学术论文中比较常见。另一种措施是，如果碰到这样的地名，那么使用者自己随意翻译一个，这在新闻报道和期刊中比较常见，误导大众的许多错误的地名翻译，即是在这种情况下产生的。

在这种大量地名需要翻译而人力不足的形势下，民政部地名研究所探索出一条新型的方法——利用计算机帮助译写人员翻译外语地名。现代社会的一个重要特征是数字化、网络化、信息化。计算机在社会各领域中的广泛应用和计算机网络技术的飞速发展，计算机社会化程度不断提高，计算机应用推动了人类社会的进步，促进了人类社会的繁荣。现代社会中的人们充分享受着计算机带来的种种便利。地名译写工作如果能借助计算机的力量，发挥计算机的优势，势必可以改变译写人员势单力薄的现状，加快地名译写的进度。但是，把计算机技术引入地名译写工作是一项全新的尝试。与此相类似的是，各国利用计算机开展的机器翻译研究，即利用计算机翻译人类语言。但是，机器翻译更多的是处理句子和语法，而我们需要面对的是词和读音。

一、计算机地名译写方法

硬件的飞速发展、软件技术的不断完善和语言研究的不断深入，使得计算机在人类语言学的翻译类应用中起到越来越重要的作用，计算机地名译写就是其中之一。计算机地名译写属于非数值应用领域，它处理的数据对象是文字，关键是对人工翻译过程的抽象化。早期人工地名译写有很强的随意性，随着地名译写标准化的完善，译写的随意性逐渐减弱，稳定性逐渐增强，形成一套规范的方法。这种有章可循的过程按照程序执行的先后顺序细化，然后以计算机算法的形式描述，设计出运行于计算机上的翻译系统。从计算机的角度看，翻译的过程是针对地名数据的基本运算及规定的运算顺序所构成的完整解题步骤，或者看成按照译写要求设计好的有限的、确切的计算序列，并且这样的步骤和序列可以解决地名译写问题。

1. 计算机地名译写的特征

计算机地名译写具有以下五个重要的特征：

（1）有穷性：一个翻译过程必须保证执行有限的步骤之后能够结束。在实际应用中，更多地是指运算的时间可以控制。通常情况下，人们可以用纸和笔模拟整个翻译过程的运算。但由于现在计算机运算速度非常快，对人类来说海量的运算量，计算机只需瞬间即可处理完毕。无论如何，整个译写过程必须在人能够接受的时间限度内完成。

（2）确切性：翻译过程的每一步骤必须有确切的定义。在从人工翻译过程到机器翻译过程的转换中，每一步都是精确、可描述的，因此相同的初始条件得到的结果必然是相同的。

（3）输入：计算机进行翻译之前，系统应接受一个或多个输入，以刻画译写对象的初始情况，通常情况下用户需要输入待翻译的地名。

（4）输出：翻译之后有一个或多个输出译文，以反映对输入的地名数据加工后的结果。没有输出的翻译过程是毫无意义的。

（5）可行性：翻译方法中的任何一个计算步骤，在现有计算机软硬件条件下和逻辑思维中都能够实现，没有超出计算机处理能力和范围的无法实施的翻译过程。

我们设计的译写系统也应符合上述五个基本特征。

2. 计算机地名翻译的模式

利用计算机进行地名的翻译工作，主要有两种模式：

（1）计算机自动翻译：将原始数据（地名）输入计算机系统后，经过系统的翻译并直接得到最终翻译结果的方法。用户唯一需要做的是，输入数据并等待结果。在整个翻译过程中，没有人员参与翻译过程，所有的决策和判断都由系统根据预先设定的程序判定。

（2）计算机辅助翻译（CAT）：它类似于 CAD（计算机辅助设计），实际起到辅助翻译的作用，简称 CAT（Computer Aided Translation）。它能够帮助翻译者优质、高效、轻松地完成翻译工作。它不同于自动翻译系统，不依赖于计算机的自动翻译，而是在人的参与下完成整个翻译过程。与人工翻译相比，质量相同或更好，翻译效率可提高一倍以上。CAT 使得繁重的手工翻译流程自动化，并大幅度提高了翻译效率和翻译质量。

这两种模式的区别是：在计算机获取输入开始运算直至得到最终翻译结果这个阶段，有没有工作人员辅助计算机参与翻译的决策过程。前一种模式是一种自动化模式，后一种是一种半自动化模式。在求解问题简单明晰，计算机完全可以自行处理的情况下，前一种模式节省了工作人员的时间与精力。但如果求解问题复杂，计算机不易判断下一步执行策略或者这种判断需要很大时间代价，而人可以帮助计算机参与决策的时候，第二种模式就是更好的解决办法。我们希望获取的最佳目标是用最小的代价获得最优的结果，而不是尽量减少人为干预。对于地名译写来说，完全依靠计算机的自动翻译模式是不现实的，要使计算机的翻译结果做出和人工翻译相同的正确选择，这套翻译系统就需要具备极大丰富的常识性知识库，并可以随时正确地调用，此外还需要加上至少和译写专家相当的思维、智力和逻辑判断能力，才能达到翻译质量上令人满意的效果。现在看来，我们在这方面还有很长的路要走，至少在目前科技水平下，人工翻译还是不可替代的。当然，自动化程度更高一些总归是好的，如果提前预知某一决策问题，最好的方法是让人们提前作出决策。例如，对于地名"Dorado"，计算机不易判断此条地名是哪个国家的名称，但如果此条地名取自所属国的地名录，那么工作人员应在计算机开始工作前告诉它，这是一条西班牙地名！然后，计算机直接调用西班牙地名翻译系统并进行计算，从而减少计算机的判断时间，也避免出现错误判断的可能性。

这里简单描述一下计算机地名译写系统的工作流程：首先，用户输入待翻译的地名和其他需要限定的初始条件。然后，计算机查询地名数据库，看此条地名是否为已经译写的地名。如果是已经译写的地名，那么从数据库中提取数据，直接输出翻译结果，此时工作结束；否则，根据输入的地名及初始条件，判断该地名归属于哪个翻译系统，最后调用该翻译系统，通过一系列事先设定的翻译步骤得到翻译结果。

二、计算机在英语地名译写中的应用

英语是世界使用范围最广的语言，也是地名译写工作的重中之重，在把计算机应用于地名译写的计划中，我们首先研究了英语的地名译写工作，经过一段时间的探索，开发了浏览器版的英语地名译写系统。

网址为：http：//www.cgn.ac.cn/GN_ MIS/entrans.aspx

整个系统用.net2.0开发，包含近6000行代码，可以处理由单独的单词或词组组成的英语地名。根据英语地名译写规则，系统把地名中出现的英语单词分为12类，在系统中分别作不同的处理（见表1）：

用户输入英语地名后，系统首先对用户输入的地名信息进行格式化处理，然后判断这条地名是否已有汉语翻译，即通过查询数据库表，查看数据库中有没有这条地名。如果该地名存在，那么直接显示数据库中的结果。否则，系统会分析这条地名中的每一个单词属于上表中12类地名单词类型中的哪一类，每个单词按照所属类型分别实行不同的翻译策略，每一个词得到翻译结果后调整语序，把英语排列顺序转换为汉语的排列顺序，然后拼接翻译结果，最终将翻译结果输出到显示屏上，以供用户参考。

表1　计算机系统地名译写分类处理一览表

序号	类型	说明
01	地名通名	如"hill""abbey"等
02	方位形容词	定义方位的形容词，如"north""southwest"等
03	专名形容词	修饰专名的形容词，如"long""new"等
04	数词	描述数量或日期的词，如"one""thousand"、"Sunday""Monday"等
05	介词	如"over""across""under"等
06	人名前的衔称	如"king""queen"等
07	连词"and"	And
08	连词"or"	Or
09	冠词"the"	The
10	人名	人的名字，通常是名人的姓氏
11	音译词	通过读音确定翻译结果的单词
12	省译词	省略不翻译的单词

地名单词的所有类型里，情况最复杂的是音译词的处理，因为英语发音的不规律性，系统无法确定每一个音译词的精准读音。系统的解决办法是，尽可能包括全部可能性，然后系统把这些可能结果全部罗列出来，由用户自己判断最合适的翻译结果。至此，我们可以得到一些系统翻译的英语地名（见表2）：

从下表中可以看出，翻译结果大部分是由多种可能性结果组成的集合。这是因为，音译词是构成英语地名的主要部分，而音译词翻译结果不易准确把握。表2中的正确翻译是指，此前由人工翻译得到的正确结果。为了评价翻译结果的好坏，用这些有"标准答案"的地名作为测试对象，可以对翻译质量有个直观的印象。量化的翻译质量目前还没有分析出来，但在人工的配合下，这个系统已经可以在英语地名译写工作方面减轻译写人员的工作负担，提高译写英语地名的工作效率，尤其在面对复杂的译写规则下，新手可以在计算机的帮助下，很快投入实际翻译工作中。

表2　系统翻译地名举例

英语地名	翻译结果	耗时	正确翻译
Newton	牛顿【美】	短	牛顿
Arena	阿伦伊 埃伦伊 阿伦厄 埃伦厄	一般	阿里纳
Londan abbey	兰登教堂	短	
Hill Polk	波克山	短	波克山
Lompoc	兰波克 兰珀克	一般	隆波克
Hoboken	欧博肯 霍博肯 奥博肯 欧博金 霍博金 奥博金	长	霍博肯
Hilo	艾洛 海洛 伊洛 希洛 艾勒 海勒 伊勒 希勒	长	希洛

三、未来的研究工作

后续的研究将集中于以下内容：

（1）在系统中添加可信度，可信度用来衡量每一个翻译结果正确性的大小。翻译结果可信度引入后，译写人员可以评价这些结果的正确程度。

（2）完善译写知识库的同时，给翻译系统添加自学系统，这需要用户对系统的翻译结果给出反馈信息，系统在下一次类似翻译中调整翻译策略，不断完善方法。

（3）改进翻译运算的执行效率，减少翻译耗费的时间。

（4）探索其他语言地名的译写方法。

（作者单位：民政部地名研究所）

2015 年县级以上行政区划变更资料

本书编辑部整理

北京市

10 月 13 日，国务院批复同意北京市调整部分行政区划（国函〔2015〕182 号）：一、密云县改区，区人民政府驻鼓楼街道鼓楼西大街 3 号。二、延庆县改区，区人民政府驻儒林街道湖北西路 1 号。

天津市

7 月 23 日，国务院批复同意天津市调整部分行政区划（国函〔2015〕119 号）：一、宁河县改区，区人民政府驻芦台镇光明路 76 号。二、静海县改区，区人民政府驻静海镇迎宾大道 99 号。

河北省

4 月 28 日，国务院批复同意调整保定市部分行政区划（国函〔2015〕73 号）：一、北市、南市 2 区合并为莲池区，区人民政府驻五四路街道七一中路 789 号。二、满城县改区，区人民政府驻满城镇中山西路 1 号。三、清苑县改区，区人民政府驻清苑镇迎宾中街 301 号。四、徐水县改区，区人民政府驻安肃镇永兴中路 11 号。五、新市区更名为竞秀区。

7 月 23 日，国务院批复同意调整秦皇岛市部分行政区划（国函〔2015〕121 号）：抚宁县改区，以原抚宁县的行政区域（不含石门寨、驻操营、杜庄、牛头崖 4 镇）为抚宁区的行政区域，区人民政府驻抚宁镇金山大街 2 号；原抚宁县的石门寨、驻操营、杜庄 3 镇划归海港区，牛头崖镇划归北戴河区。

辽宁省

9 月 12 日，国务院批复同意沈阳市人民政府驻地迁移（国函〔2015〕145

号）：沈阳市人民政府驻地由沈河区市府大路 260 号迁至浑南区沈中大街 206 - 3 号市规划大厦 3 号楼。

10 月 13 日，国务院批复同意调整大连市部分行政区划（国函〔2015〕187 号）：普兰店市改区，区人民政府驻南山街道府前路 12 号。

黑龙江省

12 月 15 日，民政部批复同意东宁县改市（民函〔2015〕361 号）：东宁县改市，市人民政府驻东宁镇通政路 1 号。东宁市由黑龙江省直辖，牡丹江市代管。

上海市

10 月 13 日，国务院批准同意上海市调整部分行政区划（国函〔2015〕183 号）：闸北区并入静安区，区人民政府驻江宁路街道常德路 370 号。

江苏省

4 月 28 日，国务院批复同意调整常州市部分行政区划（国函〔2015〕75 号）：一、戚墅堰区并入武进区（不含原武进区的奔牛、郑陆、邹区 3 镇），区人民政府驻湖塘镇延政中大道 28 号，原武进区的奔牛镇划归新北区，郑陆镇划归天宁区，邹区镇划归钟楼区。二、金坛市改区，区人民政府驻西城街道华阳南路 88 号。

7 月 23 日，国务院批复同意调整盐城市部分行政区划（国函〔2015〕120 号）：大丰市改区，区人民政府驻大中镇大华东路 1 号。

10 月 13 日，国务院批复同意调整无锡市部分行政区划（国函〔2015〕184 号）：一、崇安、南长、北塘 3 区合并为梁溪区，区人民政府驻崇安寺街道解放南路 688 号。二、设立新吴区，以锡山区的鸿山街道和滨湖区的江溪、旺庄、硕放、梅村、新安 5 个街道的行政区域为新吴区的行政区域，区人民政府驻新安街道和风路 28 号。

浙江省

7 月 23 日，国务院批复同意调整温州市部分行政区划（国函〔2015〕122 号）：洞头县改区，龙湾区灵昆街道划归洞头区，区人民政府驻北岙街道县前路 12 号。

安徽省

10 月 13 日，国务院批复同意调整铜陵市、六安市、安庆市部分行政区划（国函〔2015〕181 号）：一、安庆市枞阳县划归铜陵市。二、铜陵市铜官山、狮子山 2 区合并为铜官区，区人民政府驻乌木山社区木鱼山大道 666 号。三、设立六安市叶集区，以霍邱县的叶集镇、三元镇、孙岗乡的行政区域为叶集区的行政区域，区人民政府驻叶集镇花园路 88 号。

12 月 3 日，国务院批复同意调整六安市、淮南市、铜陵市部分行政区划（国函〔2015〕206 号）：一、六安市寿县划归淮南市。二、铜陵县改为铜陵市义安区，区人民政府驻五松镇人民大道 95 号。

江西省

2 月 16 日，国务院批复同意调整上饶市部分行政区划（国函〔2015〕37 号）：广丰县改区，区人民政府驻永丰街道府前街 1 号。

7 月 23 日，国务院批复同意调整南昌市部分行政区划（国函〔2015〕123 号）：新建县改区，区人民政府驻长堎镇新建大道 239 号。

河南省

2 月 16 日，国务院批复同意调整三门峡市部分行政区划（国函〔2015〕39 号）：陕县改为陕州区，区人民政府驻大营镇陕州大道 18 号。

广东省

4 月 28 日，国务院批复同意调整肇庆市部分行政区划（国函〔2015〕76 号）：高要市改区，区人民政府驻南岸街道府前大街 25 号。

广西壮族自治区

2 月 16 日，国务院批复同意调整南宁市部分行政区划（国函〔2015〕36 号）：武鸣县改区，区人民政府驻城厢镇兴武大道 245 号。

8 月 1 日，民政部批复同意靖西县改市（民函〔2015〕247 号）：靖西县改市，市人民政府驻新靖镇新华街 339 号。靖西市由广西壮族自治区直辖，百色市代管。

海南省

2 月 19 日，国务院批复同意调整儋州市行政区划（国函〔2015〕41 号）：县级儋州市升为地级市，市人民政府驻那大镇中兴大街中 1 号。

重庆市

4月28日，国务院批复同意重庆市调整部分行政区划（国函〔2015〕74号）：一、潼南县改区，区人民政府驻桂林街道兴潼大道108号。二、荣昌县改区，区人民政府驻昌元街道人民路2号。

四川省

2月17日，民政部批复同意康定县改市（民函〔2015〕70号）：康定县改市，市人民政府驻炉城镇茶马路1号。康定市由甘孜藏族自治州管辖。

11月2日，民政部批复同意马尔康县改市（民函〔2015〕321号）：马尔康县改市，市人民政府驻马尔康镇达萨街299号。马尔康市由阿坝藏族羌族自治州管辖。

12月3日，国务院批复同意调整成都市部分行政区划（国函〔2015〕207号）：双流县改区，区人民政府驻东升街道顺城街1号。

云南省

8月1日，民政部批复同意腾冲县改市（民函〔2015〕248号）：腾冲县改市，市人民政府驻腾越镇山源社区官厅小区81号。腾冲市由云南省直辖，保山市代管。

12月3日，国务院批复同意调整玉溪市部分行政区划（国函〔2015〕208号）：江川县改区，区人民政府驻大街街道宁海路34号。

12月15日，民政部批复同意盐津县人民政府驻地迁移（民函〔2015〕360号）：盐津县人民政府驻地由盐井镇政通路14号迁至盐井镇通和路7号。

西藏自治区

3月16日，国务院批复同意林芝地区改市（国函〔2015〕51号）：一、林芝地区改市，市人民政府驻新设立的巴宜区广福大道18号。二、林芝县改为巴宜区，区人民政府驻双拥路街道尼池路4号。三、林芝市辖原林芝地区的工布江达、米林、墨脱、波密、察隅、朗县6县和新设立的巴宜区。

10月13日，国务院批复同意调整拉萨市部分行政区划（国函〔2015〕185号）：堆龙德庆县改区，区人民政府驻东嘎镇团结路1号。

陕西省

10 月 13 日，国务院批复同意调整渭南市部分行政区划（国函〔2015〕186 号）：华县改为华州区，区人民政府驻华州街道新华大街 1 号。

12 月 3 日，国务院批复同意调整榆林市部分行政区划（国函〔2015〕209 号）：横山县改区，区人民政府驻横山街道北大街 9 号。

青海省

2 月 16 日，国务院批复同意调整海东市部分行政区划（国函〔2015〕38 号）：平安县改区，区人民政府驻平安镇平安大道 199 号。

新疆维吾尔自治区

3 月 16 日，国务院批复同意设县级可克达拉市（国函〔2015〕53 号）：设立县级可克达拉市，市人民政府驻幸福路 1 号。可克达拉市由新疆维吾尔自治区直辖。

3 月 16 日，国务院批复同意吐鲁番地区改市（国函〔2015〕52 号）：一、吐鲁番地区改市，市人民政府驻新设立的高昌区绿洲东路 495 号。二、原县级吐鲁番市改为高昌区，市人民政府驻老城路街道老城东路 690 号。三、吐鲁番市辖原吐鲁番地区的鄯善、托克逊 2 县和新设立的高昌区。

江苏省

溧阳市"四个机制"提升地名文化建设

"何时到溧阳,一见平生亲",这是李白三到溧阳表达的感念眷怀。溧阳,秦代建县的千年古邑,南连徽浙,地接吴楚,风光旖旎,因地处古溧水之北而得名,自古有"楚头吴尾"之称。"楚风吴韵"的历史文脉,孕育了众多具有历史价值和丰富内涵的地名。近年来,溧阳市把地名文化建设融入"美丽乡村和旅游城市"建设大局,以制度建设为抓手,以文化传承为重点,健全完善"四个机制",努力推进地名工作规范化、标准化、科学化发展。

一、完善管理工作机制,引领地名文化发展

1. 做好顶层设计

积极探索政府领导、公众参与、专家评价相结合的地名文化建设新途径,出台《溧阳市地名管理实施细则》《溧阳市地名命名(更名)专家评价制度(试行)》《关于加强镇(街道)地名规范化管理的意见》等文件;聘请了 12 名在文史、民俗、地名方面有成就的专家学者,组建市地名专家组。各镇(街道)也相应成立地名工作组,进一步完善地名文化管理体制和工作机制,为推动溧阳地名文化建设奠定了坚实基础。

2. 坚持规划先行

为统领地名文化发展,更好地服务经济社会建设,市民政局会同规划局等市地名委会员成员单位,结合《溧阳市城市总体规划》,编制《溧阳市城区地名规划(2011—2020)》,以单独篇章制订地名文化保护规划,将沙涨村、观莲桥、东野堂等一批地名列为保护对象,由市政府批准实施。同时,启动了镇(区)路名规划,把集镇区道路、工业区道路、风景区道路纳入规划范畴,把历史地名保护作为规划重点,全市共有 5 个镇完成了路名专项规划的编制工作,促进了地名管理与城镇建设协调发展。

3. 注重资源整合

溧阳是"全国优秀旅游城市",东有"水母山",南有"天目湖""南山竹海",西有"曹山国际慢城",北有"瓦屋山森林公园"。我们因地制宜,在景

区主干道名称设计中整合文化旅游资源，以景区名称命名了一批有显著指向性的道路，如"天目湖大道""南山大道""竹海大道""瓦屋山大道""曹山路""水母山路""金牛山路"等，既弘扬了地名文化，又美化了城市形象。

二、完善地名征集机制，丰富地名文化内涵

对重大地名或有重要影响的地名命名，按照"社会征集—专家论证—政府决策—媒体公示"的程序进行。第一，通过报纸、网络等方式，向全社会公开征集地名；第二，对征集的名称进行整理，交地名专家组论证，形成建议方案；第三，将建议方案报请市政府批准；第四，将正式命名的地名向社会公示。通过重大地名公开征集机制，命名了一批既有时代特征、又有地域特点和历史内涵的地名，如"燕城大道""南山大道""古县路""千里湖""十里长山路"等，得到了广大市民的认可。同时，通过系统梳理征集到的各类地名，建立了"历史文化、长寿文化、茶乡文化、旅游文化、自然地理"5大系列备用地名库，使新生地名更具文化品位、更有溧阳味道。

三、完善命名协商机制，倡导地名文化取向

开发商在地名命名方案酝酿中，常有"求大、求洋、求怪"和以企业名、商标名、产品名冠名的想法，给规范地名管理带来一定难度。为此，市民政局建立健全争议地名协商机制，对有重大争议的地名命名方案，由市地名办召集协商会议，邀请申报单位代表、项目所在地镇政府代表、地名专家组成员、部分人大代表或政协委员等参加，按照"陈述理由—综合评议—专家论证—形成指导意见"的程序，通过多方协商，从源头上纠正了一批不规范命名地名的倾向，例如，将"燕山壹号"调整为"燕山花园"，"半山半岛公馆"调整为"半岛花园"，"时代国际村"调整为"时代美墅"等。通过命名协商机制，提高了新生地名的质量，起到了正本清源、倡导正确文化价值取向的作用。

四、完善保护宣传机制，弘扬地名文化精髓

1. 将历史地名保护纳入政府工作内容

溧阳历史悠久，一些貌不惊人的城市细部，往往包含着不少历史文化信息，例如，太白楼因有唐朝诗人李白与草圣张旭的宴别而熠熠生辉，观山北麓的读书台因东汉蔡邕"远迹吴会"而美名远扬，唐朝孟郊"迎母溧上作"的《游子吟》更让溧阳传承了感恩信义的千年美德。2014年，市委、市政府出台

《关于加强历史地名保护工作的意见》，并将历史地名保护纳入《溧阳市美丽乡村建设三年行动纲要（2014—2016年)》，成立市历史地名文化调研组，全面开展历史地名的挖掘和保护工作。市人大代表、政协委员多次提出地名文化建设的建议和提案，2016年1月6日，在溧阳市十五届人大第五次会议上，将"保护历史地名，从细节处留住城市记忆"写进了《政府工作报告》。

2. 加强历史地名保护与利用

地名是重要的非物质文化遗产。截至目前，经资料收集、编撰整理、名录初选、专家论证、社会公示，已形成三批《历史地名保护推荐名录》，共计162篇、25万字。最近，溧阳市政府发文公布了第一批41条历史地名保护名录。持续使用是对历史地名最好的保护，我们在新地名设计中注重"复活"老地名，早期有"平陵路""沙涨路""大营巷"等；近期有"永平大道""永宁路""光华路""西半夜路""乐官路""永泰大道""华胥路""善庆路"等，丰富了地名内涵，延续了溧阳文脉。

3. 编制地名文化产品

为深化地名公共服务，宣传推广地名文化成果，市民政局先后编撰出版《溧阳地名概览》《溧阳地名》等书籍，对全市范围的乡镇、村庄、山水、场圃、路桥、名胜、寺院等地名作了系统介绍；编辑发行《溧阳实用地图册》《溧阳市行政区划图》《镇（街道）行政区划图》等地名工具资料，为广大群众提供形式多样、内容丰富、方便适用的地名文化产品，提高了地名文化服务水平，受到了社会各界欢迎。

河北省

邯郸市开展主城区街路牌检查工作

为促进地名街路牌规范化建设，确保街路牌的整洁完好，为广大市民提供一个指示清晰、整洁优质的地名环境，近期，邯郸市民政局地名办工作人员对主城区各路段的街路牌进行了检查。检查中对损坏、歪斜、字迹脱落、褪色等需要维修和重新安装的路牌进行了认真记录，随后将进行维修和统一安装设置，以保证街路牌的完好性。

保定市对调整主城区重名街路名称进行论证

3月17日，保定市地名委员会召开主城区重名街路名称调整座谈会，对保定市主城区19条重名街路的名称调整进行研讨论证。初步调整意见是在实地勘察的基础上，本着涉及街路两侧人口多的优先保留，较大街路优先保留原则，同时兼顾命名时间和历史文化内涵等因素，在具体实施中照顾区政府所在地主干道、上市公司等因素。

石家庄市召开区划地名工作会议

4月5日，石家庄市区划地名工作会议在石家庄市召开，21个县（市、区）民政局主管局长、区划地名办主任及高新区、正定新区、化工园区负责人参加了会议。会议传达了民政部加强地名文化保护暨清理整治不规范地名工作视频会、2016年河北省区划地名工作暨地名普查推进会议精神，回顾总结了2015年全市区划地名工作，安排部署了2016年区划地名工作重点任务，并提出了具体措施和要求。

江西省

景德镇市召开道路命名听证会

2月25日，景德镇市召开道路命名听证会。景德镇市民政局局长胡友林、党委书记谢日元、市民政局纪委书记计发新、高新区主要领导和群众代表、企业家代表、干部代表参加会议。市民政局局长胡友林就道路命名提出意见和建议，与会代表纷纷发言阐述观点，为高新区新命名道路科学化、规范化打下良好的基础。

贵州省

贵阳市举办地名文化保护暨清理整治不规范地名工作培训班

4月18日至20日，国务院第二次全国地名普查领导小组办公室在贵州省贵阳市举办地名文化保护暨清理整治不规范地名工作培训班。国务院地名普查办副主任、民政部区划地名司司长柳拯出席开班式并讲话。

柳拯指出，新时期新阶段，经济社会发展对地名工作提出新要求。各地要主动适应时代发展，充分认识加强地名文化保护和清理整治不规范地名工作的重要意义，以先进的文化理念为引领，深刻把握地名的文化本质和内涵，不断深化对地名文化价值的认识和理解，准确掌握地名在群众生活、社会治理、国防建设、文化建设、城镇化建设、信息化建设和国际交往等方面的服务作用，正确把握当前地名工作存在问题和面临挑战，切实增强地名工作的责任感和使命感。

柳拯强调，各地要按照国务院统一部署，切实加强组织领导，采取有力有效措施，认真抓好贯彻落实，把地名文化保护和清理整治不规范地名工作抓出成效。一要突出重点任务，搞好地名情况调查，加强地名文化遗产保护，清理整治不规范地名；二要规范工作实施，严格按照《加强地名文化保护清理整治不规范地名工作实施方案》明确的原则、标准、步骤和程序，抓好动员部署、普查摸底、清理整改、健全制度和总结验收等环节，确保按时保质完成任务；三要加强工作保障，积极落实工作经费，加强业务学习和培训，深化理论研究，为开展工作提供经费、人员和理论支撑；四是要搞好宣传引导，加强政策解读，积极参与舆论互动，提高正面舆论传播力和引导力，争取最广泛的社会理解和认同，形成良好社会氛围。

柳拯要求，各地要统筹安排部署，完善工作机制，加强协调联动，稳妥有序推进地名文化保护和清理整治不规范地名工作。

培训班由国务院地名普查办副主任、民政部区划地名司副司长陈德彧主持。贵州省民政厅党组成员、机关党委书记杨亚军致辞。培训班上，民政部地名研究所、南京大学等机构的专家进行了授课，贵州省、浙江省、山东省和江苏省苏州市民政厅（局）有关负责同志介绍了工作经验。各省（自治区、直辖市）、新疆生产建设兵团民政厅（局）业务处理有关负责同志和业务骨干共100余人参加培训。

新疆维吾尔自治区

和田地区清理整治带有浓郁宗教色彩的地名

随着城镇化建设和社会政治、经济、文化的不断发展，和田地区各县（市）新生地名不断涌现，新增村（居）委会和乡村道路地名较多，给地名管理工作带来了前所未有的机遇，同时也显现出地名命名不规范问题，较为明显的是部分带有浓郁宗教色彩的地名也随之出现。这些地名不符合国务院《地名管理条例》和自治区《地名管理办法》中关于地名命名、更名的规定，针对这一现象，和田地区行署于 2014 年 11 月下发通知，要求对带有浓郁宗教色彩的地名进行清理整顿。一是以县（市）为单位，按照"边清理、边规范"的原则，重点是对群众反映强烈的不规范地名和带有浓郁宗教色彩的乡镇、村（居）委会、乡村道路、街巷、居民小区、建筑物和自然地理实体等地名名称进行全面清理。二是对于清理出的带有浓厚宗教色彩的各类地名，通过规范地名登记、申报、审核、公示等程序，经各县（市）地名管理部门广泛征求群众意见，提出更名建议，并层层上报，由地区组织社会各界人士参与论证，最终结果报政府审批后公开发布。三是对地名标志设置语种不全、民汉语译写不规范等现象进行彻底清理，借第二次全国地名普查之际，提高地名管理的整体水平。

通过采取以上有力措施，截至 2016 年 1 月，和田地区共查出带有浓郁宗教色彩地名 243 个，经论证审核确定对 208 个地名进行了标准化处理，其中城市道路名称 5 个，乡村道路名称 122 个，巷道名称 45 个，乡镇名称 2 个，村委会名称 26 个，社区名称 6 个，街道名称 2 个。

伊犁哈萨克自治州霍尔果斯市召开合作中心道路命名专题会议

5 月 13 日，霍尔果斯市召开合作中心道路命名专题会议。霍尔果斯市副市长方修江主持会议。民政局、国土局、发改委、公安局、消防大队、交通局、口岸管理局等十六位成员单位的领导参加会议。

霍尔果斯市副市长方修江指出，由于中哈霍尔果斯国际边境合作中心（以下简称"合作中心"）建设的快速发展，合作中心道路没有正式命名，对其内部人员办理居住证等方面的工作造成很大影响。道路命名工作对提高合作中心知名度和吸引力、方便群众生产生活具有重要意义。

方副市长要求，各相关部门在道路命名中要始终坚持尊重历史、展示地域特点、体现时代特色等原则；各相关部门要广泛宣传，提高群众的知晓率；要因地制宜，充分结合合作中心文化经济交流战略意义，使道路名称既体现霍尔果斯的文化底蕴，也能更好地服务群众出行；要加强沟通与协调，确保道路命名工作顺利推进，促进合作中心道路管理进一步规范化。

征稿函

"大地芳菲"栏目

本栏目旨在为地、县、乡三级区划地名工作部门及从业人员提供一块"田地"，在这里可以抒发自己的工作成绩、经验、见解或建议，也可以登载地级（含）以下区划地名部门的相关活动、工作的新闻报道，一般每篇控制1000字以内。作者主要为地方区划地名工作人员。

"文化长廊"栏目

本栏目突出文化性，以吾乡吾土为主题，栏目内容形式不限，散文、诗歌、小品、歌曲、书法、绘画、摄影作品等均可，一般每篇控制1页（1000字）以内。在这里您可以将对一个地域的歌颂与情感透过作品得以尽情挥洒。作者身份不限。

誌賀

方舆、行政區劃與

地名出版發行

時丙申劉德生

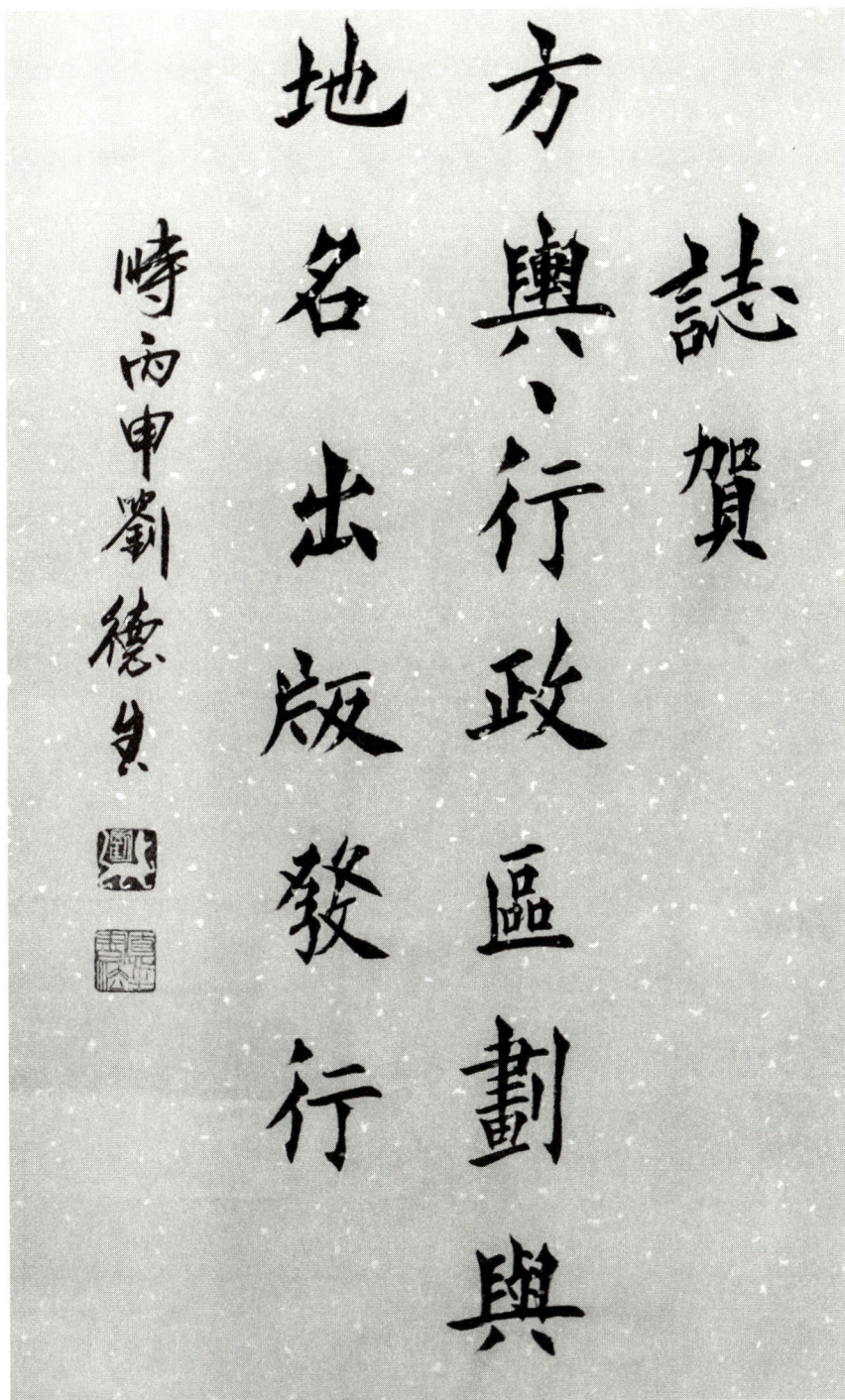

（中国社会书画院副院长刘德生题）

登长城览华夏
风光绘长城抒
爱国情怀 高富

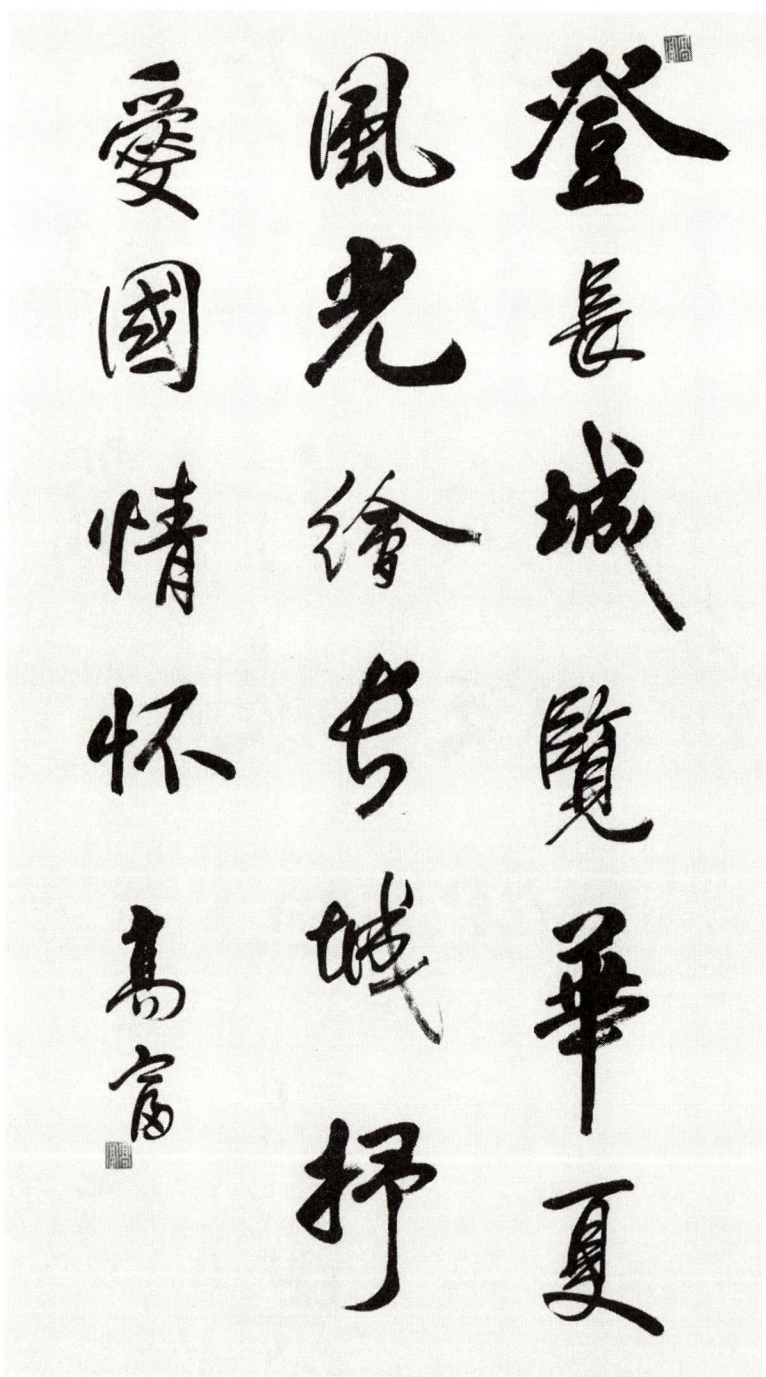

（高富作品，选自中国社会出版社出版的《长城百米卷》）

扬子江心水
蒙山顶上茶

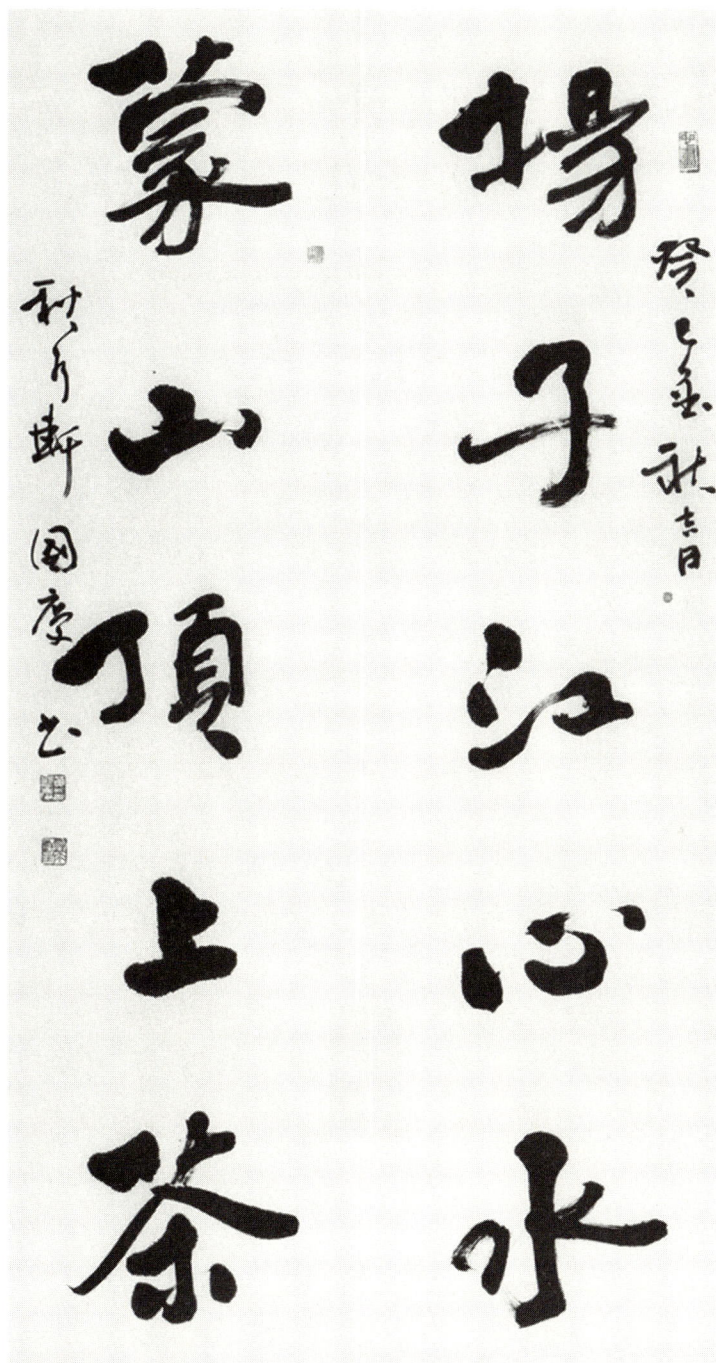

（中国社会书画院会员黄国庆作品）

三峡一角

（中国社会书画院会员郑碎孟作品）

榆林奇关

（中国社会书画院艺术委员会委员冀培礼作品）

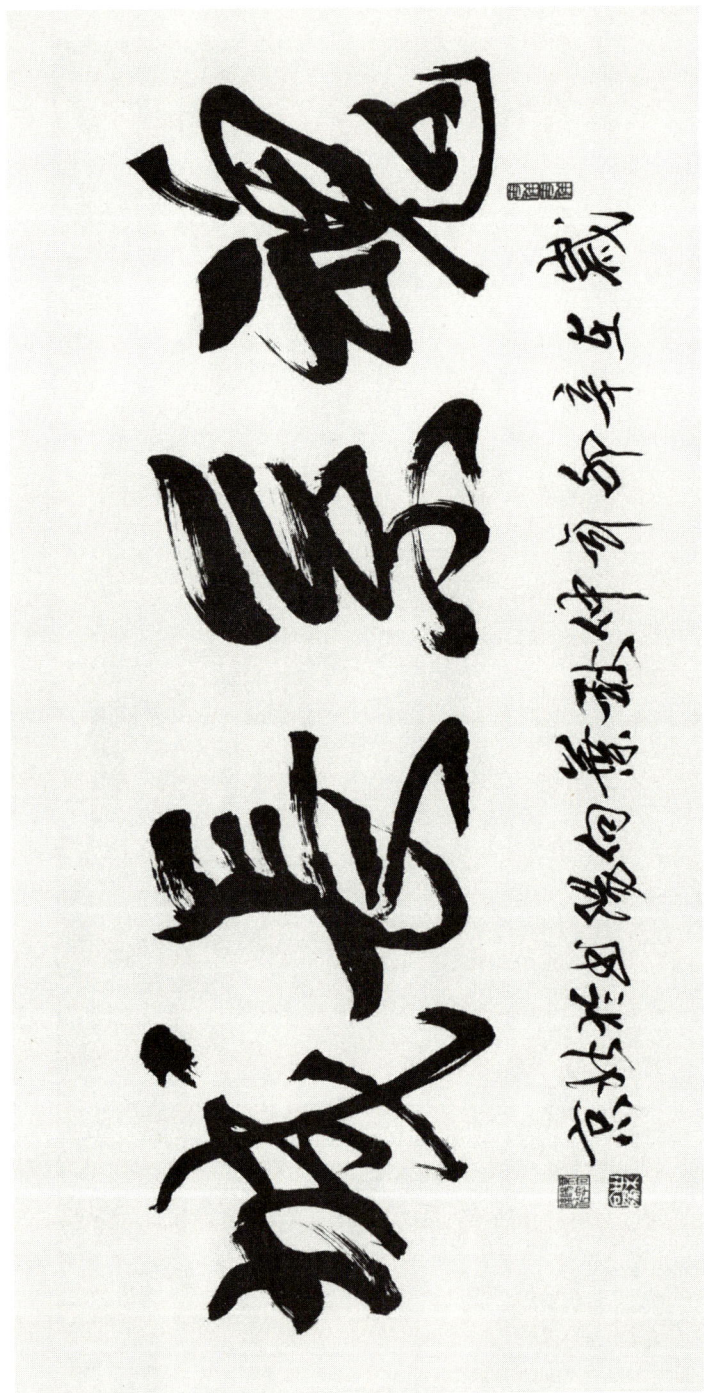

（叶向阳作品，选自中国社会出版社出版的《长城百米卷》）

第一个中国命名的南极地名

鄂栋臣

本文作者作为亲历者，以真切翔实的记录、热情洋溢的笔触，详细回忆并介绍了中国命名的第一个南极地理实体名称——"长城湾"诞生的故事。

1984 年的最后一天，中国各大报刊均在最显著的版面位置，以极其醒目的标题，进行了极为详尽的报道，称：这是中国人难忘的一天，54 名南极洲的登陆队员，穿着崭新的红、蓝色羽绒服，戴着印有"中国"二字的红色防寒帽，高举着五星红旗，乘着长城 1 号登陆艇，向着"长城湾"直驶过去。多么激动人心的时刻啊！多么振奋国人的时刻啊！中华民族有史以来第一支南极考察队在南极洲正式登陆啦。中国第一个南极科学考察基地长城站，即将在"长城湾"畔的海滩上破土动工。

"长城湾"——多么亲切的名字啊！这是中国在南极洲命名的第一个地名，我作为首次南极考察队测绘班班长，有幸绘制了这个地图上命名的第一个南极地理实体名称。"长城湾"系位于乔治王岛南端的菲尔德斯半岛和阿德雷岛之间的一个内海湾，长城站的站址就坐落在该海湾的西海岸上。该海湾水域中有多处礁石分布，海水最深处约 20 余米，是长城站建站船只抢滩登陆和小艇运输物资卸货的必经海湾。

说到"长城湾"的地名，命名它的由来还有一段鲜为人知的故事。

那是 1984 年 12 月 24 日，经过太平洋狂风巨浪折腾了整整一个月的我国两条南极考察巨轮——"向阳红 10"和"J121"，躺在南美洲火地岛的海湾里静静地喘息了几天之后，像是恢复了疲劳后的东方巨龙，从阿根廷的乌斯怀亚市出发，绕过弯曲狭窄的毕格水道，到达大西洋的合恩角后，就立即转向正南方，朝德雷克海峡直插过去。要知道，这是中国首次南极考察队远征途中所要闯过的最后一道难关了。

德雷克海峡，位于南美大陆与南极半岛之间，正好处于南极洲辐合线上。它是 1578 年以其发现者、英国航海家弗朗西斯·德雷克爵士的名字命名的。

提起德雷克海峡，在每个考察队员的耳朵里早已灌满了它那骇人听闻的传说。这是一个变化无常、风云莫测的海域——它会像魔鬼一样"是非多端"，在刹那间肆虐起来，忽而天昏地暗，忽而旋风四起，忽而恶浪排天。这里不是航道，简直就是一块阴森、恐怖、令人毛骨悚然的沉舟墓地！早期探险南极时，有多少条船只，有多少条生命，都被吞噬在这黑水深渊之中。就在中国首次南极考察船队抵达此地不久之前，智利方面曾温馨提醒，向我方通报有关情况：他们上个月一条船在过德雷克海峡时，突遇狂风巨浪，船只几乎被大浪掀倾 90 度，好在船在重心作用下又竖立起来，才没有酿成全船覆没的悲剧。因此，我们过德雷克海峡时，人人提心吊胆，个个惴惴不安！

然而，12 月 25 日上午，当我们的船队从辐合带海域穿过时，德雷克海峡竟以少有的例外（从阿根廷请来的航船顾问如是说），像是特殊优待陌生的中国使者，向远来的客人开恩，海面异常安静。我在当时的日记中写道："虽是云层厚厚的阴天，也有些许涌浪，但没有见到飞溅的白色浪花，整个海面看上去就像一抹黑中泛蓝的光滑曲面。"对于这一反常的景象，船上气象组利用卫星云图作出了科学的解释，原来是我们钻了"老天爷"的空子，船队正好处于兴风作浪的两个气旋的空隙中间，趁它短暂风平浪静的时刻悄然地驶过，跨进了期盼的南极海域，并使考察队员们避免了一场翻肠倒肚的晕船之苦。

挺进南极了！船队瞄着目的地乔治王岛的方向徐徐地开了过去。此时此刻，对于"谈南极色变"的中国考察队队员来说，其心态就像战士进入前沿阵地一样，既有忐忑不安，也有沉默不语，还有静静期待，更有跃跃欲试。对此，我的心也是七上八下的。不过，我真切地意识到，我们已然置身于一个严酷的冰冷世界里。眼前展现的一切，与昨天南美洲火地岛那种从山顶到山脚"白雪、红叶、绿树、鲜花"的立体景色相比大相径庭，简直像抵达白雪、银冰的梦幻之中。这时，环顾船上的人们，大家鸦雀无声，四周静悄悄的。不一会儿，当远处漂浮着几座巨大的冰山，近处鲸鱼喷射出高高的水柱，船边一串串企鹅跳跃向前——幅热闹非凡的南极奇特生物世界出现在人们的视野时，同志们的情绪又顿然活跃起来了。

"大家请注意：右前方远处出现的陆地就是乔治王岛！"驾驶台响起的喇叭声，使大家手中所有的望远镜都瞄向一个方向。放眼望去，远处白茫茫的地平线与灰白色的天空融为一体，很难分辨天与地的界线。啊，多么神秘！莫非这就是传说中人迹罕至的万古冰川大地？莫非这就是人类历史上最后一块白雪皑皑的处女地？就在这时，左右两舷爆发出震天般的喊声："南极，中国人来了！"这声音发自肺腑，这话语充满骄傲，这语言感人至深。中国人，多少年梦寐以求的愿望实现了！此时，我不禁热泪盈眶、思绪万千，默默地凝视着这块地球南端的神圣陆地。

1984 年 12 月 26 日凌晨 2 时，"向阳红 10 号"轮的五吨大铁锚咕噜噜地沉到麦克斯韦尔湾的海底。正在酣睡的我，突然被这隆隆声惊醒，随即一骨碌地跳下床，睡眼惺忪地跑到左舷，一眼望见一公里外的乔治王岛海滩上，智利和苏联考察站一片红、绿色的房屋，尤其是在望远镜的镜头中，突然发现我国原来选定准备建站的一块海滩上，又出现一面乌拉圭的国旗。这时，我脑海中的第一反应是：什么"人迹罕至"？中国人感到如此陌生的南极，早已变成一块人类的热土，甚至以南极特有的方式，加入到人类当今的文明世界里。的确，在后面几天选择中国长城站站址所遇到的一些意想不到的问题时，确实使你惊奇地发现：曾被人们长期遗忘的南极，不再仅仅是企鹅等南极动物们的家园，如今已成为"贪欲者"抢占地盘的场所。

其实偌大的南极洲，尽管它有 1400 万平方公里陆地面积，几乎有一个半中国这么大，但要选择一块符合建站要求的地块，却不是那么容易的。据说，在南极早已建站的那些国家，一旦发现一块比较好落脚的去处，会马上用直升机吊上一个小房子，甚至是一个集装箱，捷足先登往那里一放，插上一面本国的国旗，就天经地义地"占有"了那片土地。因为，南极洲是当今地球上唯一称得上没有边界的资源共享地。因此，谁先到达建站，那里就成为谁家永久的占有地，这似乎是无可非议的了。

正是由于南美洲的乌拉圭国家考察队抢先占住了我国预选站址的部分海滩，并先于我们插上该国的国旗，加之我们又放弃了与乌拉圭比邻建站的设想，选择了"另立门户"，这才有本文开始提及的命名"长城湾"的事件发生。

乌拉圭考察队的组成人员，总共只有 12 名军人，由一名空军中校带队。他们乘大力神 130 飞机，比我们早 8 天到达乔治王岛，也看中了我们本来要想建站的科林斯冰盖缘头的那块海滩。当时我们发现，乌拉圭考察队只利用了该海滩的一小部分时，指挥部立即作出决定，派出选站小分队乘坐小艇，仍然在预选地址登陆。

当中国小艇驶向乌拉圭站所在的海滩时，我方告知乌拉圭一方，中国也要在此地建站。当然，南极洲作为国际公有领域，任何国家无权阻碍中华人民共和国在此自由建站。只见乌国站长连声说："欢迎！欢迎！"我清楚地记得，当乌拉圭站长问我中国考察队来了多少人时，我手指一伸，告诉他来了两艘万吨巨轮，有 600 名队员。当时，站长大吃一惊，只见他的小胡子不禁歪起，那对圆圆的眼球快要跳出来似的。因为 600 人到南极建站，这在南极考察史上恐怕是空前绝后的。实际上，中国首次南极考察"6·25"编队的准确人数是 591 人，其中有 308 名海军护航官兵；另外，除了南大洋考察队和船员外，真正担任建站任务的登陆队员只有 54 人。我，有幸成为这 54 人之一。

乌拉圭方面同我们讨论的焦点，是海滩后面的格鲁玻科湖的水源问题。乌方担心两国在一起，生活用水、发电用水会导致湖水不够用。不过，经我方实地目测后，觉得这片海滩地盘太小，地基不坚固，加上中、乌两国当时尚未建交，而且基于东方传统文化观念考虑，我们希望按照中国的方式，在独立的地域建起独门独户的科学考察站。于是，放弃了与乌拉圭做邻居建站的念头，决定选择佳地另起炉灶。

1984 年 12 月 29 日早晨，太阳从云隙中露出一个模糊不清的白脸，惨淡无力的阳光似乎刚一洒向地面就被风刮跑了，四周冷瑟瑟的无丝毫暖意。在南极，这就算是"老天开眼"了。是日上午，考察队决定抓住这难得的好天气，派出选新站址的小分队。于是乎，小分队的全体队员全身上下全副武装起来，随时待命、整装待发。踏勘考察站的站址，测绘首当其冲，测绘作为考察尖兵，当然也在这支小分队之中。船上红色悬臂的起重大吊车隆隆地转动，将"向阳红 10 号"上的登陆小艇平平稳稳地放进海里。之后，我们爬下悬梯，驾驶着小艇，从企鹅岛外围海域绕过去，在菲尔德斯半岛最南端，积雪已基本融化了的海滩上登陆。

　　这是一块因寒冻风化、地壳沉降作用形成的五级弧形台地的古海滩，成狭长形。北南走向约 2 平方千米的滩面上，岩石满地，四周空旷，地质坚固。滩东，濒临海湾；滩西，背靠连绵起伏的陡峭岩石山，山峰下散落着几个大小不等的小湖，可以作为建站水源。而且，与此海滩毗邻的北端又有一片大的海滩。这里与智利站只有二三公里之遥。因此，经现场考察认定，这块海滩是独自建立长城站的风水宝地。由于当时中国对南极的测绘尚处于空白状态，没有任何现成的测绘资料可资利用，所以指挥部责令我，必须想办法提供该海滩的地图，供研究建站工程部署和房屋布局使用。作为南极洲登陆队测绘班的班长，对于这项光荣的任务，我责无旁贷。于是，我站在现场，目视观测，绘出了一张该海滩的地形草图——这是中国南极科学考察实地观测并绘制的第一张南极地形草图。海滩前面的海湾没有地名，所以我就在该草图上随手写上"长城湾"三个大字。第二天，我们 54 名南极洲登陆建站队员，从向阳红 10 号万吨巨轮下到登陆小艇，高举着中华人民共和国的五星红旗，乘风破浪向着"长城湾"开了过去。此时，随队的中央各大媒体纷纷向国内报道：中国第一个南极考察基地——长城站将建立在"长城湾"的海滩上。于是，"长城湾"这个中国人命名的第一个南极地理实体名称就这样诞生了。至此，在地球最南端的冰雪大地上，彻底结束了自古以来没有中国地名的历史空白！同时，"长城湾"这个普通而又非比寻常的地名，也深深地印刻在每一个炎黄子孙的心田里！

　　以"长城"作为中国的第一个南极地名，不仅为我国的南极长城考察站确定了地理位置，而且万里长城是华夏民族的象征，让"长城"之名置身于南极洲自然地理之上，无疑具有弘扬中华文化、振奋民族精神、展示祖国风貌的积极意义和深远影响。

（作者单位：武汉大学中国南极测绘研究中心）

什刹海名称由来之疑

陈 溥　　陈 晴

　　城市不可缺水，许多大城市都有河流穿城而过，巴黎有塞纳河、伦敦有泰晤士河、罗马有台伯河。北京没有穿城而过的大河，但是北京并非没有水域，就在南北中轴线的西侧，有六块湖面相连，自北向南依次为西海、后海、前海、北海、中海、南海。北海、中海、南海被圈入皇城范围，合称太液池，又称前三海。北面三块湖泊在元朝时连为一体，统称积水潭或称海子，又称后三海。六块湖泊就像六块翡翠，镶嵌在北京美丽的街市间，给城市以活力和生气。

　　历史上这里人文荟萃，元代的郭守敬、关汉卿、朱帘秀、赵孟頫、王冕，明代的李东阳、袁宗道、袁宏道、袁中道兄弟，清代的纳兰性德、朱彝尊、曹寅，近代的张伯驹、萧军、田间、丁玲、郁达夫等，都经常在此活动或长居。这里还是王公贵族宅院别墅聚集地，有醇亲王北府、恭亲王府、阿拉善王府等，四周分布着多座寺庙古刹，因而后三海成为京城文化积淀最为丰厚的地区之一。

　　从明代起，后三海逐渐被称为什刹海。但为什么叫什刹海，却有许多不同的说法，甚至成为京城疑事之一。经常在各种有关京城掌故的书籍和文章中被争辩和讨论着，最主要的有"一庙说"和"十庙说"两种说法。

　　"一庙说"认为在什刹海湖边原有一庙称十刹海寺，后来湖因庙而得名。早在明代，刘侗与于奕正所著《帝京景物略》中就提到："京师梵宇，莫什刹海若者。……其方五十亩，室三十余间。"清乾隆《钦定日下旧闻考》中也提到什刹海寺。《天府广记》中载："十刹海在龙华寺前，万历中陕西僧三藏建。"在1928年、1936年、1947年的数次北平市寺庙登记中都有什刹海寺的记载。综合各种资料，可以作出以下概括：什刹海寺至少在明万历年间已是北京西北城的一座大庙了。但它坐西朝东，不像明代庙宇坐北朝南的格局，而更符合辽代契丹人在建筑上喜东向的"朝日"之俗，因而始建年代似可能更早。清顺治六年（1649）和康熙三十一年（1692）都曾重修，又名十刹海庵、十岔海。地址在德胜门内段家胡同南半段，曾称为什刹海胡同，今称滨海胡同。北京史地学家侯仁之先生赞同"一庙说"。他曾表示："可以断定现在的什刹海一名，实来源于明代的十刹海寺，只是把'十'字又谐音写作'什'字而已。"他在1990年为什刹前海南岸碑刻撰文时明确指出："……湖滨梵宇树立，旧有佛寺曰十刹海，寓意佛法如海。今寺宇虽废，而十刹海作为湖泊名称，却已屡见记载。或谐音写作什刹海，又口碑相传已相沿成习。"

"十庙说"认为在后三海沿岸曾有十座著名寺庙，因而湖泊被称为十刹海，后又按谐音称什刹海。如清代所著《退庵笔记》中说："元明之际，在什刹海附近，曾建有万善寺、广善寺、三圣庵、海会庵、净海寺、心华寺、慈恩寺、金刚寺、龙华寺、广化寺，故名什刹海。"但这十座寺庙的名称却有许多不同的版本，比如有人称十座寺庙是观音庵、广化寺、汇通祠、药王庙、关岳庙、火德真君庙、慈恩寺、净业寺、普济寺和广福观。但有意思的是在不同的版本中，大都没有十刹海寺。实际上，在后三海周边自元以来，所建寺庙不计其数，在1947年寺庙登记时还登记有40余处。"十"字只代表多的意思，绝不是代表真实具体的数字。

后三海沿岸曾建有多座庙宇，随着时间的流逝，许多已经不见踪迹，但仍有几座保存较好，有的移作他用，有的仍香火鼎盛。鸦儿胡同31号的广化寺就是什刹海周边规模最大、保存最为完好的寺庙。

从醇亲王北府沿着湖岸往东南方向走，过了望海楼，往北就拐进了清幽的鸦儿胡同。元代时，湖水面积比现在大。鸦儿胡同就是湖的边沿。创建于元代的广化寺，临湖而建，高大的山门就在湖边。当时南来北往的客商，上得岸来，一定是就近先来到广化寺，烧香拜佛，寻找心灵的慰藉，求得神灵的保佑。广化寺香客众多，香火极盛，被称为京城古八刹之一。元代以后，湖面逐渐变小，寺前形成胡同，"鸦儿"可能是"沿儿"的转音。明清时，广化寺香火一直不断，明万历、清咸丰年间多次修葺，清光绪二十二年（1896）曾重建。清末成立学部后，曾于广化寺内设编译局，宣统元年（1909）在寺内筹建京师图书馆。现在广化寺是北京佛教协会所在地，是北京进行宗教活动的重要寺庙之一。

后海北沿 23 号是大藏龙华寺，建于明代，清道光年间曾改名心华寺。为小石桥胡同拈花寺的下院，是一座保存较完好的小型寺院。寺庙坐北朝南，中轴线上有山门、前殿、耳房、东西配殿、后殿，格局较完整。现在为北海幼儿园使用。后海南沿 36 号丰泰庵，是一座保存较完好的小型佛庵，仅一层殿堂，像座一进四合院。因它在后海南沿，面临湖面，因而整座小庙坐南朝北，这在北京寺庙中是不多见的。

在北京民间还流传着一个有关什刹海名称来源的传说。据说明初，北京有一个活财神叫沈万三。说他是财神，其实他并不富，生活甚至很清贫，但是他知道地下什么地方藏着财宝。可是他平时秘不示人，自己也不挖，只有在遭到痛打后才肯说出。当然普通老百姓无权打他，他也一直保守着秘密，后来皇帝要修建北京，将他抓去严刑拷打，无奈之下，他指着某块地方说，这地下有白银。军士们按他所指向下挖，果然挖出了十窖白银，每窖四十八万两，共四百八十万两，修建北京的资金有着落了。挖银子的地方成了大坑，后来积水成湖，人们就叫它十窖海，以后又讹传为什刹海。

沈万三确有其人，是元末苏州人，名叫沈富，排行老三，是当年江南首富，因而人们称他沈万三。朱元璋扩建南京城墙时，据说他捐钱修了三座城门。但沈万三从未到过北京，而且后三海在元代就已形成，和沈万三毫无关系。然而这个有意思的传说却给什刹海更增加了一层传奇色彩。

还有个奇怪的现象，什刹海这么出名，但这个名称从未被行政正式命名过，只是约定俗成、相沿成习的一个叫法。即使在北京现代出版的各种地图中，后三海均被标为西海、后海、前海，从未标注过什刹海。什刹海更多的被认为是一个风景区的名称，包括后三海及其周边地区。在普通百姓心目中，什刹海又似乎专指什刹前海、后海，而积水潭则是西海的专称。

什刹海，真是北京地理历史中一个很有意思、值得回味的现象。

圯桥村：汉代帝王之师张良得授兵书之地

圯桥村是江苏省徐州市睢宁县古邳镇的一个村庄，在这里，历史遗迹星罗棋布，让踏上这片土地的人们都为此感到震惊，并在震惊之余发出由衷的赞叹，在这里，张良"圯桥进履"、曹操白门楼吊杀吕布的故事广为流传。

在圯桥村，有一座名载史册的桥——圯桥。圯桥，是一座普通的桥，但它又是一座非凡的桥。这座桥上有黄石公朗健的笑声，有三次相约对张良隐忍的考验，它佐证了一座古城辉煌的历史，记录了流传至今的动人故事，也开启了一个朝代的命运。

发生在这座桥上的"圯桥进履"的故事，使这座桥留名千古，引得无数文人墨客前来寻访，"子房未虎啸，破产不为家……我来圯桥上，怀古钦英风……"这是唐代浪漫主义诗人李白专访圯桥后写下的《迳下邳圯桥怀张子房》中的诗句；"圯上相逢南北人，三邀不倦识天真。"这是苏辙赋诗《下邳黄石公庙》中提到圯桥的两句诗……这样的诗句还有很多，不胜枚举。

今天古邳境内的圯桥已不是当年的圯桥了，这座桥是在原桥东南200米处重建的。站在桥上，依然能感觉到黄石公、张良曾存在过的气息，一个是智慧的老者，一个是气盛的青年。

那么，让我们先认识一下这个老者。这个老者载入史册后被称为"黄石公"，其实，他的真名叫魏辙，是秦时庄襄王的重臣。庄襄王死后，他的儿子嬴政继位，就是那个自称秦始皇的人。秦始皇推行暴政，是个惨无人道的暴君，对老臣的谏言置若罔闻，心寒的魏辙便辞官归隐。他由咸阳一路向东来到东方名城下邳，见此处山清水秀，便隐居在黄山北麓的黄华洞内。魏辙每天钻研兵法，写下《素书》《三略》和许多心得。他自知自己年事已高，不可能推翻秦的暴政、救百姓于水火之中，便一直在暗暗寻找一个志向远大、聪慧机敏的年轻人，好将自己的兵法和智谋一一传授。魏辙就是后来的圯上老人黄石公。

张良是一个怎样的人呢？张良是韩国的贵族，"貌如妇人好女"。他的祖父、父亲曾为韩国的五代国王担任相国，但弱小的韩国抵挡不了秦国的吞并，韩国灭亡了。张良带着灭国毁家的仇恨，弟死不葬，作出了一次令人震惊的壮举。他以全部家产求得大力士，以 120 斤的大铁椎于博浪沙（今河南原阳东南）袭击出巡的秦始皇。谁知铁椎误中秦始皇的副车。秦始皇虽毫发未损亦勃然大怒，通令全国追捕张良。张良逃到了下邳，更名换姓隐匿起来。这是发生于公元前 218 年的事情。

现在让我们透过时光的烟云，看一看公元前 216 年农历四月发生在圯桥上的一幕。

这是张良隐匿下邳两年后的一天，他心事重重地走在下邳城东的圯桥上，环顾四周，巨山耸翠，碧树苍苍，绿色的生机让他悒郁的心情明亮了许多。不经意间，迎面走来一个身穿粗布衣装的老者。老者走到张良的跟前，竟把一只鞋子甩到桥下去了，然后对张良说："年轻人，下去帮我把鞋子拾上来。"张良一愣，随后又满腔气愤，这个人太无礼了，想上前揍他，但看他是个白发苍苍的老人就忍下了。张良把鞋子捡上来后，老者又把脚一伸，说道："给我把鞋子穿上。"张良心想，鞋子从桥下拾都拾上来了，还在意再帮他穿上吗？张良索性跪下去帮老者穿上了鞋子。这个老人看到张良的举动非常高兴，大笑着离开了。张良并不知道这个老人是谁，为何这样做，他疑惑地看着老人离去。这就是著名的历史故事"圯桥进履"的前半部分。

"天下有大勇者，率然临之而不惊，无故加之而不怒。"圯上老人认为张良才学有余，但忧其度量不足，所以才出"进履"之计。

圯上老人魏辙舒心地朗声大笑了，是因为通过"进履"，他认为张良"孺子可教也"！他要找的能改变时局的人物已来到了他的身边，他的心愿可以了了。他要让笑声吐纳出郁结心头多年的沉郁之气。

为进一步挫去张良的少年鲁莽和刚锐之气，"使之忍小忿而就大谋"，老人在走出一里多路后又返回圯桥上，有了以后与张良在圯桥上的三次相约。

老人返回圯桥与张良相约，过五天天亮的时候在桥上见面。第五天天刚亮，张良来到了桥上，没想到，老人早就在那里等了。老人很生气地斥责他："你与老人约定见面，来晚了，这合适吗？五天后再来见我！"五天后，鸡一叫张良就来到圯桥，老人又比他早到了。"迟到了，还来干什么！过五天再来！"这一次，张良半夜就来到了圯桥上，过了一会儿，老人才来。这次老人高兴了，从怀里掏出一本书，交给了张良。这就是继"进履"之后的发生在圯桥上的"黄石授书"。

得此书后，张良研读十年，后辅佐刘邦灭秦、败楚，成就了汉朝大业。如魏辙所愿，张良运筹帷幄之中，决胜千里之外，成为功勋盖世的帝王之师，后被封为留侯。

黄石老人和张良都先后来到下邳隐匿，说明下邳及圯桥附近山水秀美，是个蕴含灵气、藏龙卧虎的好地方。

睢宁人对张良是怀着崇高敬意的，圯桥的几次复建至少说明了这一点。圯桥屡毁屡建，最近一次修建是1981年。1997年6月，古邳镇政府又毗邻圯桥旧址修建了圯园，内有张良殿和石刻画廊，接受今人膜拜和观览。2012年，张良殿景区成功创建国家2A级景区。目前，按照AAA级景区标准，古邳镇将对张良殿景区进行提档升级，将建设黄石公授书亭、仿古圯桥、休闲广场和景区配套设施。

如若漫步睢宁县城的留侯广场，你还会看到一面颇有气势的彩石文化墙，正中是青年张良英气勃发的坐像，他似乎在静静地回想下邳旧事，又似乎带着微笑在回味圯桥的无限风光。

圯园内黄石授书雕塑

（睢宁县民政局区划地名科）

"漯河" 地名浅谈

漯河，本为螺湾河、漯湾河。因沙、澧二河在此汇流形成河湾，形似螺，故称螺湾河。

商周时期，漯河小镇逐渐形成，因临近隐水（今沙河）故称隐阳城。秦汉属召（shào）陵县。南北朝时期，隐阳城改称奇雒城。北朝魏军攻占许昌城后，南朝宋所属的颍川郡治便设在召陵县的奇雒城，领召陵、曲阳、临颍3县，称南颍川郡。

隋朝，把汉代以来的州、郡、县三级改为州、县两级，南颍川郡遂被取消。隋炀帝大业年间，召陵县并入郾城县，奇雒城改名殷城，因紧傍隐水，隐水又名殷水，城随水名。

南宋时，为防洪水及土匪侵害，在殷城周围修筑了寨墙，因隐、澧水在此交汇，寨取名源汇，镇取名上口（又名新寨镇），与东边的下口（今周口）镇遥相呼应。元代，因沙澧河相汇处，河湾状似海螺，将上口镇更名为螺湾河镇。明嘉靖三年（1524），山东定陶进士乔迁任郾城知县，认为"螺"字用于地名不雅，遂改"螺"为"漯"。

清末，京汉铁路在这里修建车站，取名漯湾河车站，因字多，为便于书写和称呼，省略为漯河车站，漯湾河镇也随之称漯河镇，属郾城县。

1948年7月，设立县级漯河市。1986年1月，升格为省辖地级市，辖郾城、舞阳、临颍3个县和源汇区。2004年调整为郾城、源汇、召陵3区和临颍、舞阳3县。经过多年的跨越式发展，漯河已向全国、全世界叫响了它的名号——中国食品名城、中原地区富有魅力的生态宜居名城、区域性综合交通枢纽和现代商贸物流中心。

（漯河市地名普查办）